中國学術思想 研究輯刊

九 編

林 慶 彰 主編

第 16 冊

《春秋繁露》君王觀研究

何 儒 育 著

花木蘭文化出版社

國家圖書館出版品預行編目資料

《春秋繁露》君王觀研究／何儒育 著 — 初版 — 台北縣永和市：
花木蘭文化出版社，2010〔民99〕
目 2+248 面；19×26 公分
（中國學術思想研究輯刊 九編：第 16 冊）
ISBN：978-986-254-282-8（精裝）
1. 春秋繁露 2. 君主政治 3. 研究考訂
122.147　　　　　　　　　　　　　　　　99014469

ISBN - 978-986-2542-82-8

9 789862 542828

中國學術思想研究輯刊
九　編　第十六冊　　　　　　　ISBN：978-986-254-282-8

《春秋繁露》君王觀研究

作　　者　何儒育
主　　編　林慶彰
總 編 輯　杜潔祥
出　　版　花木蘭文化出版社
發 行 所　花木蘭文化出版社
發 行 人　高小娟
聯絡地址　台北縣永和市中正路五九五號七樓之三
　　　　　電話：02-2923-1455／傳真：02-2923-1452
網　　址　http://www.huamulan.tw 信箱 sut81518@ms59.hinet.net
印　　刷　普羅文化出版廣告事業
封面設計　劉開工作室
初　　版　2010 年 9 月
定　　價　九編 20 冊（精裝）新台幣 33,000 元

《春秋繁露》君王觀研究

何儒育　著

作者簡介

何儒育，台南人，畢業於東吳大學中文系、台灣師範大學國文研究所，目前就讀於台灣大學中文博士班，並任教於台南大學附屬高中。研究領域為兩漢經學與思想，著有〈文人生命的漂流與回歸——論「文選・紀行賦」之書寫策略〉、〈春秋公羊學之「知志說」到聖王之「養志說」——論「春秋繁露・玉杯」中「志」之意涵〉、〈從「五行」到「四端」——孟子心性理論對「五行」心觀之繼承與發展蠡測〉、〈再論漢儒「三綱」說—以「白虎通」之「性情」與「三綱六紀」為核心的探討〉、〈從「整全的人性觀」論「性自命出」之「情教」模式與實踐〉等數篇期刊論文，並以〈煎蛋的滋味〉一文獲十六屆南瀛文學獎散文首獎。

提　　要

　　本論文旨在探討《春秋繁露》整全的君王觀，使用「基源問題研究法」，從西漢初、中期之社會政治背景，以及《春秋繁露》文本內部考察，確立《春秋繁露》之基源問題為君王觀。其次使用「創造詮釋學」，如實展現君王德行在董仲舒理論中之重要性。董仲舒之君王觀理論，為回應「理想君王如何可能」的問題，包含「天道觀」、「修養論」與「政教觀」三大部分。在「天道觀」理論上，董氏以綰合意志天與運轉理序之「天」，作為君王以德受命的形上依據；其提出「有位者須有德」的概念，認為君王必須不斷進行道德修養與實踐，才能獲得意志天之降福，在「名實相符」的前提下，「君王」之「名」背後，應具備君王之「實」，君王應以天志之「仁」作為其實際內涵；故「大一統」不僅是君王統治的意志與政令之貫徹，亦為君王以德行效法天道、治理百姓，使萬邦歸服的道德實踐。

　　而在「修養論」上，董氏結合儒家與黃老思想，架構君王「心—性」與「形—神」相配合的修養觀。在董仲舒心性論中，「性」為人原初的質樸之實，「情」乃是「性」的如實發用；可區分「道德情感」與「一般情感」兩種概念，道德情感即人在道德教化與陶冶的過程中，人性所呈現出的「善」之面向。在道德實踐中「自然而然」發出符合道德規範之真誠美善的情感，這種性情理論與合應於天道法則的身體結構相互配合，突顯人獨特於萬物的的尊貴價值；而「心」具有認知、感知與判斷外物的作用，人之性情與身體官能都在心的規範下，成為能實踐仁義，以合應「意志天」意義下之道德人。

　　在心性理論中，董仲舒建構以《春秋》為核心之六藝教育，並「具體解悟」《春秋》之微言大義，以發用性中善之趨向，培養出仁、義、智等美善德行；君王若能自然而然將德行發用於外在言行體貌、衣著上，並落實於國家政教制度之中，則君王與國家皆能合於天道法則。其次，在「形—神」修養的面向上，董氏認為，透過節欲與情緒修養的方式，建構出合於天道的生活方式，使體內陰陽之氣靈妙充旺，精神清明穩定，外顯的形貌則能健康強壯；將形神與心性配合修養，可培育出一位精神健旺、德行完全之理想君王。

　　在「政教觀」的面向上，董氏之政教觀以「實踐王道」為目的，王道實踐具有三項重要內涵，其一為以君王受命為基礎之「改正朔、易服色」的「三統」理論；其二為君王必須實踐的國家禮制與三綱規範；其三則是教育與經濟理論。

　　董氏之「三統說」包含「三正朔」以及「質文四法」二主要面向，其確立孔子以《春秋》為漢立法的聖典地位，並為受命君王設立以天道為根源之「改正朔、易服色」的理論系統，透過曆法、服色與各種制度之建立，達到國家「大一統」之目的；「質文觀」則強調受命君王有所

主之法，必須依循此法建立完整的國家制度，以回應天道運行的法則；從此角度出發，三統說並不僅是受命君王必須實踐的改制法則，亦應體察天道之仁，以「親親多仁樸」、「孝慈」、「尊尊多節義」等美善的德行教化人民，此為董氏《春秋繁露》中之一貫思想。

在國家禮制與三綱規範的面向上，特別凸顯「郊祀」制度「事天設教」的功能，君王透過郊祀之禮對「天」行子之孝道，天則降福予君王與國家；人民以「四祭」的方式效法君王，對先祖行孝道之禮；如此，「郊祀」的意義即超越「國家儀典」，而成為事天、奉天並推行王道的主要方式。而三綱體系合應於天道陽尊陰卑的秩序，其目的並非盡如當代學界所論「意在提高君父之權」，亦所以依循天道秩序，建立一尊卑有等的社會秩序。

而在教育與經濟的理論架構中，董氏之教育理論係以《春秋》為核心的六藝教育為主軸，重視經典中所蘊含的道德內容。在萬民教化上，推行「孝」之引導與實踐；在學校教育上，則強調六藝知識的習得，以及德行陶冶與實踐，使國家官吏皆為學行兼備的知識份子。

董氏之經濟理論，為解決當代貧富差距劇烈、窮民犯法等社會問題，提出「調均」的理論，並落實於限民名田、減省賦稅繇役與鹽鐵之利歸民等實際措施，以滿足人民的衣食需求。這種以「教化萬民」為主軸的教育理論，以及「調均」之經濟政策，立足於君王之道德實踐，亦即君王必須效法天道生生化育之仁，使人民滿足衣食需求，而能自然而然發用本性為善趨向，實踐孝、義等美好德行，而使社會達到衣食豐足、尊卑有等的理想狀態。

謹以此書獻予
我敬愛的父親、母親，
以及恩師陳麗桂教授，
願榮耀歸與上帝。

目
次

凡　例

一、本論文所引古籍原文，僅在每章首次徵引時詳注版本；第二次以上徵引，
　　則僅注書名、卷數、篇名與頁數，不另注出版項，以避冗贅。

二、本論文所引之近人研究論著，均於每章首次引用時詳注出版處、出版時
　　間與頁碼，餘皆僅注作者、書名與頁數，以便檢閱。

三、本論文所引之期刊論文與學位論文，僅於每章首次徵引時詳注刊名、期
　　卷數、發表（出版）年月與頁碼，餘則僅注篇名與頁碼，以廓清篇幅。

四、若連續二條以上古籍引文，皆引自同書不同篇，則使用「同前注」，並標
　　明卷數、篇名與頁數，不加注版本項；若引自同書同篇，則逕用「同前注」
　　並加注頁數。

第一章 緒 論

　　《春秋繁露》一稱《繁露》，[註1]爲西漢公羊學者董仲舒之著作。[註2]董氏於景帝時爲春秋公羊博士，以「純儒」[註3]形象與公羊學聲聞於世，在今本《史記》與《漢書》中，董仲舒共有一百三十五條相關記載，[註4]多稱美其人德行之嚴謹，與獨步公羊之學問，如《史記・平津侯主父列傳》載曰：「儒雅則公孫弘、董仲舒、兒寬，篤行則石建。」[註5]、《史記・儒林列傳》：「董仲舒爲人廉直，是時方外攘四夷，公孫弘治春秋不如董仲舒，而弘希世用事，位至公卿。」[註6]皆肯定董仲舒之才學與品德；此外，《漢

〔註1〕如唐徐彥於《春秋公羊注疏序・疏》曰：「即《繁露》云能通一經曰儒生。」（見〔漢〕何休注、〔唐〕徐彥疏《春秋公羊傳注疏》〔清〕阮元校，嘉慶二十年江西南昌府學開本），（台北：藝文印書館，1989年出版），頁4。〔劉宋〕范曄著、〔唐〕李賢等注《後漢書・卷十一・劉玄劉盆子列傳》，（收入楊家駱主編之《新校本二十五史》）：「董仲舒《繁露》曰：「以赤統者，幟尚赤。」，（台北：鼎文出版社，1977年出版），頁481。據引文可知《春秋繁露》亦可稱爲《繁露》。

〔註2〕《春秋繁露》一書，自唐以來多有眞僞疑義，筆者於本章第二節中進行論證。

〔註3〕「純儒」一詞可參見〔漢〕班固著、〔唐〕顏師古注《漢書・卷一百・敘傳下》：「抑抑仲舒，再相諸侯，身修國治，致仕縣車，下帷覃思，論道屬書，讜言訪對，爲世純儒。」（收入楊家駱主編之《新校本二十五史》），（台北：鼎文出版社，1977年出版），頁4255。

〔註4〕筆者使用中央研究院（ASCC）「瀚典資料庫」之《二十五史》查詢，關鍵字爲「董仲舒」與「仲舒」，共有一百四十七條資料，其中十二條爲唐人注解，扣除之後共計一百三十五筆資料。（詳見中央研究院瀚典資料庫：http://www.sinica.edu.tw/ftms-bin/ftmsw3）

〔註5〕見〔漢〕司馬遷著、〔劉宋〕裴駰集解、〔唐〕司馬貞索隱、〔唐〕張守節正義《史記・卷一百一十二・平津侯主父列傳》，（收入楊家駱主編之《新校本二十五史》），（台北：鼎文出版社，1977年出版），頁2964。

〔註6〕見〔漢〕司馬遷著《史記・卷一百二十一・儒林列傳》，頁3118。

書·五行志》所載災異多使用董氏解釋，東漢王充亦以其精擅《春秋》而稱頌其人：「董仲舒表《春秋》之義，稽合於律，無乖異者。」〔註7〕可見董氏於漢代學術史上之崇高地位，因以《「春秋繁露」君王觀研究》爲題，探討董仲舒之學術成就。

在「君王」名稱定義上，「君」在先秦典籍中，可泛指「發令者」或「領導者」，如《周易·革卦·象傳》：「『小人革面』，順以從君也。」孔《疏》曰：「順以從君者，明其不能潤色立制，但順而從君也。」〔註8〕「君」與「小人」有位份之差，「君」爲「小人」的發令者與領導者；「領導者」若專指一人對家、國、天下之領導，「君」則具有「國君」之義。如《尚書·五子之歌》曰：「明明我祖，萬邦之君，有典有則，貽厥子孫。」孔大傳釋曰：「君萬國爲天子」，孔《疏》曰：「有明明之德，我祖大禹也；以有明德爲萬邦之君，謂爲天子也。」〔註9〕諸「君」義皆指「天子」。

「王」在先秦傳世典籍中，具有「國君」之義。在周代以前之上古夏商時期，根據王國維先生〈古諸侯稱王說〉以二重證據法，從三代「古彝器銘識」與傳世典籍如《詩經》、《楚辭》、《國語》與《史記》等文獻，證明「蓋古時天澤之分未嚴，諸侯在其國，自有稱王之俗，即徐楚吳越之稱王者，亦沿周初舊習，不得進以僭竊目之。」〔註10〕上古三代的諸侯在其國境之內亦稱王，「王」之義爲「國君」。

在周代，周天子依循親親、尊尊之原則分封天下，「王」逐漸成爲「天子」的稱呼，《春秋》將周天子稱爲「王」或「天王」，如《春秋·莊公元年》：「王使榮叔來錫桓公命」、〈成公元年〉：「秋，王師敗績于貿戎」、〈隱公元年〉：「天王使宰咺來歸惠公、仲子之賵」、〈宣公十年〉：「秋，天王使王季子來聘」；《詩經》亦稱天子爲「王」，如〈小雅·北山〉：「王事靡盬，憂我父母」、〈小雅·魚

〔註7〕 見〔漢〕王充著《論衡·卷十二·程材》，（台北：中國子學名著集成編印基金會，1978年出版），頁214。

〔註8〕 見〔魏〕王弼、韓康伯注，〔唐〕孔穎達正義《周易正義·卷五·革卦》（清）阮元校，嘉慶二十年江西南昌府學開本），（台北市：藝文印書館，1989年出版），頁112。

〔註9〕 見〔漢〕孔安國傳、〔唐〕孔穎達等正義《尚書正義·卷七·夏書·五子之歌》（清）阮元校，嘉慶二十年江西南昌府學開本），（台北市：藝文印書館，1989年出版），頁101。

〔註10〕見王國維著〈古諸侯稱王說〉，收入《王國維先生全集·初編·第四冊》，（台北：大通書局，1976年出版），頁1271。

藻〉：「王在在鎬，豈樂飲酒」〔註11〕皆顯示周天子可稱為「王」。

「君王」指「國家領導者」，可上溯自先秦傳世典籍，如《禮記・檀弓下》載陳大宰嚭稱吳王夫差為「君王」，曰：「君王討敝邑之罪，又矜而赦之，師與，有無名乎」；〈儒行〉亦曰：「儒有不隕穫於貧賤，不充詘於富貴，不慁君王，不累長上，不閔有司，故曰儒」；〔註12〕同樣的例證亦見於《左傳》，如〈成公九年〉載晉侯與楚囚之言，曰：「『君王何如？』對曰：『非小人之所得知也。』」、〈哀公六年〉載子閭之言曰：「君王舍其子而讓，群臣敢忘君乎？」〔註13〕以「君王」稱呼楚子。此外，諸子著作中，亦多見其文例，如《墨子・明鬼下》引莊子儀之言曰：「吾君王殺我而不辜，死人毋知亦已，死人有知，不出三年，必使吾君知之」，〔註14〕《韓非子・顯學》曰：「故敵國之君王雖說吾義，吾弗入貢而臣。」〔註15〕《呂氏春秋・至忠》亦曰：「臣之兄犯暴不敬之名，觸死亡之罪於王之側，其愚心將以忠於君王之身，而持千歲之壽也。」，〔註16〕「君王」皆為「國家領導者」之義。

《春秋繁露》中，亦有對「君」與「王」的清楚定義，〈滅國上第七〉曰：「王者，民之所往，君者，不失其群者也」；〈深察名號第三十五〉使用聲訓，定義「王」曰：「王者，匡也，王者，黃也，王者，往也。」顯示君王必須以自身德行與政教實踐使萬民歸服，才能與「王」之名號相符合；其於「君」之義則曰：「君者元也；君者，原也；君者，權也；君者，溫也；君者，群也。」皆代表為君者應為萬民之首，以自身之德行與權勢領導人民。因此，《繁露》

〔註11〕 見〔漢〕鄭玄箋、〔唐〕孔穎達正義《毛詩正義・小雅・北山》、〈小雅・魚藻〉，（清〕阮元校，嘉慶二十年江西南昌府學開本），（台北：藝文印書館，1989年出版），頁225、449。

〔註12〕 見〔漢〕鄭玄注、〔唐〕孔穎達正義《禮記正義・卷九・檀弓下》、〈卷五十九・儒行〉，（清〕阮元校，嘉慶二十年江西南昌府學開本），（台北：藝文印書館，1989年出版），頁176、980。

〔註13〕 見〔晉〕杜預注、〔唐〕孔穎達正義《春秋左傳正義・卷二十六・成公九年》、〈卷五十八・哀公六年〉，〔清〕阮元校，嘉慶二十年江西南昌府學開本），（台北：藝文印書館，1989年出版），頁448、1107。

〔註14〕 見〔清〕孫詒讓校注《墨子閒詁・卷八・明鬼下》（收入《新編諸子集成》），（北京：中華書局，2000年出版），頁206。

〔註15〕 見〔清〕王先慎校注《韓非子集解・卷十九・顯學》，（收入《新編諸子集成》），（台北：藝文印書館，1983年出版），頁715。

〔註16〕 見〔先秦〕呂不韋編、王利器校注《呂氏春秋注疏（二）・仲冬紀・至忠》，（成都：巴蜀書社，2002年出版），頁1073。

一書中，「君王」一詞多爲「國君」之義，本論文題目中之「君王」即採用此義。

「君王觀」之定義，則依循「君王」的意義而來。近三十年（AD1978～AD2008）台灣文史哲學界以「君王」爲題名之學位論文共有二篇，其一爲詹緣端之《先秦的君王與君王論》（國立台灣大學歷史研究所碩士論文，1997年6月，指導教授：阮芝生），以及黃嘉貞之《魏晉君王論研究》（國立高雄師範大學碩士論文，2005年6月，指導教授：蔡崇名）二論文皆以君王治道爲論述核心，詹氏從「君王的產生」、「君道的性格」、「聖人之大寶」三面向論述，以德爲本的「君子」可作爲「君王」之定義。黃氏則先從魏晉時期的政治社會與思想文化出發，推溯兩漢時期的君王論述，而探究魏晉重要思想家之君王理論。這二篇論文以同樣主題，架構出「君王論」以「治道」爲核心的研究主軸。

筆者依循「君王治道」的概念與前兩篇「君王論」之研究基礎，使用「君王觀」一詞，並依據《春秋繁露》之義理內涵，將「君王治道」的論題，推拓爲「理想君王如何可能」的整全內容，其理論內涵包含三部分，一爲「君王名位之理據」，董氏從天道觀出發，以天人相應爲理論依據，架構「君王以德受命」的理論依據；其次爲「君王之修養觀」，君王如何透過仁義的教化與道德實踐，以及「形──神」修養，使自身臻於「聖人」之境界；再次則是君王政教治道，結合儒家之王道，與法家、黃老之刑名法術，架構縝密的國家制度與社會規範，使天道秩序完全落實於政道，達成政通人和、陰陽順諧、國祚綿延的美好狀態。

第一節　研究動機與近人研究現況

本論題之研究動機與問題意識，來自於陳師麗桂於「兩漢諸子」課堂上的論述，師曰：「董仲舒《春秋繁露》所論，皆爲對『外王』之關注。」引發筆者對董仲舒理論中「君王治道」之考察興趣；此論題古今學者多所論述，如清代學者盧文弨於四庫館〈奏進書後〉論曰：

臣服習有年，見其以天證人，析理斷事，實切於養德養身之要。而凡政治之原，郊祀之典，用人之方，弭災之術，俱無所不備也。〔註17〕

〔註17〕此處所引盧文弨〈奏進書後〉一文，收錄於〔清〕蘇輿校注《春秋繁露義證》，

《清史稿‧淩曙薛傳均傳》〔註18〕載淩氏之論曰：

> 董子春秋繁露，識禮義之宗，達經權之用。行仁爲本，正名爲先。
> 測陰陽五行之變，明制禮作樂之原。體大思精，推見至隱，可謂善
> 發微言大義者。

盧氏所提之「政治之原」、「教祀之典」、「用人之方」，皆屬君王治道；淩氏所論「行仁爲本」與「制禮作樂」諸觀點，亦爲治國法則，此二者皆認爲《春秋繁露》之載與君王治國策略關連甚深。魏源於《董子春秋發微‧序》亦曰：「若謂董生疏通大詣，不列經文，不足頡頏何氏，則其書三科九旨，燦然大備，且宏通精淼，內聖而外王，蟠天而際地，遠在胡母生何劭公章句之上。」〔註19〕「內聖而外王」表示《春秋繁露》內容多闡述君王德行修養與王天下之治道。

徐復觀《兩漢思想史‧先秦儒家思想的轉折及天的哲學的完成》一文，引用《逸周書‧卷七‧王會弟》：「天子南面立，絻無（疑而字之誤）繁露注云，晃之所垂也」與《博物志》：「牛亨問崔豹，晃旒以繁露者何？答曰，綴玉而下垂如繁露也。」並釋曰：「蓋繁露一詞，乃指董氏所作的許多篇章內容，實即帝王之術，故即以『繁露』作象徵。」〔註20〕可見《春秋繁露》之理論架構多與君王治國謀略相關。

然而盧文弨與淩曙所提出之君王治道的整全理論架構爲何？徐復觀所論述之「帝王之術」內涵如何？這些治國法則與《春秋繁露》所提出其他學界所關懷之重要論題，如「人性論」、「天道觀」、「三綱理論」關聯爲何？「君王觀」之理論又如何因應於西漢當時之國家社會問題？筆者從這些待解的問題出發，希冀詳究《春秋繁露》君王觀之架構與理論內涵，如實呈現董氏君王觀之理論架構與意義。

而在近人研究現況的考察中，筆者觀察近五十年（AD1957～2007）台灣學界，與近八年（AD1999～AD2007）大陸學界〔註21〕之學位論文，發現研究

（收入《新編諸子集成》），（北京：中華書局，2002年出版），頁506。

〔註18〕見趙爾巽等著《清史稿‧卷四八二‧儒林二》，（收入楊家駱主編之《新校本二十五史》），（台北：鼎文出版社，1977年出版），頁13265。

〔註19〕見〔清〕魏源著《魏源集（一）》，（收入《四部刊要‧集部‧別集》），台北：漢京文化事業有限公司，1984年出版，頁135。

〔註20〕此論參見徐復觀著《增訂兩漢思想史》，（台北：學生書局，1976年出版），頁311。

〔註21〕筆者所使用的台灣學位論文爲國家圖書館所收藏自1957年至2007年近五十

主題可分成五大類型，表列如下：

表一之1

作　者	題　目	出　版　項
（一）綜合類		
孫長祥	《董仲舒思想述評》	台北：中國文化大學中文所博士論文，1984年
林蔚松	《漢代賢良對策研究》	台北：輔仁大學中文所碩士論文，1995年
（二）春秋學		
洪碧穗	《董氏春秋學述》	台北：輔仁大學中文所碩士論文，1994年
王淑蕙	《董仲舒《春秋》解經方法探究》	台北：中央大學中文所碩士論文，1995年
李妍承	《董仲舒春秋學之研究》	台北：台灣大學哲學所碩士論文，1998年
廖培璋	《董仲舒春秋學研究》	台北：中國文化大學中文所碩士論文，2000年
楊濟襄	《董仲舒春秋學義法思想研究》	台北：臺灣師範大學國文所博士論文，2000年
黃啓書	《董仲舒春秋學中的災異理論》	台北：台灣大學中文所碩士論文1994年
吳清輝	《董仲舒的春秋大一統思想研究》	台北：臺灣師大國文所碩士論文，1998年
（三）陰陽五行災異觀		
任金子	《董仲舒的陰陽思想研究》	台北：輔仁大學哲研所碩士論文，1982年
梁惠卿	《董仲舒陰陽哲學研究》	台北：輔仁大學哲學所，1992年
江素卿	《西漢經學災異思想研究》	高雄：中山大學中文所博士論文，2003年
（四）天道觀		
王孺松	《董仲舒的天道觀》	台北：台灣大學中文所碩士論文，1968年
李美秀	《董仲舒思想闡微——春秋學與天人合一說初探》	台北：輔仁大學中文所碩士論文，1979年
陳禮彰	《董仲舒天人思想研究》	台北：台灣師大國文所碩士論文，1992年

年來之論著（詳見網址：http://etds.ncl.edu.tw/theabs/index.jsp）。大陸學位論文資料庫，引用自「中國碩博士論文網」，此資料庫蒐集1999年至2006年之學位論文，故筆者以近八年爲考察範圍。（詳見網址：http://0-cnki50.csis.com.tw.opac.ib.ntnu.edu.tw/kns50/）

李健良	《董仲舒天人哲學之研究》	嘉義：南華大學哲學所碩士論文，2002 年
莊肇基	《董仲舒人副天數思想研究》	台北：玄奘人文社會學院宗教學碩士在職專班論文，2003 年
孫曉春	《試論董仲舒的天人觀》	吉林：吉林大學碩士論文，2005 年。

（五）法制觀

藤邦夫	《董仲舒法律思想之研究》	台北：台灣大學法研所碩士論文，1980 年
鄧桂秋	《董仲舒法制思想之研究》	台北：輔仁大學中文所碩士論文，1999 年

（六）政教觀

張寅成	《西漢的宗廟與郊祀》	台北：台灣大學歷史所碩士論文，1984 年
黃文興	《儒家倫理與皇帝制度的精神》	台中：東海大學歷史所碩士論文，1988 年
朱育慧	《西漢前中期君臣關係思想的演變》	新竹：清華大學中文所碩士論文，1998 年
徐秋玲	《董仲舒的儒學轉化及其政治實踐——西漢儒生的困境：知識與權力的辯證》	台北：政治大學教育所碩士論文，2003 年
張樹志	《董仲舒倫理政治思想研究》	江蘇：揚州大學碩士論文，2003 年
廖小東	《董仲舒政治哲學試論》	湖南：湘潭大學碩士論文，2003 年
張鵬	《論董仲舒的大一統政治思想》	遼寧：遼寧師範大學碩士論文，2003 年
崔濤	《董仲舒政治哲學發微》	浙江：浙江大學博士論文，2004 年
周紹華	《董仲舒君王觀念研究》	山東：曲阜師範大學，2004 年
劉心凱	《「春秋繁露」之政治倫理觀》	台北：政治大學政治所碩士論文，2004 年
陳名皎	《董仲舒教育思想研究》	臺北：市立教育大學應語所碩士論文，2005 年
尹小彬	《論董仲舒皇權制衡思想及其倫理型態特徵》	四川：西南師範大學碩士論文，2005 年。

　　除了第一類綜合性的專著之外，其他四類主題，皆有不同論述重點與視角。在第二類「春秋學」的研究中，洪碧穗、王淑蕙、李妍承、廖培璋、楊濟襄等五位學者，以董氏春秋學之解經義法為主軸，勾勒出其春秋學之整全體系，將天道、受命改制、三世三統、質文、正名、貴志、經權等概念，結

合春秋決獄、六藝教育、天文曆法等君王政教策略，建構出董氏春秋學之全貌。黃啓書、吳清輝二者的論著中，則專就董氏春秋學中之「災異觀」與「大一統」等單一論題進行研究，以解釋漢代政教制度，並深度詮釋董氏春秋學之實踐方法。

在第三類「陰陽災異」中，任金子、梁惠卿與江素卿三人，皆以氣化宇宙論與陰陽五行觀為基礎，與春秋公羊學相結合，深入論述《春秋繁露》中之災異理論。第四類「天道觀」方面，王孺松《董仲舒之天道觀》是台灣學界最早完成的一篇論文，〔註22〕他將「天」之詞義作深入的語法考辨，從「天意」、「天性」、「天道」、「天端」等詞彙進行義理分析，並探究「天——王」、「天——聖人」二種關係，完整地架構董氏哲學之「天人觀」。李美秀與陳禮彰皆是以董氏春秋公羊學為基礎，進行「天」之義理論述；陳氏並將董氏之天道觀與先秦諸子之天人關係相互比較，探究董氏天人學對先秦學術之繼承與轉化。李建良、莊肇基與吉林大學的孫曉春皆從「天」之定義與「天人相應」之視角出發，建構其天人哲學，然而董氏身為春秋公羊學博士，若跳脫春秋公羊學「元」的概念而直接論述天人關係，或許無法展現董仲舒天道觀之全貌。

第五類「法制」二篇論文的主軸皆為「春秋治獄」，乃君王治道實踐的範圍。第六類政教觀共有十二篇論著，為五類中數量最多，成果最豐碩的研究主題，亦為大陸學者最關懷的論題。這部分的論文，多省略其春秋公羊學的面向，而直接切入政治教育論題的探討。

在這些研究論著中，山東曲阜大學周紹華所作之《董仲舒君王觀念研究》一文最受筆者關注，周氏論文共有六章，第一章為導論，論述董氏君主觀念產生的歷史背景與思想來源，第二章則為董仲舒對「君天關係」的認識，認為「意志天」為君王之保證，並論述董氏「君權神授」的思想。第三章為董氏之「君——民」觀，論述董氏「愛民」與「用民」雙管齊下之治理策略；第四章乃論述「君尊臣卑」的「君——臣」關係，以及「君聖臣賢」的理想官僚體系。第五章則彙整前文所探討之君民與君臣關係，論述董氏學中理想的君王與社會範式，最後一章則從天譴說與道義說論述君權的限制。但周氏之作篇幅較短小，且未論述「春秋公羊學」對董仲舒君王觀建構之影響，亦未探討君王之心性與形神修養，形成理論的罅隙與不足，似無法表現出《春

〔註22〕王氏論文於 1968 年完成，並於 1985 年由台北之教育文物出版社出版。

秋繁露》君王觀之整全樣貌。因此，筆者重作此論題，希望透過董仲舒《春秋繁露》與相關典籍的考察，如實、完整地呈現董仲舒君王觀理論。

由於兩岸學界缺乏對董氏《春秋繁露》中之君王觀做整全的理論建構，故本論文之功能有二：其一，本論文若能順利完成，即為台灣首次嘗試以春秋公羊學理論綰合各家思想，全面探討並如實呈現《春秋繁露》「君王觀」之專著；其二，董仲舒為漢代儒宗，景、武以後之漢代學者，多受董學影響，無論其對《春秋公羊傳》之闡釋、天道理論與政教治道，皆影響兩漢學術思想之發展；因此，筆者期待透過「君王觀」之研究，開拓董學研究領域與面向。

第二節　研究文獻與範圍

本論文所需涉獵之古文獻將分成三類，其一為董氏著作，其二則是記載董氏生平與學術經歷之外緣史料，其三乃是影響董仲舒哲學理論之先秦古籍，需分述如下。

一、董氏著作──《春秋繁露》與輯佚論著

第一類文獻中，《春秋繁露》乃為筆者考察之核心。然而若僅以《春秋繁露》作為唯一的考察對象，而不將此書內容與董氏其他文章作比對研究，即無法全面了解董氏思想，特別是《漢書》所載錄之董氏對策，如〈粵有三仁對〉、〈天人三策〉等，皆為解決國家實際政教措施，應與《春秋繁露》相互對照，以整全考察董氏之君王觀。《春秋繁露》自古即有真偽之辯，筆者將先進行考辨。

（一）《春秋繁露》真偽考辨

此論題學界歷來多所討論。董仲舒之著作，《漢書‧董仲舒傳》載董氏著作曰：

> 仲舒所著，皆明經術之意，及上疏條教，凡百二十三篇。而說春秋事得失，聞舉、玉杯、蕃露、清明、竹林之屬，復數十篇，十餘萬言，皆傳於後世。掇其切當世施朝廷者著于篇。〔註23〕

而《漢書‧藝文志》春秋類著錄董仲舒之著作為《治獄》十六篇，以及儒家

〔註23〕見〔漢〕班固撰、〔唐〕顏師古注《漢書‧卷五十六‧董仲舒傳》，頁2525～2526。

類則載錄董仲舒「百二十三篇」。〔註24〕其中無法斷定「藩露」爲董仲舒所作之單篇文章或爲專著，然而〈玉杯〉、〈竹林〉確爲今傳《春秋繁露》中之篇目。《後漢書‧卷十‧皇后紀》載馬皇后之事曰：「能誦易，好讀春秋、楚辭，尤善周官、董仲舒書。」表示東漢時尙未將董氏之論命名爲《春秋繁露》。《隋書‧經籍志》春秋類，則載錄《春秋繁露》十七卷，並註明「漢膠西相董仲舒撰」，〔註25〕而後《舊唐書‧經籍志上》、《新唐書‧經籍志》與《宋史‧藝文志》皆有著錄董仲舒《春秋繁露》十七卷。〔註26〕

入宋以來，學界對《春秋繁露》之眞僞多所辨證，如慶曆元年王堯臣等於《崇文總目》中載錄《春秋繁露》十七卷，並論曰：「其書盡八十二篇，義引宏博，非出近世，然其間篇第已舛，無以是正。」〔註27〕歐陽修於〈書春秋繁露後〉亦提出篇目訛誤的問題：「予在館中校勘群書，見有八十餘篇，然多錯亂重複。又有民間應募獻書者，獻三十餘篇，其間數篇，在八十篇外。乃知董生之書，流散而不全矣。」〔註28〕至於南宋，此論猶烈，其中最被重視者爲程大昌之論，程氏謂其辭意淺薄、篇次錯亂與義理乖謬，因論證此書爲僞：

> 臣觀其書，辭意淺薄，間掇董仲舒策語，雜置其中，輒不相倫比，臣固疑非董氏之書。又班固記其說《春秋》凡數十篇，玉杯、藩露、清明、竹林各爲之名，似非一書。……後又因讀《太平御覽》，凡其部彙列敘古繁露語特多。如曰「禾實於野，粟缺於倉」，皆奇怪非人所意，此可證也。……又曰「金干土則五穀傷，土干金則五穀不成」……諸如此類，亦皆附物著理，無憑虛發語者，然後益自信予所正定不謬也。〔註29〕

〔註24〕見《漢書‧卷三十‧藝文志》，頁1727。

〔註25〕見〔唐〕魏徵等著《隋書‧卷三十二‧經籍志》，（收入楊家駱編《新校本二十五史》），（台北：鼎文出版社，1977年出版），頁930。

〔註26〕〔後晉〕劉昫著《舊唐書‧卷四十六‧經籍志上‧甲部經錄春秋類》載錄「董仲舒《春秋繁露》十七卷。」《新唐書‧卷五十七‧藝文志‧甲部經錄春秋類》收錄「董仲舒《春秋繁露》十七卷」、〔元〕脫克脫等著《宋史‧卷二〇二‧藝文志‧經類春秋類》則載「董仲舒《春秋繁露》十七卷」，三書皆收入楊家駱編《新校本二十五史》，（台北：鼎文出版社，1977年出版），頁1979、1437、5057。

〔註27〕見〔宋〕王堯臣等編、〔清〕錢侗校釋《崇文總目輯釋（上）》，（台北：廣文書局，1978年出版），頁82。

〔註28〕見〔宋〕歐陽修著《歐楊修全集（上）》，台北：華正出版社，1975年出版，頁133。

〔註29〕程大昌《演繁露》一書收錄於〔元〕馬端臨編《文獻通考‧經籍考‧經籍九》

後雖有樓鑰以善本證明程氏所見未廣，猶有闕漏，〔註30〕然此疑問已成爲學界關注的論題，《四庫全書總目提要·經部·春秋類附錄》曰：

> 其書發揮《春秋》之旨，多主《公羊》，而往往及陰陽、五行。考仲舒本傳，《蕃露》、《玉杯》、《竹林》皆所著書名，而今本《玉杯》、《竹林》乃在此書之中。故《崇文總目》頗疑之，而程大昌攻之尤力。今觀其文，雖未必全出仲舒，然中多根極理要之言，非後人所能依託也。
>
> 是書宋代已有四本，多寡不同，至樓鑰所校，乃爲定本。〔註31〕

四庫館臣認爲，《春秋繁露》傳本雖有非董氏之作，但非全爲後人依託僞作。

現代學界則有二篇立論相異之重要篇章，其一爲戴君仁先生之〈董仲舒不說五行考〉，其次則爲徐復觀先生之〈「春秋繁露」之眞僞問題〉。戴氏文先引四條文獻資料，如王充《論衡·本性篇》所引董氏理論與《繁露》內容不符，以及〈五行順逆〉用「茂才」之詞等證據，說明《春秋繁露》爲僞作；其次，戴氏考證《漢書·五行志》與〈天人三策〉的內容，認爲其間所載之災異思想「祇推陰陽，而沒有說五行」，〔註32〕似可表示《春秋繁露》之五行理論並非出於董仲舒。徐氏則認爲五行理論正是《春秋繁露》出於董仲舒的證據，徐氏曰：

> 融合陰陽五行爲一體，視五行爲陰陽之分化，大約成於漢宣帝時代前後；《漢書·五行志》即以五行同時代表陰陽。所以《春秋繁露》中陰陽五行的關係·仍在演進之中，這是絕不能推後或推前的。它代表了中國學術上的一大轉折點，成爲漢代及董氏學術的特性。這

（台北：台灣商務印書館，1987 年出版），頁 1566。

〔註30〕〔明〕樓鑰駁程大昌之論曰：「開禧三年，今編修胡君仲方渠宰萍鄉，得羅氏蘭台本，刊之縣庠，考證頗備。先程公所引三書之言，皆在書中，則知程公所見者未廣，非也。然止於三十七篇，終不合《崇文總目》及歐陽文忠公所藏八十二篇之數。余老矣，猶欲得一善本。聞婺女潘同年叔度景憲多收異書，屬其子弟訪之，使得此本，果有八十二篇。是萍鄉本猶未及其半也。」表示程氏所言未見於《春秋繁露》之文，乃因其所見有缺漏，而非《春秋繁露》一書爲僞作。此處所引出自朱彝尊《經義考·卷一百七十一》，收錄於〔清〕紀昀等編《文淵閣四庫全書·史部目錄類》（第六百七十九冊），（台北：台灣商務印書館，1983 年出版），頁 328。

〔註31〕見〔清〕紀昀等著《四庫全書總目提要（一）·卷二十九·經部》，（台北：藝文印書館，1966 年出版），頁 613。

〔註32〕見戴君仁著〈董仲舒不說五行考〉，收入氏作《梅園論學集》，（台北：台灣開明書店，1970 年出版），頁 319。

是衡斷《春秋繁露》真偽問題的最重大的眼目。〔註33〕

徐氏因認為「今日所能看到的《春秋繁露》，只有殘缺，並無雜偽。」〔註34〕

從以上所論，筆者認為，《春秋繁露》雖有真偽之辨，然《隋志》、《舊唐書》與《新唐書》皆著錄有董仲舒所作《春秋繁露》十七卷，可見不晚於隋代，此書已流傳；宋代言其偽者如程大昌之論，已被樓鑰以善本駁之，而近世學界如戴、徐二氏，以史料證據與「五行」理論各持一端，須有更多文獻證據才能解此困境；在此之前，應無法斷然確認《春秋繁露》為偽作。因此，本論文先存其異，暫依循徐氏之論，以為《春秋繁露》出於董仲舒。

（二）歷代《春秋繁露》版本

《春秋繁露》入宋以來即有抄本，筆者參照鍾肇鵬《春秋繁露校釋》所蒐羅之藏於大陸的善本，〔註35〕並中華民國國家圖書館所編定之〈台灣地區善本古籍聯合目錄〉，〔註36〕收自宋至清之《春秋繁露》珍本共三十一種，表列如下：

表一之2

編號	版　本	簡　稱	版　本　說　明
（1）	宋江右計臺本	宋本	〔宋〕嘉定四年（AD1211）刊，今藏北京圖書館。原書缺第一、二卷，後從天津購得第一、二卷抄本，今按所補二卷，今案所補二卷，其欽氏字體均與計臺本不同，而與明抄宋本相合。
（2）	永樂大典本	大典本	清錢塘、盧文弨均引《永樂大典》本校，今稱大典本即據錢、盧所引。
（3）	明抄宋本	明抄本	原藏涵芬樓，冒廣生曾借出校勘，今所據（筆者案，即本論文所使用之《春秋繁露》校釋）即冒校本。
（4）	明正統間刊本	正統刊本	共十七卷，明正統間刊本。
（5）	無錫華氏蘭雪堂活字本	華本	明正德十一年（AD1516）銅活字板。

〔註33〕見徐復觀著《增訂兩漢思想史》，頁316。
〔註34〕同前注，頁316。
〔註35〕見鍾肇鵬編《春秋繁露校釋》，（河北：河北人民出版社，2005年出版），頁3。
〔註36〕本表所引之台灣善本書目，皆引自〈台灣地區善本古籍聯合目錄〉資料庫，網址為（http://nclcc.ncl.edu.tw/ttscgi/ttsweb?@0:0:1:/opc/catalog/rarecat@@0.09414726047048022）

（6）	潙陽刊本	潙陽本	共十七卷，明嘉靖三十三年（AD1554）永寧趙維垣潙陽刊本。
（7）	兩京遺編本	兩京本	此本僅刻前八卷，明萬曆十年（AD1583）餘姚胡維新刊《兩京遺編》之一。
（8）	程榮漢魏叢書本	程本	共十七卷，明萬曆間新安程氏校刊本。
（9）	胡維新刊本	胡本	共十七卷，明萬曆間勾餘胡維新刊本配補舊鈔本。
（10）	王道焜刊本	王本	明朝天啓刊本。
（11）	沈鼎新刊本	沈本	共十七卷，明天啓五年（AD1625）年刊於杭州西湖花齋，又稱「花齋本」。蘇輿稱天啓版本。
（12）	何允中漢魏叢書本	何本	共十七卷，明末武林何氏刊本。
（13）	明重刊本	明重刊本	共十七卷，〔明〕孫礦評。
（14）	武英殿聚珍本（重刊）	殿本	共十七卷，清乾隆三十八年（AD1753）武英殿聚珍版重刊本。
（17）	董天工《春秋繁露》箋注	董箋本	共十七卷，清乾隆四十五年（AD1761）觀光樓版。
（15）	王謨漢魏叢書本	王謨本	共十七卷，清乾隆五十六年（AD1791）金谿王氏刊本。
（16）	四庫全書本	四庫本	據文淵閣本，（筆者案，《四庫全書總目・經部二十九・春秋類四》著錄《春秋繁露》十七卷，曰：永樂大典本。〔註37〕故四庫本實據「大典本」。）
（18）	《春秋繁露》〈求雨節解〉一卷〈止雨節解〉一卷	單卷本	〔明〕吳廷舉解，清清同治八年（AD1869）鄭慶崧校刊本。
（19）	凌曙《春秋繁露注》	凌本	（筆者案，〔清〕凌曙，字曉樓，江蘇江都人，嘉慶二十年（AD1816）著成《春秋繁露注》。）
（20）	定州王氏謙德堂刊本	謙德本	共十七卷，附凌注校證十七卷，清光緒五年（AD1879）刊。
（21）	粵東書局刊本	粵本	共十七卷附錄一卷，清同治十二年（AD1873）年刊。
（22）	清續增修刊本	續修本	清道光八年（AD1828）福建重刊，同治間至光緒二十年（AD1894）續修增刊本。

〔註37〕見〔清〕紀昀等編《四庫全書總目・經部二十九・春秋類四》，（台北：藝文印書館，1989 年出版），頁 244。

（23）	重刊盧氏抱經堂本	重刊盧本	共十七卷，附錄一卷。清光緒二年（AD1876）刊。
（24）	藝文書局校刊本.	藝文本	共十七卷，清光緒甲午（二十年）湖南藝文書局校刊本。
（25）	石印本	石印本	共十七卷，清光緒二十一年（AD1895）石印本。
（26）	蘇輿《春秋繁露義證》	蘇本	筆者案，〔清〕蘇輿，字厚菴，兼取盧文弨校、凌曙注，〔註38〕宣統二年（AD1910）刊。
（27）	譚獻董子	譚本	譚獻校定。宣統二年（AD1910）山陰胡氏刻鵠齋刊。
（28）	五鳳樓石印本	五鳳本	民國九年（AD1920）上海五鳳樓石印本。
（29）	抱經堂叢書本	盧本	〔清〕盧文弨編，共十七卷，民國十二年（AD1923） 北京直隸書局影印本。
（30）	中華書局排印本	排印本	十七卷，附錄一卷，民國二十五年（AD1936）上海中華書局排印本。
（31）	涵芬樓影印本	涵影本	民國二十六年（AD1937）上海涵芬樓印明萬曆刊本。

（三）董仲舒之輯佚著作

　　除了《春秋繁露》爲傳世文獻之外，董氏其他論著，均散見於《漢書》、《古文苑》、《周禮注》等典籍中。經過明、清之輯佚，計有思想專著與文集共十一種：〔註39〕

　　表一之3

（一）思想專著			
編號	書名／卷數	輯　佚　者	版　本　說　明
1	《公羊治獄》一卷	〔清〕黃奭輯	收入《黃氏佚書考》（原名《漢學堂叢書》）揚州市：江蘇廣陵古籍刻印社，1984 年，據清道光甘泉黃氏原版及民國江都朱氏補刊本重印。

〔註38〕見〔清〕蘇輿著《春秋繁露義證·例言》，頁 3。

〔註39〕此十一筆資料，乃筆者參看國家圖書館「中文古籍書目資料庫」（http://rarebook.ncl.edu.tw/rbook.cgi/frameset4.htm ）與「台灣地區善本古籍聯合目錄」（ http://nclcc.ncl.edu.tw/ttscgi/ttsweb?@0:0:1:/opc/catalog/rarecat@@0.09414726047048022）並參照孫啓治、陳建華等編之《古佚書輯本目錄》（北京：北京中華書局，1997 年出版）所整理出之各輯佚書之善本。

2	《春秋決獄》一卷	〔清〕洪頤煊輯	收入《問經堂叢書》，台北：印文印書館，1968 年，據嘉慶問經堂刊本影印。
3	《春秋決事》一卷	〔清〕王謨輯	收入《漢魏遺書鈔·經翼第三冊》，收入《四部分類叢書集成續編》台北市：藝文印書館，1970 年，據清嘉慶三年（1798）金溪王氏刊本影印。
4	《春秋決事》一卷	〔清〕馬國翰輯	收入《玉函山房輯佚書》，揚州市：江蘇廣陵古籍刻印社，1990 年，據清光緒十年（1884）湘遠堂刊本影印。
5	《春秋繁露佚文》一卷	劉師培輯〔註40〕	收入《劉申叔先生遺書》，1934 至 1936 寧武南氏排印本。

（二）文集

1	《董仲舒集》一卷	〔明〕汪士賢編	1.收入《漢魏諸名家集》，明天啓六年（1626）年，武林葛寅亮重刊本。2.收入《漢魏六朝諸家文集》，明萬曆間（1573～1619）刊本。
2	《董膠西集》二卷	〔明〕張燮輯	收入《七十二家集》，明天啓辛酉年，閩漳張燮刊《漢魏七十二家集》本。
3	《董膠西集》一卷	〔明〕張溥編	收入《漢魏六朝百三名家集》，清翻刻明崇禎太倉張氏原刊本。（內容與《董膠西集》一卷相同。）
4	《董子文集》一卷	（無記載）	清光緒五年（1879）定州王氏謙德堂刊本，（內容與《董膠西集》相同。）
5	《董仲舒文鈔》一卷	〔明〕李賓輯	收入《八代文鈔》，清初刊本。
6	〈董仲舒〉	〔清〕嚴可均輯	收入《全漢文》卷二十三、二十四。嚴可均自《漢書》、《古文苑》等採得賦、對策、文等十餘篇，較《董膠西集》多輯得〈粵有三仁對〉、〈奏江都王求雨〉、〈請雨書〉、〈論禦匈奴〉、〈救日食祝〉、〈請雨祝〉、〈止雨祝〉、〈李少君家錄〉等篇，為董氏文輯佚最為完整者。〔註41〕

〔註40〕劉師培據鄭玄《周禮注》、《史記·索引》、《路史》、《太平御覽》等書採得佚文十二條，詳見氏作《左盦集·春秋繁露斠補自序》，收入《劉申叔遺書（下）·卷七》，（江蘇：江蘇古籍出版社，1997 年出版），頁 20、21、22。
〔註41〕見孫啓治、陳建華等編之《古佚書輯本目錄》（北京：北京中華書局，1997年），頁 262。

二、相關外緣史料與其他研究文獻

第二類文獻，則是董氏生平與學術經歷等外緣史料之記載。此類文獻以正史為主，包括《史記》、《漢書》。《史記》中董氏之傳記資料在〈儒林傳〉，而董氏交游與語錄之相關記載，則出現於如〈十二諸侯年表〉、〈吳太伯世家〉與〈平津侯主父列傳〉等處。《漢書》之相關記載更加豐富，〈董仲舒傳〉為其本傳，詳錄董氏學術思想與宦途歷程，其餘相關董氏策論與思想，亦多散見於《漢書》他篇之中。除了正史之外，《西漢會要》與《東觀漢紀》亦可作為董氏生平之參酌對象。而漢代學人之著作亦有論及董氏之學與其生平者，如桓譚《新論》、王充《論衡》等論著，皆為研究董氏生命歷程之重要參考資料。

第三類文獻，為影響董仲舒哲學理論之先秦古籍。董氏之學上承先秦王官學與諸子之言，交匯融通其內涵，而成一家之學。在王官之學上，董仲舒吸納五經，尤重春秋公羊學，故筆者採用〔清〕阮元所校（嘉慶二十年江西南昌府學開本）之《今文尚書》、《周易》、《儀禮》，以及董氏學之核心《春秋公羊傳》，探究董仲舒對先秦經典的繼承與發展。

而在諸子之學上，董仲舒受到戰國末期學術會通趨勢之影響，以「儒家」為基礎，融通「墨家」、「法家」、「陰陽學」，乃至戰國末期至秦漢時期逐漸發展；盛行之「黃老學」，故筆者將諸子思想論著與董氏學說相比對，期望對董氏思想之來源有深入的剖析。在儒家思想中，除了五經之外，孔孟思想對董氏產生了極大的影響，董氏引用孔子《論語》之言而加深其論證，並對孟子心性之學作出反省，〔註42〕以建構其外王思想的義理內涵，故應將《論》、《孟》二典作為輔助文獻。此外，荀子之尊王、隆禮樂、性待教而為善等論述，亦可與董氏學中諸多論題相對應。故此，孔、孟、荀之著作應與《春秋繁露》合而觀之。

墨子「天志」與「明鬼」、「尚賢」、「尚同」等思想，皆影響董氏之天道觀與君王觀。此外，董氏將法家思想與儒家思想相互結合，建構一以「德」為體，以「刑」為用之君王治術，故筆者將之與《韓非子》相對照，藉以探究董氏君王觀中之法家面向。

而「陰陽學」與「黃老學」乃是戰國末年至漢代初年之顯學，陰陽五行

〔註42〕董氏對孟子心性之學的反省，載於《春秋繁露・深察名號第三十五》一文中，筆者於本論文第四章有詳細的討論。

相結合之宇宙觀，影響兩漢四百年的學術發展，董氏學中之天道觀與「人副天數」之「天人觀」亦深受其影響。在先秦諸子之傳世文獻中，《管子》中之〈內業〉、〈心術〉、〈白心〉等篇章即爲黃老思想之理論。秦代重要的黃老學著作，尚有呂不韋與其門客所編之《呂氏春秋》。西漢初期，除了司馬談〈論六家要旨〉中所論述的「黃老道家」思想之外，仍有集黃老學大成，由淮南王劉安及其門人所編纂之《淮南子》。此外，在近三十年出土文獻中，黃老學有重要紀錄。如馬王堆黃老帛書，含有許多相關於君王治術的論述，筆者皆將其列入討論，期望經由與董氏哲學作對比性的研究，以深入了解董氏《春秋繁露》君王觀，受到黃老學影響的部分。

　　通過以上的文獻探討，筆者希望能對董氏生平背景、漢景帝至武帝時之政治局勢與政教措施作清楚的考辨；冀能釐清先秦王官之學、諸子之學、秦至漢初之學術思想，就「君王觀」的論題所作的繼承與創發，進而對《春秋繁露》有更細膩深入的理解與論述。

第三節　研究方法與步驟

　　本論文所採用的研究方法主要有二種，其一爲勞思光所提出「基源問題研究法」，其二則是傅偉勳所提出之「創造的詮釋學」。

一、研究方法──基源問題法與創造的詮釋學

　　勞思光於《新編中國哲學史（一）》一書中，將中國哲學史研究法分爲四面向：系統研究法、發生研究法、解析研究法，以及基源問題法，〔註43〕勞氏認爲，基源問題法，乃是較理想之中國哲學史研究法，勞先生定義此研究法曰：「是以邏輯意義的理論還原爲始點，而以史學考證的工作爲助力，以統攝個別哲學活動於一設準之下爲歸宿。」〔註44〕此種研究法有三個步驟：

　　第一步，我們著手整理哲學理論的時候，我們首先有個基本了解，就是一切個人或學派的思想理論，根本上必是對某一問題的答覆或解答。我們如果找到了這個問題，我們即可以掌握這一部分理論的總脈絡。〔註45〕

〔註43〕見勞思光著《新編中國哲學史》，（台北：三民書局，1984年出版），頁5。
〔註44〕同前注，頁15。
〔註45〕同前注，頁16。

　　勞先生稱「這個問題」為「基源問題」，找到基源問題之後，第二步即是將相關理論作一有系統的論述，而此論述皆步步扣緊「基源問題」，一個基源問題引出許多次級的問題；每一問題皆有一解答，即形成理論的一部分；最後一層層的理論組成一個整體，就完成個別理論的架構工作。由於勞先生是針對「哲學史」的研究法，因此其第三個步驟，就是將各時代的基源問題排列起來，即可發現中國哲學史的理論趨勢。

　　本論文並不針對「哲學史」的時間向度進行研究，而是將研究焦點置放於董仲舒一人與《春秋繁露》一書之「君王觀」上。因此將採用第一與第二步驟，以推導出《春秋繁露》一書之基源問題。筆者於第二章，會先以基源問題研究法，證成《春秋繁露》一書之基源問題在於「理想君王如何可能」，亦即筆者所言之「君王觀」。

　　了解其基源問題之後，就要對董氏君王觀理論作一清楚的研究與論述，筆者將採用傅偉勳於《從創造的詮釋學到大乘佛學》一書中所提出的「創造的詮釋學」，此方法論來自於施萊爾馬赫（Schleiermacher）至於迦達默爾Gadamer）所建立的「詮釋學」（hermeneutics）體系，而「創造性詮釋學」分成五層次：「實謂→意謂→蘊謂→當謂→必謂」，〔註46〕所謂的實謂，即從版本目錄的考證中，找出善本，以了解文本（text）客觀上說了什麼，筆者在本論文所採用的版本，乃是鍾肇鵬據自宋至清歷代十九個版本校補之《春秋繁露校釋》，這是迄 2007 年為止，最詳盡之《春秋繁露》校本。而「意謂層」即「如實了解原典章句的真正意思或涵義」，〔註47〕透過哲學家之外緣研究，以及文本內部的語意分析，達成「如實」了解文本的目的。所謂「語意分析」，包含脈絡分析（contextual analysis）、邏輯分析（logical analysis）以及層面（次元）分析（dimensional analysis），〔註48〕這三種研究方式，主要是如實地研究從詞彙到語句所組成的哲學概念，藉以深入清晰地瞭解文本，以《春秋繁露》為例，此書有慣用的專有名詞，如「受命改制」、「元」、「三統」、「陰陽」等特殊詞彙，都須在整段文本章法的脈絡中，考察清楚，才不會超越文本能被理解的範圍。

〔註46〕見傅偉勳著《從創造的詮釋學到大乘佛學》，（台北：東大出版社，1990 年出版），頁 1～46。
〔註47〕同前注，頁 21。
〔註48〕同前注，頁 21。

　　對於「蘊謂層」，傅氏認為其定義與途徑為「在通過思想史上已經有過的許多原典詮釋進路探討，歸納幾個較有詮釋學份量的進路或觀點出來，俾能發現原典思想所表達的深層義理，以及此義理可能重新安排高低出來的多層詮釋蘊涵」。〔註49〕在過去兩岸學界的研究成果中，董氏《春秋繁露》一書之研究與解釋途徑，大致分為「天道觀」、「政教觀」、「法制觀」、「陰陽五行觀」與「春秋學」等幾個視角，筆者則是以《春秋繁露》一書之基源問題「君王觀」為研究主軸，透過天道觀、修養觀與政教觀三者之觀察，作為研究此論題之途徑。在「當謂」層上，傅氏論曰：

> 要進一步在種種詮釋進路所各別發現的深層義理之中進行批判的比較考察，依據我們通過思想史的探討、中外哲學與詮釋學方法論鑽研，以及我們自己多年來積下的詮釋學體驗與心得，對於原典或原思想家的思想表達建立一種具有獨創性的詮釋學洞見與判斷（a unique hermeneutic insight and judgment），設法掘發原思想體系表面結構底下的深層結構出來。〔註50〕

此處，傅氏強調，詮釋者以本身所具備的學養與洞見，使用嚴謹的解釋方法，以考掘出原思想者的深層義理結構。而筆者在本論文中所使用的「當謂層」考掘，包含二重層次，第一層是董仲舒如何透過天道理論、君王之修養方法與政教實踐三面向架構「君王觀」；其二則是筆者對董氏君王觀之整全探討與論述，並企圖找出「作者（董仲舒）在君王觀的論題上，原本要說什麼」，以呈現董仲舒之君王理論體系。

　　傅偉勳創造性詮釋學最後一個層次乃是「必謂」，傅氏曰：

> 創造的詮釋學家從「當謂」層次上進「必謂」層次，必須帶有海德格所云一種「啟明觀念的力量」，不但能為原思想家徹底消解原有思想的任何內在難題或實質性矛盾，如此「救活」原有思想，同時又能百尺竿頭更進一步，剋就哲學思維的突破與創新一點特為原思想家完成他所未完成的思想課題。

這個部分對董仲舒之哲學相當重要，董氏在唐宋以至近代的接受過程中，多被認為其有駁雜不純之弊，如歐陽修於〈書春秋繁露後〉一文曰：「董生儒者，其論深極《春秋》之旨，然惑於改正朔，而云『王者大一元者』，牽于其師之

〔註49〕同前注，頁27。
〔註50〕同前注，頁33。

說，不能高其論以明聖人之道，惜哉」﹝註54﹞而二程子亦曰：「董仲舒曰正其義不謀其利，明其道不計其功，此董子所以度越諸子，漢儒如毛萇、董仲舒最得聖人意，然見道不甚分明。」﹝註52﹞近代學者的批判，則可以勞思光爲代表，勞氏認爲董氏哲學不解「德性根源問題」，而加入其宇宙中心論哲學，更使「中國思想界在一段極長時間中，受僞托儒學之災異妄言所支配。」﹝註53﹞筆者認爲兩漢思想之外緣環境本爲學術會通之時代，董氏無法跳脫其時空背景而出現純粹一家之思想，是可以同情地理解的，筆者從君王觀的角度，結合其春秋學與哲學思想，期待爲董氏架構哲學系統並釐清誤解。

筆者使用「基源問題研究法」與「創造性詮釋學」二種研究法，從董仲舒生平與學術之外緣背景，到文本的剖析，論題的歸納，而闡釋其中重要概念，以架構《春秋繁露》之君王觀，使董氏思想被如實地研究與接受。

二、研究步驟

本論文之研究擬分成四步驟，其一爲證成「君王觀」爲《春秋繁露》之基源問題；在第二章中，筆者將從漢初七十年至武帝時之政教與學術情勢，並結合董氏學術與宦途的考察，論述以君王觀爲基源問題之外緣背景；而後則使用文本內部的對照與考察，論述《春秋繁露》一書之篇章結構多爲「哲學理論」與「君王觀」相結合之作法，作爲確立基源問題之文本證據。﹝註54﹞

第二階段則是以天道哲學爲基礎，論述君王位份的合法性；筆者將先探究董氏天道觀對漢初前七十年之天道觀之繼承與發展，並將天與君王之概念相結合，如實呈現董氏君王「以德受命」的理論架構。

第三階段則是探究君王之修養論，從以公羊學爲核心的儒家思想與黃老思想二面向出發，分別論述公羊學以德行爲主軸的內聖外王修養，以及黃老學的形神修養觀，完整表現出董氏以內在德行與修爲，作爲政教實踐基礎之修養觀。第四階段則深入《春秋繁露》中所論述之君王政教策略與治國實踐，筆者以受命改制、國家儀典、社會秩序與制度三者爲主軸，深入論述君王應具體落實的國家制度與政教措施。

﹝註52﹞ 見〔宋〕朱熹、呂祖謙等編、〔清〕江永集注《近思錄·卷十四》，（江蘇：江蘇廣陵古籍刻印社，1990 年出版），頁 511～512。
﹝註53﹞ 見勞思光著《新編中國哲學史》，頁 22。
﹝註54﹞ 《春秋繁露》之基源問題爲君王觀的文本內部論證，請參見本論文第二章第二節，頁 35～43。

　　透過四步驟的研究，筆者期待能如實呈現董氏君王觀之理論架構與義理
內涵，勾勒出董氏理想君王之具體樣貌，並論述董氏之君王觀對西漢後期與
東漢時期君王治道之影響。

第二章　《春秋繁露》之基源問題
——「君王觀」

　　依〈緒論〉所引盧文弨、凌曙、徐復觀等古今學者之論，《春秋繁露》義理內涵多與君王治道相關聯，筆者於本章即要證成《春秋繁露》之基源問題為君王觀。在《春秋繁露》中，董氏對以《春秋公羊傳》為核心的經典理解，以及天道觀、人性論、修養論等哲學理論之推闡，皆出於一個「問題意識」（Problematics），即「理想君王如何可能」；換言之，董氏哲學理論，乃是為了回應、解決「君王觀」的問題。

　　這種某一哲學家的「問題意識」，就是勞思光先生所提出的「基源問題」。勞氏在接受吳有能先生的訪談中，對「問題意識」與「基源問題」關聯的答覆為：

> 我們在傳統哲學中並沒有問題意識這個字眼，這是比較現代的辭語……它的意思是說我們怎麼樣呈現一個問題，問題呈現怎樣的關係，這就是所謂的問題意識。……這也就是我說的那個基源問題研究法所面對的問題。因為我所謂的基源問題是這樣的，一個理論它說了很多話，其實大部分的話是為了要解決前面的問題，他面面有一種關心，理論上來講它是最根本的，意即他要面對什麼問題。〔註1〕

〔註1〕　見吳有能著《百家出入心無礙——勞思光教授》（台北：文史哲出版社，1999年出版），頁22。

「理想君王如何可能」就是董氏的問題意識，亦爲董氏一切哲學理論背後的基源問題，而筆者期待從外源背景與《春秋繁露》的文本中，將此基源問題彰顯出來。

　　唐君毅先生於《中國哲學原論・導論篇・自序》一文中，提到理解中國哲學思想之研究方法：「欲去此中之弊，〔註2〕唯有既本文獻，以探一問題之原始，與哲學名辭義訓之原始；亦進而引繹其涵義，觀其涵義之演變；並緣之以見思想義理之次第孿生之原。」〔註3〕筆者運用「基源問題法」的目的，乃是期望達到唐氏所言「本於文獻」，而探究其問題原始，並能「引繹涵意」，使董仲舒自身的問題意識、其思考途徑與解決方法如實呈現出來。以下，筆者將先論述「基源問題」的定義與筆者實際運用方式，並由《春秋繁露》的外緣背景與文本內部考察，呈現董仲舒《春秋繁露》以君王觀爲其基源問題之問題意識。

第一節　「基源問題」之定義與運用方式

　　勞思光先生於 1968 年所出版的《中國哲學史・第一卷》提出哲學史的寫作任務有三，其一爲「事實記述的眞實性」，即「哲學史所敘述的理論，必須盡量密合原著，而不失眞」；其二爲「理論闡釋的系統性」，意爲「哲學史敘述前人思想，不能只零星地記載言論，而必須將理論建構脈絡明顯地表現出來，沒有散亂之象。」；其三則是「全面判斷的統一性」，勞氏認爲「哲學史要統觀人類心靈之發展，智慧之成長，所以必須有一貫的判斷原則，一定的理論設準，以使所下的判斷表現一定的識見、一定的尺度。」〔註4〕此三任務表示勞氏期望透過如實的文本解析，建構出哲學理論體系完整、脈絡一貫，而又具有研究者本身洞見（主要表現於「設準」，詳見下文）的哲學史。勞氏認爲「基源問題法」是能滿足此三任務的研究法。下文，筆者將之區分爲「定義與使用程序」，以及其方法論的反省與實際運用的方式二者，分述如下。

〔註2〕即唐君毅前文所提「徒取他方之哲學義理，或個人心思所及之義理，爲預定之模型，而宰割昔賢之言，加以炮製，以爲塡充」之弊端。見氏作《中國哲學原論・導論篇》（台北：台灣學生書局，1986年出版），頁4。

〔註3〕同前注，頁4。

〔註4〕見勞思光《中國哲學史・第一卷》（香港：香港中文大學崇基學院，1968年初版，1980年11月三版），頁15。此處筆者爲了強調「基源問題法」爲勞氏早年即提出的哲學研究法，故於此使用《中國哲學史》一書。

一、「基源問題法」之定義與使用程序

　　勞氏於《中國哲學史·第一卷》定義「基源問題研究法」曰:「所謂「基源問題研究法」,是以邏輯意義的理論還原爲始點,而以史學考證工作爲助力,以統攝個別哲學活動於一定設準之下爲歸宿。」〔註5〕要確當地理解此定義,應先認識勞氏所使用的重要詞彙:「理論還原」與「設準」。「理論還原」意指「從許多論證中逐步反溯其根本意向所在。」〔註6〕因此「理論還原」實際上就是從研究對象所提出的各種理論中,找出其中的邏輯脈絡,再從邏輯脈絡中,求得其基源問題,因此,「理論還原」爲此研究法的進行步驟之一。

　　而「設準」(Postulates),則是其劃分並解釋「自我境界」時所提出的概念:「一設準不表示某種特殊肯定,只表示一種整理問題之方法。……凡論述前人思想時,固不可依特殊肯定而立說;但另一面又必須有某種設準,作爲整理陳述之原則。提出設準,并不表示贊成或反對。設準之意義只在於澄清問題,史陳述對象明晰顯出其特性。」〔註7〕而勞氏在《哲學問題源流論》中,提出他整理哲學問題的四項設準:「價值根源之設準」、「自我境界之劃分的設準」、「價值自覺之設準」、「世界意義之設準」,並且強調此四設準乃是「爲進行整理工作方便而設立的一些標準。」〔註8〕要特別說明的是,在勞氏的理論中,「設準」與「基源問題研究法」並沒有直接關聯,〔註9〕然而要用何種判斷標準,呈現出哪些問題與問題的解決方式,這就是「設準」的作用;而此標準的建立與運用,正可彰顯研究者的觀點與洞見;職是,在勞氏的理論脈絡中,「基源問題研究法」必須與一涵蓋面廣大、解釋效力高的合適設準相互配合。

　　此研究法有三項操作程序,第一步爲「尋找基源問題」:

　　我們著手整理哲學理論的時候,我們首先有一個基本了解,就是一切個人或學派的思想理論,根本上必是對某一問題的答覆或解答。我們如果找到

〔註5〕　同前注,頁16~17。

〔註6〕　同前注,頁16。

〔註7〕　同前注,頁81。

〔註8〕　見勞思光著《哲學問題源流論》(香港:中文大學出版社,2001年出版),頁5~15。

〔註9〕　勞氏認爲:「基源問題研究法,最後必與一套設準配合,這一設準雖不與基源問題研究有什麼直接關聯,但他是以作者的哲學了解爲根據的。」見勞思光《中國哲學史·第一卷》,頁18。

了這個問題，我們即可以掌握這一部分理論的總脈絡。

　　勞先生提出文本與史料考證互相配合的方法，考掘出研究對象的基源問題。發現基源問題之後，就要展示出研究對象解決基源問題所提出的理論，勞氏曰：

> 掌握了基源問題，我們就可以將所關的理論重新作一個展示，在這個展示過程中，步步都是由基源問題的要求衍生的探索。因此，一個基源問題引出許多次級的問題；每一問題皆有一解答，即形成理論的一部分。最後一層層的理論組成一整體，這就完成了個別理論的展示工作。〔註10〕

勞氏重視「理論的系統性」，在找到基源問題後，即可對研究對象進行文本解析，將回應基源問題的思考方式與回應答案層層鋪陳出來。值得注意的是，「回應方式」有二種可能，其一為直接回應基源問題的解答，其二是回應基源問題衍伸出的次級問題的答案，此二種層次需要細膩地釐清，即可將理論作系統性的展示。

　　第三步即是「全面判斷」的問題，這是「哲學史」寫作的工作：

> 我們將各時代的基源問題，排列起來，原即可以發現整個哲學史上的理論趨勢，但這仍不足以台公一種作全面判斷的理論根據。要作全面的判斷，對哲學思想的進程及趨向作一種估價，則我們必須另有一套設準。〔註11〕

此「設準」即筆者前文所提到之「整理問題的方法」，透過一定的設準，前二步驟所呈現出的理論可以統整於一個觀點之下，並進行理論高度與解釋效力的分判，在設準的判斷中，可觀照出研究者本身的觀點。而這三步驟即是勞氏所論之基源問題法「理論」上的定義與使用程序。

二、「基源問題法」的反省與本論文的運用

　　「基源問題法」雖然可以對哲學發展脈絡作一系統性的鋪陳與判斷，然而筆者在實際運用之前，要先反省「設準」與「基源問題法」本身之理論，再針對本論文的運用作一論述。

　　首先是「設準」的架設與運用。勞氏在《中國哲學史》中所運用的判準

〔註10〕同前注，頁 17。
〔註11〕見勞思光著《哲學問題源流論》，頁 18。

爲「德行主體」〔註12〕與主體的道德實踐，其認爲孔子所提出的「仁」爲一「視人如己，淨除私累」〔註13〕的公心，而此公心的建立，則爲人道德主體自覺與發顯，故孔子爲中國哲學史上最先提出「一系統性自覺理論」〔註14〕者。而孟子即心言性，心性純善的「性善論」，則擴充孔子的自覺心，彰顯出中國文化的重德精神。

在以儒家「孔孟心性論」爲判準的哲學史脈絡下，勞氏對中國哲學中不以「心性」爲道德主體的其他哲學思想，多進行強烈的批判。〔註15〕以筆者於本論文所研究的兩漢哲學爲例，勞氏認爲漢代哲學思想是「中國哲學的衰落期」，〔註16〕此衰落實際表現於「混淆」與「僞作」〔註17〕上，其曰：

> 蓋戰國以來，古文化傳統早有交流混合之勢。秦漢之際，古學既漸失傳，思想之混亂尤甚。南方道家之形上旨趣，燕齊五行迂怪之說，甚至苗蠻神話，原始信仰等等，皆滲入儒學。以致兩漢期間，支配儒生思想者，非孔孟心性之義，而爲混合各種玄虛荒誕因素之宇宙論。等而下之，更有讖緯妖言，流行一時。觀董仲舒之倡「天人相應」，盛談符瑞災異，以及夏侯氏據尚書洪範以作預言，可知其大略矣。〔註18〕

「非孔孟心性之義」表現勞氏的設準，而此嚴厲的批判需要重新反省。在學術史發展上，戰國中末葉爲先秦學派交會融通的時期，如司馬談於〈論六家要旨〉中，論戰國末期所發展出的「黃老道家」曰：「道家使人精神專一，動合無形，瞻足萬物。其爲術也，因陰陽之大順，采儒墨之善，撮名法之要，與時遷移，應物變化。」〔註19〕表示黃老道家乃是以「道」爲主，融合各家之長所形成有

〔註12〕「德行主體」爲勞氏於哲學史中討論孟子所運用的辭彙，見氏作《新編中國哲學史·第一卷》，頁 159。
〔註13〕同前注，頁 119。
〔註14〕同前注，頁 101。
〔註15〕此論點林麗眞先生已於〈勞思光「中國哲學史」的檢討〉一文中提出，並認爲勞氏以孔孟心性論爲核心的判準下，在「儒學」體系內，對「漢儒、部分宋儒及清儒，似都未有恰當的了解。」此文收入《中國文哲研究通訊》第一卷·第二期（1991 年 6 月），頁 106。
〔註16〕見勞思光《新編中國哲學史·第二卷·導言》，頁 3。
〔註17〕勞氏認爲「僞作」起因於秦火焚書後，漢帝獎倡獻書，其曰：「漢代初期，以書簡流傳絕少，漢庭乃徵求遺書。因之，遂有造僞書以上獻之惡劣風氣。其中影響最大者，乃取某種文件資料、僞託爲聖哲之著作」，同前注，頁 4。
〔註18〕同前注，頁 4。
〔註19〕見〔漢〕司馬遷著、〔劉宋〕裴駰集解、〔唐〕司馬貞索隱、〔唐〕張守節正義

益治道的學術派別。除了黃老道家之外，這種會通更具體地展現於《呂氏春秋》中，徐復觀先生於《兩漢思想史》中，透過引用的典籍與其思想脈絡，分析其為「對先秦經典及諸子百家的大融合」，〔註20〕並認為：「在諸子百家方面，《呂氏春秋》全書，係統合儒、道、墨、陰陽五家思想而成。」〔註21〕而此會通百家的理論有其實際目的，《呂氏春秋·卷十二·序意》一文曰：

> 凡十二紀者，所以紀治亂存亡也，所以知壽夭吉凶也。上揆之天，
>
> 下驗之地，中審之人，若此則是非可不可無所遁矣。〔註22〕

「治亂存亡」為此書關懷焦點，而將各家思想兼容並蓄，以鋪陳天道觀與社會倫理的哲學體系，正可彰顯戰國中末期以來學術會通的實況；這種錯綜複雜的學術圖像，應不宜使用「孔孟心性論」為設準，而以「思想混淆」一語概括。

　　因此，筆者認為，「設準」不應如勞氏所言僅出自「研究者的觀點」或是「研究者期望呈現出的角度」；如前文所言，每個哲學家皆無法跳脫自身的時空背景理解事物，他們關懷的問題，應與其身處的時空所發生的問題環環相扣。因此筆者希望從「文獻」本身與「學術史發展」的雙重觀照下，建立一個能突顯「哲學家身處之時空環境所面對之哲學問題」，與「哲學家自身所思考與解決的哲學問題」二者的設準，而能貼近文獻，呈現並分析出當代的哲學問題。

　　其次是「基源問題法」本身的理論問題，「基源問題法」採用理論還原的方式，能完整表現一個哲學家的理論體系，否然而此研究法是以歷史發展中最突出的哲學家與最精華的哲學思想作為研究對象；需要深入反省的是：此研究法，是否能具體滿足勞氏所提出「事實記述的真實性」這一目的？即基源問題法是能如實彰顯文獻，而表現出當下的時代問題與哲學家的思想樣貌？

　　葛兆光於《中國思想史·導論·思想的寫法》一文中，提到較「精英」及「經典」〔註23〕的哲學史涵蓋面更廣闊的「一般知識與思想」：

《史記·卷一百三十·太史公自序》（收入楊家駱主編之《新校本二十五史》），
（台北：鼎文出版社，1977 年出版），頁 3289。
〔註20〕見徐復觀《增訂兩漢思想史·卷二》，（台北：學生書局，1976 年出版），頁 2。
〔註21〕同前注，頁 2。
〔註22〕見王利器校注《呂氏春秋注疏（二）·序意》，（成都：巴蜀書社，2002 年出版），頁 1211。
〔註23〕「精英」與「經典」為葛兆光用以論述「經典話語系統」的辭彙，見氏作《中

「一般知識與思想」是指的最普遍、也能被有一定知識的人所接受、掌握和使用的對宇宙現象和事物的解釋，這不是天才智慧的萌發，也不是深思熟慮的結果，當然也不是最底層的無知識的人所謂的「集體意識」，而是一種日用而不知的普遍知識和思想，作爲一種普遍認可的知識與思想，這些知識與思想通過最基本的教育構成人們的文化底色，他一方面背靠人們不言而喻的終極的依據和假設，建立起一套有效的理解，一方面在日常生活中起著解釋與操的作用，作爲人們生活的規則和理由。〔註24〕

在葛兆光的論述中「一般知識與思想」雖然沒有哲學的突破與洞見，但卻是普遍於精英與一般大眾的知識，精英們也在這種思想中獲得知識、得到養分，甚至將此一般知識加入自己的哲學體系中，以解決哲學問題。以董仲舒爲例，他使用陰陽與五行的知識架構其天道觀、人性論與倫理學，而陰陽與五行觀念是從戰國中末期就流行於學術與民間，成爲普遍的知識與思想。故董氏在論述其哲學思想時，不能跳脫這一套解釋世界的方式，而是將陰陽、五行觀點加以擴充轉化，成爲其哲學體系中重要的組成概念。

勞氏在《中國哲學史》先秦兩漢時代中所使用的方式，是將先秦儒家、道家、墨家、荀子、法家與名家的基源問題呈現出來，再以孔孟「心性論」爲設準，銜接上以董仲舒「天人相應」爲代表的兩漢「宇宙論中心思想」。〔註25〕如此以理論還原爲核心、將基源問題展示出來的運作方式，似乎無法表現出戰國中末期學術融通的趨勢與氛圍下，所形成的普遍於精英與人民的一般知識，如曆算、占星、陰陽、五行、養生等思想。因此，筆者認爲，基源問題法確實能釐清哲學問題、展示哲學思想，並有效架構哲學體系，然而此問題法應加入對於研究對象的時空環境的論述。考察外緣背景，乃是對當代「精英的哲學基源問題」與「一般知識思想的探究」，這是落實勞氏所提出「史料考證」的功夫，期望達成勞氏所提出「事實記述的眞實性」之目的。

從以上針對「設準」與「基源問題法」的反思後，筆者在本論文的具體

國思想史・導論・思想史的寫法》（上海：復旦大學出版社，2000 年出版），頁 10、11。

〔註24〕同前注，頁14。

〔註25〕此爲勞思光先生《新編中國哲學史・第一卷》、《第二卷》的論述方式。而董仲舒「天人相應」學說爲兩漢宇宙論中心思想之代表的觀點，可參見氏作《新編中國哲學史・第二卷・漢代哲學》，頁22。

運用如下：首先是「設準」的建立，在本論文中，筆者將採用雙重設準，其一是以董仲舒本身學術背景爲核心的「春秋公羊學」，希望呈現董氏使用公羊學的角度所探討的論題，與董氏在兩漢公羊學中之地位。其二則是以兩漢哲學所融括的學術思想爲設準，包含儒、黃老道、墨、法、名、陰陽家等諸種思想，展現董氏融合各派，而卓然成家的君王觀，亦藉以判斷董氏君王觀在兩漢哲學歷時發展中之具體價值。

在基源問題法的使用上，本論文使用「外緣背景」與「文本內部考察」雙重檢證；在外緣背景的考察中，則從《史記》、《漢書》等史料記載，對當代社會政治之問題作一分析與探究；再將考察結果與《春秋繁露》文本表達模式與哲學思想相互對照，將《春秋繁露》之基源問題如實呈現出來。

第二節　「君王觀」爲《春秋繁露》基源問題──外緣背景與文本分析之二重考察

董仲舒一生，應經歷惠、文、景、武四朝，〔註26〕此跨度正值秦漢學術思想之二大劇變，其一是漢初對治道與學術思想之重建；其二則是文、景二帝至武帝，由以黃老思想爲主軸之治國策略，轉移爲儒家治道；在此背景下，如何爲當代君王建構一可行的治道，就成爲學界的重要關懷。

一、外緣背景──漢初之治道關懷與學術政策之轉變

自秦至漢，除了經歷政權轉移之外，治國策略、學術思想與社會文化皆發生劇變。面對秦皇重法所造成的政局動盪，以及對學術之封鎖與毀壞，漢初學界之關懷與論述的主軸，多與君王治道與學術重建等議題相關。現存秦代學術文獻雖不豐富，然而透過《史記》、《漢書》與西漢初年諸學者之論述，

〔註26〕如蘇輿於《春秋繁露義證・董子年表》考證曰：「董子生卒年月無可考，要生於景帝前，至武帝朝，以老壽終，無疑。」（收入《新編諸子集成》），（北京：中華書局，2002 年出版），頁491，而近代學者如韋政通於《董仲舒・第一章・生平與著作》中論董氏生卒年曰：「約生於呂后五、六年（183B.C），景帝時爲博士，死於五帝元鼎二年（115B.C）」，（台北：東大圖書公司，1986 年出版），頁1，而魏文華等編《儒學大師董仲舒・第五章・董仲舒年譜和教育思想選注》一文則認爲董氏生於漢惠帝四年（191B.C），卒餘武帝元封五年（106～104B.C），（北京：新華出版社，2000 年出版），綜合三者之說，將較早的高祖時代去除，董仲舒至少經歷惠、文、景、武四朝，應屬可信。

可以約略勾勒出「西漢朝廷與學界」視角下之秦代學術樣貌，以表達對當代治道衰頹、知識斷裂的憂慮，並提出君王應實行的重建措施。

（一）漢初君王與知識份子對「治道」論題之關懷

《史記》、《漢書》所載漢初史事與學者論著，常凸顯秦代君王重法斂賦之苛虐，與「秦火」、「殺（阬）術士」等毀壞傳統學術之作爲。如賈山《至言》論曰：「至秦則不然，貴爲天子，富有天下，賦斂重數，百姓任罷，赭衣半道，群盜滿山。」〔註27〕而陸賈《新語》多次論秦王之失，如〈輔政第三〉言秦之刑罰曰：「秦以刑罰爲巢，故有覆巢破卵之患；以李斯、趙高爲杖，故有頓仆跌傷之禍，何者？所任者非也。」〈無爲第四〉亦曰：「秦始皇設刑罰，爲車裂之誅，以斂姦邪，築長城於戎境，以備胡、越，征大吞小，威震天下。」〔註28〕而《史記‧淮南衡山列傳》曰：「昔秦絕聖人之道，殺術士、燔詩書、棄禮義、尚詐力、任刑罰，轉負海之粟，致之西河。」〔註29〕將漢初學界所認定的秦代對學術之破壞表露無遺。賈誼《新書‧過秦上》更認爲秦之所以失天下，乃在於不施仁義之道，其論曰：「然秦以區區之地，致萬乘之勢，序八州而朝同列，百有餘年矣。然後以六合爲家，崤函爲宮，一夫作難而七廟墮，身死人手，爲天下笑者，何也？仁義不施，而攻守之勢異也。」〔註30〕君王如何施展仁義？如何建立國家法律與社會秩序？如何重建學術與文化？此皆爲漢初君王與知識份子的共同關懷，以解決治國經驗之匱乏，與治道重建之急迫問題。

爲重建治道與解決國家政教問題，漢初君王多次廣納賢才，博徵眾議，《漢書‧高帝紀》載高祖劉邦求賢之詔曰：「今天下賢者智能豈特古之人乎？患在人主不交故也，士奚由進！今吾以天之靈，賢士大夫定有天下，以爲一家，欲其長久，世世奉宗廟亡絕也。賢人已與我共平之矣，而不與吾共安利之，可乎？賢士大夫有肯從我游者，吾能尊顯之。布告天下，使明知朕意。」〔註31〕清楚

〔註27〕見賈山著《至言》（收入嚴可均輯《全上古三代秦漢三國六朝文‧全漢文‧卷十四》），（北京：中華書局，1991年出版），頁206-1。

〔註28〕見〔漢〕陸賈著、王利器校釋《新語校注‧輔政第三》、〈無爲第四〉，（收入《新編諸子集成》），（北京：中華書局，1996年出版），頁51、62。

〔註29〕見〔漢〕司馬遷著《史記‧卷一一八‧淮南衡山列傳》，頁3086。

〔註30〕見〔漢〕賈誼著《新書》（收入《四部備要》），（台北：台灣中華書局，1981年出版），頁5。

〔註31〕見〔漢〕班固撰、〔唐〕顏師古注《漢書‧卷一‧高帝紀》（收入楊家駱主編

表現了尊賢納諫之德行與實踐。除了直接下詔求賢，漢初君王亦因災異或政教之失，而廣徵諫言，文帝〈日食求言詔〉曰：「令至，其悉思朕之過失，及知見之所不及，以啓告朕。及舉賢良方正能直言極諫者，以匡朕之不逮。」〔註32〕除了下詔罪己之外，其亦廣徵賢良方正之士，而《漢書·文帝紀》亦載曰：

> 十一月癸卯晦，日有食之。詔曰：「朕聞之，天生民，為之置君以養治之。人主不德，布政不均，則天示之災以戒不治。乃十一月晦，日有食之，適見于天，災孰大焉！朕獲保宗廟，以微眇之身託于士民君王之上，天下治亂，在予一人，唯二三執政猶吾股肱也。……令至，其悉思朕之過失，及知見之所不及，以啓告朕。及舉賢良方正能直言極諫者，以匡朕之不逮。」〔註33〕

武帝亦曾下詔探求治國之道，《漢書·武帝紀》載曰：「今朕獲奉宗廟，夙興以求，夜寐以思，若涉淵水，未知所濟·猗與偉與！何行而可以章先帝之洪業休德，上參堯舜，下配三王！朕之不敏，不能遠德，此子大夫之所睹聞也。賢良明於古今王事之體，受策察問，咸以書對，著之於篇，朕親覽焉。」〔註34〕董仲舒所上〈天人三策〉，亦為回應武帝所提出君王受命、國家災異等政教問題。表示經歷秦代對學術與治道的毀壞後，漢初之君王對治道建立相當重視。

　　不僅君王重視治道問題，漢初學界亦常透過著述與策論表達對君王治道的關懷，如陸賈作《新語》，為使漢高祖了解國家「存亡之徵」，〔註35〕賈山〈至言〉亦論治國之道，《漢書·賈鄒枚路傳》論曰：「孝文時，言治亂之道，借秦為諭，名曰〈至言〉。」〔註36〕此外，賈誼之〈上疏陳政事〉、晁錯之〈賢

之《新校本二十五史》），（台北：鼎文出版社，1977 年出版），頁 71。
〔註32〕筆者所引〈日食求賢詔〉之標題為嚴可均所加，本文原載於〔漢〕班固撰、〔唐〕顏師古注《漢書·卷四·文帝紀》，頁 116。
〔註33〕同前注，頁 116。
〔註34〕見〔漢〕班固撰、〔唐〕顏師古注《漢書·卷六·武帝紀》，頁 161。
〔註35〕見〔漢〕司馬遷著《史記·卷九十七·酈生陸賈列傳》載曰：「陸生時時前說稱詩書·高帝罵之曰：「迺公居馬上而得之，安事詩書！」陸生曰：「居馬上得之，寧可以馬上治之乎？且湯武逆取而以順守之，文武並用，長久之術也。昔者吳王夫差、智伯極武而亡；秦任刑法不變，卒滅趙氏。鄉使秦已并天下，行仁義，法先聖，陛下安得而有之？」高帝不懌而有慚色，迺謂陸生曰：「試為我著秦所以失天下，吾所以得之者何，及古成敗之國。」陸生迺粗述存亡之徵，凡著十二篇。每奏一篇，高帝未嘗不稱善，左右呼萬歲，號其書曰《新語》。」，頁 2699。
〔註36〕見〔漢〕班固著、〔唐〕顏師古注《漢書·卷五十一·賈鄒枚路傳》，頁 2327。

良文學對策）皆一一陳述君王治國策略，以及國家政治、教育、經濟等問題
的解決方法。這些學者的論述與思想雖然相當多元，然從與君王的對話與中，
已逐漸形成對君王與治道相關論題之討論。盧瑞容於《西漢儒家政治思想與
現實政治的互動・導論》中，將西漢奏議依照內容分為十種：秦速亡之儆鑑、
任賢的建議、黃老之治的實行、削藩政策的主張、對外政策、太子教育的重
視、財經政策及社會風氣的檢討、五德終始說與陰陽災異說、外儒內法的理
論、興廢郡國宗廟的建議，與試圖阻止外戚干政等。這十種奏議可分為三大
類，其一為「與統治者法家之治相激盪之奏議」，其二為「與西漢政制度結構
相激盪之奏議」，其三則為「與帝國對外關係相激盪之奏議」〔註37〕在大一統
體制之漢帝國中，此三者皆與君王治道及具體政教措施相關聯，其中亦能表
達當代知識份子對治道問題的關懷、回應與理論架構，成為董仲舒以「君王
觀」為基源問題的理論架構之重要外緣條件之一。

（二）從黃老治道到獨尊儒術

　　除了君臣共同對治道的關懷與論述之外，西漢初年至武帝時期，正經歷
自黃老治道至儒術獨尊的文化變動時期，這種思想轉變為君王治道與國家政
策提供具體方向。所謂「黃老」思想，乃是司馬談〈論六家要旨〉中所記述
的「道家」，〈論六家要旨〉曰：

> 道家使人精神專一，動合無形，瞻足萬物。其為術也，因陰陽之大
> 順，采儒墨之善，撮名法之要，與時遷移，應物變化，立俗施事，
> 無所不宜，指約而易操，事少而功多。〔註38〕

黃老思想重「君術」的運用與精神修養，具有融會各家的特質，如丁原明先
生於《黃老學論綱・導言》中認為，黃老學有三特質：「其一為道論（氣化論
或規律論）；其二是虛無為本，因循為用的無為論；其三是在對待百家之學上
采儒墨之善，撮名法之要，其中心是圍繞著道與治國、治身的問題而展開的。」
〔註39〕而陳鼓應先生則論述「黃老」定義與發展脈絡曰：「是黃帝老子的合稱，
它以老子學為基礎，而寓托黃帝以進行現實政治的改革。這股政治哲學的思
潮興起於戰國中期，它之淵源於齊或楚固有爭議，但它昌盛於齊，為稷下道

〔註37〕見盧瑞容著《西漢儒家政治思想與現實政治的互動》（台北：台灣大學中文研
　　　　究所碩士論文，1985年，指導教授：梁榮茂），頁3～5。
〔註38〕見〔漢〕司馬遷著《史記・卷一百三十・太史公自序》，頁3289。
〔註39〕見丁原明著《黃老學論綱》，（濟南：山東大學出版社，1997年出版），頁4。

家所倡導並在稷下學宮百家爭鳴中取得主導地位,當無疑義。」〔註40〕在此定義下,陳氏認爲,稷下黃老思想之核心在於「道法」,並曰:「這派學說以老子道論爲其哲學理論而融入齊法家刑名法度思想。」〔註41〕循以上二位學者的定義可知,「黃老思想」之主體爲老子道家與法家的結合,而兼採百家之善,以形上之道作爲君王治術與人間法理的根源,並以「君術」與形神修養爲核心論題,展現戰國末期以來學術會通的思想趨勢;「黃老思想」在學術發展的脈絡中,即成爲當時的「一般知識與思想」。〔註42〕

　　黃老思想以其結合道法,兼採百家之善的內涵,結合無爲與刑名之術,成爲西漢前七十年之核心治道。在漢代史書中,多有以黃老治國的記載,如《史記・呂太后本紀》曰:「孝惠皇帝、高后之時,黎民得離戰國之苦,君臣俱欲休息乎無爲,故惠帝垂拱,高后女主稱制,政不出房戶,天下晏然。刑罰罕用,罪人是希。民務稼穡,衣食滋殖。」〔註43〕其中「休息無爲」乃是黃老思想清簡治民的重要策略。〈儒林列傳〉載文帝好刑名,曰:「孝惠、呂后時,公卿皆武力有功之臣。孝文時頗徵用,然孝文帝本好刑名之言。及至孝景,不任儒者,而竇太后又好黃老之術,故諸博士具官待問,未有進者。」,〔註44〕〈禮書〉亦載文帝儉省國家儀節,以黃老道術治國:「孝文好道家之學,以爲繁禮飾貌,無益於治,躬化謂何耳,故罷去之。」〔註45〕除了君王使用黃老治道外,當時重要官吏亦採用黃老之術安定民心,如〈曹相國世家〉載曹參以蓋公所言黃老之術,使齊國大治的史事曰:「聞膠西有蓋公,善治黃老言,使人厚幣請之・既見蓋公,蓋公爲言治道貴清靜而民自定,推此類具言

<hr>

〔註40〕 見陳鼓應著《黃帝四經今注今譯——馬王堆漢墓出土帛書・序》(台北:台灣商務印書館,1995年出版),頁7。

〔註41〕 同前注,頁8。

〔註42〕 此處所採用之「一般知識與思想」的概念,引用自葛兆光《中國思想史・導論・思想史的寫法》一書,其認爲思想史的寫作「應當注意到在人們生活的實際的世界中,還有一種近乎平均值的知識、思想與信仰,作爲底色或基石而存在,這種一般的知識、思想與信仰真正地在人們判斷、解釋、處理面前世界起著作用,因此,似乎在菁英和經典的想與普通的社會和生活之間,還有一個『一般知識、思想與信仰的世界。』」(上海:復旦大學出版社,2000年出版),頁13。筆者用此概念解釋黃老思想在戰國末期至漢初,遍及於經典解釋、知識份子與一般百姓的思維方式與生活樣貌。

〔註43〕 見〔漢〕司馬遷著《史記・卷九・呂太后本紀》,頁412。

〔註44〕 見〔漢〕司馬遷著《史記・卷一百二十一・儒林列傳》,頁3117。

〔註45〕 見〔漢〕司馬遷著《史記・卷二十三・禮書》,頁1160。

之。參於是避正堂,舍蓋公焉。其治要用黃老術,故相齊九年,齊國安集,大稱賢相。」〔註46〕而〈太史公自序〉亦曰:「自曹參薦蓋公言黃老,而賈生、晁錯明申、商。」〔註47〕表示漢代初年,黃老思想成為君王與官吏皆具體採用與實踐的國家政策。

　　對於漢初採用黃老治道之因,學界多歸因於國家情勢的需要。經過戰國末期至秦代之戰亂與嚴刑,漢初君王必須建立一寬緩的治道,使國家經濟與人民生活重新復甦;但若僅有寬緩而無法治,則會造成社會動亂,因此君王須使用能安定國家的政體、刑名法制,以及與民休息之治國策略。黃老思想以道法結合的義理內涵,提供最符合國家需要之治道理論。正如錢穆先生於《秦漢史‧漢初之治》一文所言:「蓋漢廷君臣,崛起草野,粗樸之風未脫,謹厚之氣尚在。又當久亂後厭倦之人心,而濟之以學者間冷靜之意態,三者相合,遂成漢初寬減之治。」〔註48〕陳廣宗於《道家與中國哲學‧漢代卷》論曰:「面臨這樣一種經濟凋弊、民不聊生的景象,怎樣治理新生的國家?秦政實行的以法為教,以吏為師、舉措暴重而用刑太急的過秦教訓歷歷在目,於是漢初帝王、政治家們制定了適應漢初實際的以黃老思想為治國理論基礎,而輔之以儒、法、陰陽、兵家等各種思想並蓄的治國政策。」〔註49〕林聰舜於《西漢前期思想與法家的關係》中認為黃老思想具有「柔性的有為」之特質,最適合漢初之國家社會環境,其曰:「漢初的政治社會條件雖不適合大有作為,但漢初諸帝亦不是甘於真正無所作為之輩。文、景不斷蓄積實力,準備大有作為,也不斷加強中央集權,逐步削藩,俱可見他們是在積極創造有為的條件。……『道法合一』或『清靜無為』與『秦承漢』制合一,便是黃老政治的真相。……這種結合方式,配合漢初的政治現實,擷取道法兩家的優點,最能適應漢初的現實需要。」〔註50〕陳師麗桂於《秦漢時期的黃老思想》中曰:「劉漢朝廷,一方面基於嬴秦苛法覆亡的教訓,與長年爭戰,民生凋敝的現實需要,不能不走道家清靜寬緩之路;但在另一方面,卻又因襲

〔註46〕見〔漢〕司馬遷著《史記‧卷五十四‧曹相國世家》,頁2028、2029。
〔註47〕見〔漢〕司馬遷著《史記‧卷一百三十‧太史公自序》,頁3319。
〔註48〕見錢穆著《秦漢史‧第二章》,(北京:生活‧讀書‧新知三聯書店,2004年出版),頁54。
〔註49〕見陳廣宗《道家與中國哲學‧漢代卷》,(北京:人民出版社,2004年),頁1～2。
〔註50〕見林聰舜著《西漢前期思想與法家的關係‧漢初黃老斯想中的法家傾向》(台北:大安出版社,1991年出版),頁58、59。

秦制的先天因素，與中央集權政體確立的後天要求，無法拋棄刑名法制，這就使得漢初七十年的黃老治局呈現出表『道』裡『法』，先『道』後『法』，剛柔互濟、刑德並用的雙面融通性格，與黃老帛書的理論情況相當一致。」〔註51〕從這些論述可知，黃老思想在漢初的主要作用是爲君王提供治理國家之具體策略，如同前文所論，漢初君臣的關懷皆環繞於君王治道的相關論題上，與黃老思想「道」、「法」結合的君術相互配合，表現出刑名與寬緩兼容並蓄的治道，呈現當代對君王治道的集體思考與論述。

漢代初年雖以黃老思想爲主要治道，但自惠帝廢除「挾書律」以後，〔註52〕文景二帝多有搜羅六藝典籍與講倡儒學之舉，漢趙歧〈孟子題辭〉載曰：「漢興，除秦虐禁，開延道德，孝文皇帝欲廣遊學之路，《論語》、《孝經》、《孟子》、《爾雅》皆置博士。」〔註53〕此外，根據《史記》與《漢書》的記載，又立申公、韓生爲詩博士，並命晁錯至齊地從伏生受《尙書》；〔註54〕至於景帝，則立轅固生爲《詩》博士，董仲舒與胡毋生皆爲《公羊》博士，〔註55〕君王對典籍的重視與學官設立成爲推動儒學思想的動力，亦爲武帝以儒學爲治道與國家政策的學術基礎。

武帝即位後，推行儒家治道，任用趙綰、王臧等儒者爲官，竇太后崩後，更立五經博士、設立學校，施行禮樂教化，定立以儒學爲主軸的國家政策，《史記·儒林列傳》載曰：

> 及今上即位，趙綰、王臧之屬明儒學，而上亦鄉之，於是招方正

〔註51〕 見陳師麗桂《秦漢時期的黃老思想》，（台北：文津出版社，1997 年出版），頁4。

〔註52〕 見〔漢〕班固著、〔唐〕顏師古注《漢書·卷二·惠帝紀》載曰：「三月甲子，皇帝冠，赦天下。省法令妨吏民者；除挾書律。」，頁90。

〔註53〕 見〔漢〕趙岐注、〔宋〕孫奭疏《孟子注疏·孟子題辭》》（清〕阮元校，嘉慶二十年江西南昌府學開本），（台北：藝文印書館，1989 年出版），頁7。

〔註54〕 申公爲博士之事載於〔漢〕班固著、〔唐〕顏師古注《漢書·楚元王傳》：「文帝乃以宗正上邳侯郢客嗣，是爲夷王。申公爲博士，失官，隨郢客歸，復以爲中大夫。」，頁1923；晁錯從伏生受尙書之事則載於〈楚元王傳〉下文曰：「至孝文皇帝，始使掌故朝錯從伏生受尙書。」，頁1968。

〔註55〕 轅固生爲博士之事，載於〔漢〕司馬遷著、〔劉宋〕裴駰集解、〔唐〕司馬貞索隱、〔唐〕張守節正義《史記·卷一百二十一·儒林列傳》：「清河王太傅轅固生者，齊人也。以治詩，孝景時爲博士。」頁3122。胡毋生與董仲舒爲《春秋》博士，則載於〈儒林列傳〉：「胡毋生，齊人也。孝景時爲博士，以老歸教授。」、「董仲舒，廣川人也。少治春秋，孝景時爲博士。」頁3127、3128。

賢良文學之士。自是之後，言詩於魯則申培公，於齊則轅固生，
於燕則韓太傅。言尚書自濟南伏生。言禮自魯高堂生。言易自菑
川田生。言春秋於齊魯自胡母生，於趙自董仲舒。及竇太后崩，
武安侯田蚡爲丞相，絀黃老、刑名百家之言，延文學儒者數百人，
而公孫弘以春秋白衣爲天子三公，封以平津侯・天下之學士靡然
鄉風矣。〔註56〕

董仲舒在〈天人三策〉中，則提出「獨尊儒術」的建議，《漢書・董仲舒列傳》
載曰：「《春秋》大一統者，天地之常經，古今之通誼也・今師異道，人異論，
百家殊方，指意不同，是以上亡以持一統：法制數變，下不知所守・臣愚以
爲諸不在六藝之科孔子之術者，皆絕其道，勿使並進。邪辟之說滅息，然後
統紀可一而法度可明，民知所從矣。」〔註57〕此論的核心在於確立「六藝之
科」與「孔子之道」應爲當代國家的正統治道，錢穆先生於〈兩漢博士家法
考〉中認爲，武帝崇儒與董氏獨尊儒術的理論確有其時代必要性，其曰：

然申韓刑名，正爲朝廷綱紀爲立而設。若政治以上軌道，全國共尊
法度，則申韓之學，亦復無所施。其時物力既盈，綱紀亦立，漸達
太平之境。而黃老申韓，齊學皆起於戰國晚世。其議卑近，主於應
衰亂，唯有經術儒生高談唐虞三代，禮樂教化，獨爲盛世所憧憬。
自衰世言之，則見爲迂闊遠於事情。衰象既去，元氣漸復，則如人
之並起，捨藥劑而嗜膏粱，亦固其宜也。〔註58〕

錢氏於〈孔子與春秋〉一文，認爲孔子作《春秋》「一面是承接王官之學的
舊傳統，另一面則是開創了百家言的新風氣」〔註59〕因此，武帝立五經博
士、崇儒更化的政策，「一面是革秦之舊，排除了百家，一面是復古之統，
專尊了六藝，專尊了古王官學，而同時又是漢代新王之創法，與古王官學性
質又不同。」〔註60〕故董氏提倡以《春秋》爲六藝核心，作爲主要治道，
除了出於國家發展之必要性外，亦希冀能革除舊法，以孔子之道爲漢立下新
典範。

〔註56〕 同前注，頁3118。
〔註57〕 見〔漢〕班固撰、〔唐〕顏師古注《漢書・卷五十六・董仲舒列傳》，頁2523。
〔註58〕 見錢穆著《兩漢經學今古文評議》，（台北：東大圖書公司，1989 出版），頁
191。
〔註59〕 同前注，頁248～249。
〔註60〕 同前注，頁251。

此觀點正可環合前節所論漢初君臣對治道與政務之關懷與論述，不論黃老思想或儒家治術，君王與知識份子所關懷的皆為如何建立一個中央集權、制度完整、人民安居的國家，此即為《春秋繁露》之基源問題為君王觀之外緣背景。黃老思想以道法相配的模式，以刑名與寬緩之治道相配合，符合漢初國家衰亂，急需休養生息的需求；而武帝則使用儒家思想，以孔子作為「為漢立法」的素王，透過以《春秋》為核心的六藝典籍，改革政治、社會、經濟、教育等各項制度，建立大一統的漢帝國。董仲舒之生命歷程，正經歷兩種思想的更革轉移，而黃老與儒家二者亦共見於《春秋繁露》的理論架構中，且其書之文章表達模式與義理內涵，扣緊當代君王與知識份子對「君王治道」的論述與關懷，而將論述焦點聚集於「理想君王如何可能」之「君王觀」上。

二、《春秋繁露》之文本考察

《春秋繁露》一書，如同前文所論，乃是寫作於漢初君王與知識份子，在黃老思想與儒家治術的更迭交替中，建立君王治道的時代裏；因此，其書的主軸亦環繞著理想君王如何可能之「君王觀」。除了從外緣背景論述之外，正如筆者前一節所論，基源問題必須透過「理論還原」的過程探求而得，即從《春秋繁露》的各種理論中，找出董仲舒設立這些理論的意向所在，而《春秋繁露》的文章表達方式，即提供清晰的意向脈絡，呈現此書之基源問題為「君王觀」。

《春秋繁露》理論有二種主要的敘述方式，其一為「董氏之哲學理論」與「君王具體實踐」相結合的表達方式，其二則是全篇以君王觀為論述主軸。透過對二種表達方式的分析與探究，確立作者的理論意向，並與當代外緣背景相互配合，以證成《春秋繁露》之基源問題為「君王觀」。

首先，「理論」與「君王具體實踐」相結合的表達方式，先層層演繹哲學理論的義理內涵，再將此義理與「君王觀」相結合，回應並逐步架構「理想君王如何可能」的問題。舉例而言，〈暖燠常多第五十二〉曰：

> 天之道，出陽為暖以生之，出陰為清以成之。是故非薰也，不能有育，非渌也，不能有熟，歲之精也。知心而不省薰與渌庸多者，用之必與天戾，與天戾，雖勞不成。是自正月至於十月，而天之功畢，計其間，陰與陽各居幾何？……故聖王在上位，天覆地載，風令雨施，雨施者，布德均也，風令者，言令直也。詩云：「不識不知，順帝之則。」言弗能知識，而效天之所為云爾。禹水湯旱，

非常經也，適遭世氣之變而陰陽失平，堯視民如子，民視堯如父母，尚書曰：「二十有八載，放勳乃殂落，百姓如喪考妣，四海之內，關密八音三年。」……天下除殘賊而得盛德大善者，再是重陽也，故湯有旱之名，皆適遭之變，非禹湯之過，母以適遭之變，疑平生之常，則所守不失，則正道益明。

〈暖燠常多第五十二〉一文主要由三大部分所組成，首先論述陰陽二氣的運行法則，強調陰陽二氣相配合以生化長養萬物；第二部分則從「聖王在上位」開始，論述君王應效法陰陽二氣，以其德長養人民；第三部分則以禹、湯等聖王所面臨的災難爲典範，強調有德之君若遇到國家災荒，亦應持守本身之德，效法天道生生化育的精神，具體彰顯自身「所守不失」的德行。陰陽二氣的運行爲董氏天道觀之重要理論內容，而君王如何效法天道，則是君王自身實踐的問題，此文將二部分相連結，而回應「理想君王如何可能」的論題。

同樣的表達模式亦出現於〈爲人者天第四十一〉，其文曰：

爲生不能爲人，爲人者，天也，人之人本於天，天亦人之曾祖父也，此人之所以乃上類天也。人之形體，化天數而成；人之血氣，化天志而仁；人之德行，化天理而義；人之好惡，化天之暖清；人之喜怒，化天之寒暑；人之受命，化天之四時；人生有喜怒哀樂之答，春秋冬夏之類也。喜，春之答也，怒，秋之答也，樂，夏之答也，哀，冬之答也，天之副在乎人，人之情性有由天者矣，故曰受，由天之號也。爲人主也，道莫明省身之天，如天出之也，使其出也，答天之出四時，而必忠其受也，則堯舜之治無以加，是可生可殺而不可使爲亂，故曰：非道不行，非法不言。此之謂也。

傳曰：唯天子受命於天，天下受命於天子，一國則受命於君。君命順，則民有順命；君命逆，則民有逆命；故曰：一人有慶，兆民賴之。此之謂也。

上文分二大部分，其一論述人體結構以天體結構與運行法則爲其根源的天道理論，第二部分則從「爲人主者」開始，論述君王應審愼發用天所賦予的情性，使自身「非道不行，非法不言」，呈現出天道哲學應用於君王觀的理論樣貌。

《春秋繁露》一書中，除了前兩例證之外，尚有三十三篇文章使用此表達方式，因列表如下，唯因論文篇幅之侷限，僅摘錄哲學理論與君王觀相連結之處，而不引用全文。

表二之1

編　號	篇　　名	哲學理論與其主題	君　王　觀　實　踐
（1）	〈楚莊王第一〉	今所謂新王必改制者，非改其道，非變其理，受命於天，易姓更王，非繼前王而王也，若一因前制，修故業，而無有所改，是與繼前王而王者無以別。【春秋公羊學之受命改制理論】	受命之君，天之所大顯也；事父者承意，事君者儀志，事天亦然；今天大顯已，物襲所代，而率與同，則不顯不明，非天志，故必徙居處，更稱號，改正朔，易服色者，無他焉，不敢不順天志，而明自顯也。
（2）	〈玉杯第二〉	人受命於天，有善善惡惡之性，可養而不可改，可豫而不可去，若形體之可肥轍而不可得革也。是故雖有至賢，能為君親含容其惡，不能為君親令無惡。【人性論】	君子知在位者不能以惡服人也，是故簡六藝以贍養之。詩書序其志，禮樂純其美，易春秋明其知，六學皆大，而各有所長。
（3）	〈玉英第四〉	謂一元者，大始也。……惟聖人能屬萬物於一，而繫之元也，終不及本所從來而承之，不能遂其功。是以春秋變一謂之元，元猶原也，其義以隨天地終始也。【春秋公羊學理論】	是故春秋之道，以元之深，正天之端，以天之端，正王之政，以王之政，正諸侯之即位，以諸侯之即位，正竟內之治，五者俱正，而化大行。
（4）	〈精華第五〉	今《春秋》之為學也，道往而明來者也，然而其辭體天之微，效難知，弗能察，寂若無，能察之，無物不在。【春秋公羊學理論】	以所任賢，謂之主尊國安，所任非人，謂之主卑國危，萬世必然，無所疑也……是故任非其人，而國家不傾者，自古至今，未嘗聞也。
（5）	〈盟會要第十〉	至意雖難喻，蓋聖人者，貴除天下之患，貴除天下之患，故《春秋》重而書天下之患遍矣。【春秋公羊學理論】	天下者無患，然後性可善，性可善，然後清廉之化流，清廉之化流，然後王道舉，禮樂興，其心在此矣。
（6）	〈正貫第十一〉	《春秋》，大義之所本耶！六者之科，六者之恉之謂也，然後援天端，布流物，而貫通其理，則事變散其辭矣。【春秋公羊學理論】	故志得失之所從生，而後差貴賤之所始矣；論罪源深淺定法誅，然後絕屬之分別矣；立義定尊卑之序，而後君臣之職明矣。
（7）	〈二端第十五〉	《春秋》至意有二端，不本二端之所從起，亦未可與論災異也，小大微著之分也。【春秋公羊學理論】	故王者受命，改正朔，不順數而往，必迎來而受之者，授受之義也。

（8）	〈俞序第十七〉	仲尼之作《春秋》也，上探正天端，王公之位，萬民之所欲，下明得失，起賢才，以待後聖【春秋公羊學理論】	故衛子夏言：「有國家者，不可不學《春秋》，不學春秋，則無以見前後旁側之危，則不知國之大柄，君之重任也。故或脅窮失國，捔殺於位，一朝至爾，苟能述《春秋》之法，致行其道，豈徒除禍哉！乃堯舜之德也。」……《春秋》之道，大得之則以王，小得之則以霸。
（9）	〈離合根第十八〉	天高其位而下其施，藏其形而見其光；高其位，所以爲尊也，下其施，所以爲仁也，藏其形，所以爲神，見其光，所以爲明；故位尊而施仁，藏神而見光者，天之行也。【天道理論】	故爲人主者，法天之行，是故內深藏，所以爲神，外博觀，所以爲明也，任群賢，所以爲受成，乃不自勞於事，所以爲尊也，汎愛群生，不以喜怒賞罰，所以爲仁也。
（10）	〈保位權第二十〉	故聖人之制民，使之有欲，不得過節；使之敦朴，不得無欲；無欲有欲，各得以足，而君道得矣。【政教理論】	是故爲人君者，固守其德，以附其民，固執其權，以正其臣。
（11）	〈通國身第二十二〉	氣之清者爲精，人之清者爲賢，治身者以積精爲寶，治國者以積賢爲道。【政教理論】	夫欲致精者，必虛靜其形；欲致賢者，必卑謙其身，形靜志虛者，精氣之所趣也；謙尊自卑者，仁賢之所事也。故治身者，務執虛靜以致精；治國者，務盡卑謙以致賢；能致精，則合明而壽；能致賢，則德澤洽而國太平。
（12）	〈官制象天第二十四〉	王者制官：三公、九卿、二十七大夫、八十一元士，凡百二十人，而列臣備矣。【政教理論之任官制度】	是故天子自參以三公，三公自參以九卿，九卿自參以三大夫，三大夫自參以三士，三人爲選者四重，自三之道以治天下，若天之四重，自三之時以終始歲也，一陽而三春，非自三之時與。
（13）	〈服制第二十六〉	率得十六萬國，三分之，則各度爵而制服，量祿而用財，飲	天子服有文章，不得以燕公以朝，將軍大夫不得以燕，

		食有量，衣服有制，宮室有度，畜產人徒有數，舟車甲器有禁……雖有賢才美體，無其爵，不敢服其服；雖有富家多貲，無其祿，不敢用其財。【經濟理論】	將軍大夫以朝官吏，命士止於帶緣，散民不敢服雜采，百工商賈不敢服狐貉，刑餘戮民不敢服絲玄纁乘馬，謂之服制。
（14）	〈度制第二十七〉	故有所積重，則有所空虛矣。大富則驕，大貧則憂，憂則為盜，驕則為暴，此眾人之情也。聖者則於眾人之情，見亂之所從生，故其制人道而差上下也，使富者足以示貴而不至於驕，貧者足以養生而不至於憂，以此為度而調均之，是以財不匱而上下相安，故易治也。【經濟理論】	凡衣裳之生也，為蓋形煖身也，然而染五采、飾文章者，非以為益冗膚血氣之情也，將以貴貴尊賢，而明別上下之倫，使教前行，使化易成，為治為之也。……古者天子衣文，諸侯不以燕，大夫衣綠，士不以燕，庶人衣縵，此其大略也。
（15）	〈必仁且智第三十〉	其大略之類，天地之物，有不常之變者，謂之異，小者謂之災，災常先至，而異乃隨之，災者，天之譴，異者，天之威也，譴之而不知，乃畏之以威。【天道觀之災異理論】	此乃天之所欲救也，《春秋》之所獨幸也，莊王所以禱而請也，聖主賢君尚樂受忠臣之諫，而況受天譴也。
（16）	〈身之養重於義第三十一〉	天之生人也，使人生義與利，利以養其體，義以養其心，心不得義，不能樂，體不得利，不能安，義者，心之養也，利者，體之養也，體莫貴於心，故養莫重於義，義之養生人大於利。奚以知之？【人性論之修養觀】	先王顯德以示民，民樂而歌之以為詩，說而化之以為俗，故不令而自行，不禁而自止，從上之意，不待使之，若自然矣，故曰：聖人天地動、四時，非有他也，其見義大，故能動，動故能化，化故能大行，化大行故法不犯，法不犯故刑不用，刑不用則堯舜之功德，此大治之道也。
（17）	〈深察名號第三十五〉	萬民之性，有其質而未能覺，譬如瞑者待覺，教之然後善。當其未覺，可謂有善質，而未可謂善，與目之瞑而覺，一概之比也。……性而瞑之未覺，天所為也；效天所為，為之起號，故謂之民。【人性論之教化觀】	天生民性有善質而未能善，於是為之立王以善之，此天意也。民受未能善之性於天，而退受成性之教於王，王承天意以成民之性為任者也；今案其真質而謂民性已善者，是失天意而去王任也。

（18）	〈實性第三十六〉	今謂性已善，不幾於無教而如其自然，又不順於爲政之道矣；且名者性之實，實者性之質，質無教之時，何遽能善。【人性論之教化觀】	性者，天質之樸也，善者，王教之化也；無其質，則王教不能化，無其王教，則質樸不能善。質而不以善性，其名不正，故不受也。
（19）	〈諸侯第三十七〉	生育養長，成而更生，終而復始其事，所以利活民者無已，天雖不言，其欲贍足之意可見也。【政教理論】	故南面而君天下，必以兼利之，爲其者，目不能見，其隱者，耳不能聞，於是千里之外，割地分民，而建國立君，使爲天子視所不見，聽所不聞，朝者召而聞之也，諸侯之爲言猶諸候也。
（20）	〈陽尊陰卑第四十三〉	天之大數畢於十旬，旬天地之間，十而畢反，旬生長之功，十而畢成，十者，天數之所止也。古之聖人因天數之所止以爲數，紀十如更始，民世世傳之，而不知省其所起；知省其所起，則見天數之所始；見天數之所始，則知貴賤逆順所在；知貴賤逆順所在，則天地之情著，聖人之寶出矣。【天道理論】	是故人主近天之所近，遠天之所遠，大天之所大，小天之所小。是故天數右陽而不右陰，務德而不務刑；刑之不可任以成世也，猶陰之不可任以成歲也；爲政而任刑，謂之逆天，非王道也。
（21）	〈王道通三第四十四〉	古之造文者，三畫而連其中，謂之王；三畫者，天地與人也，而連其中者，通其道也，取天地與人之中以爲貫，而參通之，非王者庸能當是。【土之定義（君王觀理論）】	是故王者唯天之施，施其時而成之，法其命而循之諸人，法其數而以起事，治其道而以出法，治其志而歸之於仁。
（22）	〈天容第四十五〉	天之道，有序而時，有度而節，變而有常，反而有相奉，微而至遠，蹞而致精，一而少積蓄，廣而實，虛而盈。聖人視天而行，是故其禁而審好惡喜怒之處也，欲合諸天之非其時不出暖清寒暑也。【天道理論】	人主有喜怒，不可以不時，可亦爲時，時亦爲義，喜怒以類合，其理一也，故義不義者，時之合類也，而喜怒乃寒暑之別氣也。
（23）	〈天辨在人第四十六〉	難者曰：「陰陽之會，一歲再遇，遇於南方者以中夏，遇於北方者以中冬，冬，喪物之氣	故人主南面以陽爲位也，陽貴而陰賤，天之制也。

		也，則其會於是？」「如金木水火各奉其主，以從陰陽，相與一力而并功，其實非獨陰陽也，然而陰陽因之以起，助其所主。……」【天道理論】	
（24）	〈陰陽義第四十九〉	天地之常，一陰一陽，陽者，天之德也，陰者，天之刑也，跡陰陽終歲之行，以觀天之所親而任，成天之功，猶謂之空，空者之實也，故清溧之於歲也，若酸鹹之於味也，僅有而已矣，聖人之治，亦從而然。【天道理論】	故爲人主之道，莫明於在身之與天同者而用之，使喜怒必當義而出，如寒暑之必當其時乃發也，使德之厚於刑也，如陽之多於陰也。
（25）	〈四時之副第五十五〉	天之道，春暖以生，夏暑以養，秋清以殺，冬寒以藏，暖暑清寒，異氣而同功，皆天之所以成歲也。【天道理論】	人副天之所行以爲政，故以慶副暖而當春，以賞副暑而當夏，以罰副清而當秋，以刑副寒而當冬，慶賞罰刑，異事而同功，皆王者之所以成德也。慶賞罰刑，與春夏秋冬，以類相應也，如合符，故曰：王者配天，謂其道。
（26）	〈郊語第六十五〉	夫非人所意而然，既已有之矣，或者吉凶禍福、利不利之所從生，無有奇怪，非人所意如是者乎，此等可畏也。……以此見天之不可不畏敬，猶主上之不可不謹事，不謹事主，其禍來至顯，不畏敬天，其殃來至闇，闇者不見其端，若自然也，故曰：堂堂如天殃。【政教理論之郊祀觀】	今爲其天子，而闕然無祭於天，天何必善之！所聞曰：天下和平，則災害不生。今災害生，見天下未和平也，天下所未和平者，天子之教化不政也。
（27）	〈郊祭第六十七〉	《春秋》之義，國有大喪者，止宗廟之祭，而不止郊祭，不敢以父母之喪廢事天地之禮也。【政教理論之郊祀觀】	故天子每至歲首，必先郊祭以享天，乃敢爲地，行子禮也；每將興師，必先郊祭以告天，乃敢征伐，行子道也。
（28）	〈四祭第六十八〉	古者歲四祭，四祭者，因四時之生庸而祭其先祖父母也。故春曰祠，夏曰礿，秋曰嘗，冬曰蒸，此言不失其時以奉祭先祖也，過時不祭，則失爲人子之道也。【政教理論之祭祀觀】	已受命而王，必先祭天，乃行王事，文王之伐崇是也。

（29）	〈執贄第七十二〉	凡執贄：天子用暢，公侯用玉，卿用羔，大夫用雁。【政教理論之執贄觀】	暢有似於聖人者，純仁淳粹，而有知之貴也，擇於身者，盡爲德音，發於事者，盡爲潤澤，……，故天子以爲贄，而各以事上也。
（30）	〈天地之行第七十八〉	天地之行美也，是以天高其位而下其施，藏其形而見其光，序列星而近至精，考陰陽而降霜露。高其位，所以爲尊也；下其施，所以爲仁也；藏其形，所以爲神也；見其光，所以爲明也；序列星，所以相承也；近至精，所以爲剛也；考陰陽，所以成歲也；降霜露，所以生殺也。【天道理論】	爲人君者，其法取象於天，故貴爵而臣國，所以爲仁也；深居隱處，不見其體，所以爲神也；任賢使能，觀聽四方，所以爲明也；量能授官，賢愚有差，所以相承也；引賢自近，以備股肱，所以爲剛也；考實事功，次序殿最，所以成世也；有功者進，無功者退，所以賞罰也。
（31）	〈威德所生第七十九〉	天有和、有德、有平、有威、有相受之意、有爲政之理，不可不審也。春者，天之和也，夏者，天之德也，秋者，天之平也，冬者，天之威也。【天道理論】	爲人主者，居至德之位，操殺生之勢，以變化民，民之從主也，如草木之應四時也，喜怒當寒暑，威德當冬夏，冬夏者，威德之合也，寒暑者，喜怒之偶也，喜怒之有時而當發，寒暑亦有時而當出，其理一也。
（32）	〈如天之爲第八十〉	天非以春生人，以秋殺人也，當生者曰生，當死者曰死，非殺物之義待四時也，而人之所治也，安取久留當行之理而必待四時也，此之謂壅非其中也。【天道理論】	天終歲乃一徧此四者，而人主終日不知過此四之數，其理故不可以相待，且天之欲利人，非直其欲利穀也，除穢不待時，況穢人乎！
（33）	〈天地陰陽第八十一〉	天、地、陰、陽、木、火、土、金、水、九，與人而十者，天之數畢也，故數者至十而止，書者以十爲終，皆取之此。【天道理論】	天志仁，其道也義，爲人主者，予奪生殺，各當其義，若四時；列官置吏，必以其能，若五行；好仁惡戾，任德遠刑，若陰陽；此之謂能配天

　　從《春秋繁露》的篇目數量觀之，今傳本共有八十二篇，扣除第三十九、四十與五十四三篇闕文外，尚存七十九篇，表中所呈現的董氏哲學理論與君王觀相連結的表達模式共有三十三篇，加上前文已分析的〈爲人者天第四十一〉與〈暖燠常多第五十二〉，則共有三十五篇，占全書將近一半的篇幅，可見此書在表達形式上，多有將哲學理論落實於君王觀之作法。

若從哲學理論的主題切入，「政教觀」本身涵蓋於「君王觀」的理論範疇之中；而「天道觀」、「人性論」、「春秋公羊學」與經濟、教育、法律等社會制度，歷來常是學界對《春秋繁露》研究的主題，這些重要的哲學理論，皆與「君王觀」的實踐互相連結；表示董仲舒所鋪陳的這些哲學論證，皆未停留在「理論」的建構與義理內涵上，而是有其目的性，希望能解決「為人主者」、「為人君者」、「為人主之道」與「王者受命」的問題。按照勞思光先生「理論還原」的作法，從《春秋繁露》的天道哲學、人性論、春秋公羊學與政教觀等理論溯源而上，就會清楚呈現出一個深層的意向，〔註61〕《春秋繁露》用「為人主者」、「為人君者」、「故南面而君天下」、「受命之君」等詞彙表達出來，總括而言，「君王觀」是為了解決理想君王如何可能的問題。

若僅依前文所論，則《春秋繁露》以君王觀為基源問題的篇章僅佔全書一半，然而此書除了「哲學理論」與君王觀相結合的論述模式之外，亦有全篇皆以《君王觀》為論述主軸的表達方式。如〈王道第六〉，凌曙引用《史記・卷一百三十・太史公自序》以解題曰：「《春秋》善善惡惡，賢賢賤不肖，存亡國，繼絕世，補敝起廢，王道之大者也。」〔註62〕表示〈王道〉乃是以《春秋》史事為例證，論述君王順承天道以治理萬民的法則。而〈三代改制質文第二十三〉則完整架構君王受命改制的理論，從春秋公羊學的角度出發，深入論述孔子為漢制法的作用與制度；此外〈滅國上第七〉、〈滅國下第八〉二篇雖未採用哲學理論與君王觀相結合的表達方式，卻在文首即定義「王者，民之所往」，並從《春秋》史事中歸納出君王治道，以德為貴的概念，這表示即使不採用理論與君王觀相結合的表達方式，《春秋繁露》的其他篇章，亦多以「君王觀」為基源問題而進行論述。

三、小　結

從外緣背景的考察中可知，董仲舒所生活的西漢初年，在「過秦」的大思潮下，君王與知識份子皆深刻關懷「治道」相關問題；從黃老思想到獨尊儒術，君臣透過奏議策論的討論，以及知識份子著書立說，致力建立新治道。董仲舒在此思想氛圍下，會合以春秋公羊學為核心的儒家思想與黃老哲學，

〔註61〕在勞思光「基源問題研究法」的理論中，「意向」一詞表示哲學家理論背後之問題意識，表示哲學家的理論，是為回應此問題意識。見本章頁23。
〔註62〕見〔清〕蘇輿校注《春秋繁露義證》，頁100。

建立縝密的君王治道理論，以回應當代知識份子對君王治道的關懷。此考察結果與《春秋繁露》文本所呈現出的表達方式相當符合，此書近一半篇幅採用哲學理論與君王觀相結合的論述方式，而其他篇章亦有通篇以君王治道為主題的論述，表示董氏哲學理論背後的問題意識為「君王觀」。勞思光先生的基源問題研究法，強調從外緣思想與文本考察中，探求哲學家之問題意識，以確立基源問題；筆者因從西漢思想背景，以及《春秋繁露》的文本表達方式中，證成此書之基源問題為「君王觀」。

第三章　君王名實之依據——以天道觀爲根源之理論架構

確立董仲舒《春秋繁露》之基源問題爲「君王觀」後，應能深入論述「君王觀」之具體內涵。其內涵可從「君王名位之根據與合法性」、「君王之修養」、「君王之治道」三部分加以探討，茲先探討董仲舒以「天道」爲君王名份與實質內涵之根據的哲學概念。

〈深察名號第三十五〉曰：「受命之君，天意之所予也。故號爲天子者，宜視天爲父，事天以孝道也。」董氏將「君王」與「天道」相連結，強調君王受命於天，應「事天」、「奉天」。此爲董氏哲學一貫的理論架構，將「君王」名份理據與質性安立於「天道」中。在董氏哲學中，「天道」是君王名與實的依據，合應於天道法則的君王，即爲《春秋繁露》哲學體系下「名——實」相符的理想君王。

董氏天道觀理論並非前無所承或個人創發的思想，而是經過戰國末期以迄西漢初年之積累與繼承所形成的。正如筆者前章所論，從哲學史發展之外緣背景觀之，戰國末期至漢初前七十年爲黃老思想興盛的時期。在黃老的蓬勃發展下，戰國中末期至漢初七十年之學術著作，多受其影響。陳師麗桂於《秦漢時期的黃老思想‧緒論》一文中提到，《呂氏春秋》與《淮南子》二書，皆循著戰國中末期黃老思想的核心論題，如「以氣釋道」、因任之「君術」或「形神修養」等觀點而架構理論，[註1] 雖然《呂氏春秋》受到秦國法家政治

〔註1〕 陳師麗桂論曰：「根據司馬談的提示，個人曾針對被公認爲先秦黃老思想具體理論結晶的馬王堆黃老帛書、戰國時期黃老思想大本營的稷下學宮代表作《管子》、乃至黃老氣質濃厚的戰國道、法家申不害、慎到、韓非諸人的思想理論

的影響，刻意削淡「法」在理論架構下的地位與意義，而深化儒家禮樂制度與人文化成之教；但在「天道觀」、「形神修養觀」等重要論題上，仍以黃老思想爲核心，建立其思想體系與哲學架構。前章筆者已引丁原明《黃老學論綱》之觀點，提出黃老學的特質爲「氣化道論」，[註2] 此道論在《春秋繁露》之天道哲學中，占有極重要的地位。徐復觀先生於《兩漢思想史》中，提出董氏天道觀繼承《呂氏春秋·十二紀首》的理論，先鋪陳出天道秩序，再將此秩序落實於人間的安頓，其論曰：

> 就個人而論，受〈十二紀〉影響最大者當爲董仲舒。他繼承〈十二
> 紀首〉陰陽五行的觀念，並做了極煩瑣地發展。此觀於《春秋繁露》
> 一書而可見。他的尚德去刑，以春夏爲天之德，秋冬爲天之刑的觀
> 念，也由〈十二紀〉發展而來。[註3]

循著徐氏此論，可知若要全面整理董氏《春秋繁露》之天道觀，而梳別出董氏對黃老思想的繼承，及其天道觀與「春秋公羊學」的結合，必須以《呂氏春秋》作爲整理座標。然而自秦入漢，若直接將《呂氏春秋》與董仲舒天道哲學相連結，似乎較難看出西漢前期黃老思想對《呂氏春秋》的繼承與發展，而應與此時期黃老學之重要著作《淮南子》作爲比對標準。雖然《淮南子》寫作時間與董仲舒生平相近而或許有重疊之處[註4]，但《淮南子》標舉黃老

進行分析，發現他們果眞都是以道法思想爲主的政論，都反智、主靜因、重時變、尚刑名，以詮釋或轉化《老子》雌柔的無爲哲學或道論，爲一種柔韌的君術；他們或「因道全法」，強調尊君，或由養生之道以論治國之理，都用「精氣」去詮釋道，和〈論六家要旨〉所述黃老道家思想特質相當一致。如今，我們循著同樣線索，繼續往下探尋，發現秦漢時代雜家鉅著《呂氏春秋》與《淮南子》部分理論，也呈現著同樣的思想主題。」見氏作《秦漢時期的黃老思想》，（台北：文津出版社，1997年出版），頁2～3。

〔註2〕 丁氏之論，可參見本論文〈第二章·第二節〉，頁31。

〔註3〕 見徐復觀著《增訂兩漢思想史（卷二）·呂氏春秋及其對漢代學術與政治之影響》，（台北：學生書局，1976年出版），頁58。

〔註4〕 《淮南子》爲西漢淮南王劉安詔賓客所編，〔漢〕班固撰、〔唐〕顏師古注《漢書·卷四十四·淮南衡山濟北王傳》載曰：「淮南王安爲人好書，鼓琴，不喜弋獵狗馬馳騁，亦欲以行陰德拊循百姓，流名譽。招致賓客方術之士數千人，作爲內書二十一篇，外書甚，又有中篇八卷，言神仙黃白之術，亦二十餘萬言。」（收入楊家駱主編之《新校本二十五史》），（台北：鼎文出版社，1977年出版），頁2145。高誘〈敘目〉則載曰：「天下方術之士多往歸焉。於是遂蘇飛、李尚、左吳、田由、雷被、毛被、伍被、晉昌等八人，及諸儒大山、小山之徒，共講論道德，總統仁義，而著此書。」引自〔漢〕劉安編、劉文典校注《淮南鴻烈集解（上）·天文》（收入《新編諸子集成》），（北京：中華

思想爲其理論核心，保留戰國中晚期至漢初七十年黃老思想的精髓與理論，較之《春秋繁露》中以「春秋公羊學」爲主要視野的天道觀，明顯存在差異。

第一節　戰國末至前漢七十年黃老思想下之天道觀
──以《呂氏春秋》與《淮南子》爲考察核心

　　曾仰如於《形上學》一書中，循著亞里斯多德（Aristotle）的傳統，定義「形上學」（Metaphysics）曰：

> 形上學是論「有」之學（science of being）。世界上的任何物，現有存在及未來能有存在之物都是形上學所研究的對象。……它所討論的是所有物的共同點，及此共同點所擁有的特性，這就是亞里斯多德在其形上學（第一哲學）上所說的：「論萬有之有及其特性之學」（There is a science which investigates being as being and attributes which belong to this in virtue of its own nature.）〔註5〕

沈清松則於《物理之後：形上學的發展》一書中，將「形上學」定義爲：

> 對於存有者的存有以及各主要存有者領域的本性與原理所做的全體性、統一性、基礎性的探討。〔註6〕

故此，「形上學」所探討的主要論題爲萬有最根本的原理及原因，趙中偉先生於《道者萬物之宗──兩漢道家形上思維研究・第一章・緒論》中，從沈氏定義出發，認爲形上學是：「研究超越一切不可經驗之第一根源；或始元的學問。」〔註7〕

　　這些定義都展現形上學爲「研究萬有根源」之哲學。目前學界對於「形上學」的研究範圍有一共同界定，即將形上學區分爲「一般形上學」（General Metaphysics）與「特殊形上學」（Special Metaphysics）；「一般形上學」探討對

書局，2006 年出版），頁 2。可見《淮南子》一書寫作時間在文景時，而董仲舒爲漢景帝時之公羊博士，又於武帝時上〈天人三策〉，若以劉安與董仲舒二者之生平時間推算，則《淮南子》與《春秋繁露》所收錄之文章完成時間相當接近而或有重疊之處。

〔註5〕 見曾仰如編著《形上學》，（台北：台灣商務印書館，1981 年出版），頁 3。

〔註6〕 見沈清松著《物理之後──形上學的發展》（台北：牛頓出版社，1987 出版），頁 21。

〔註7〕 見趙中偉著《道者萬物之宗──兩漢道家形上思維研究》，（台北：洪葉出版社，2004 年出版），頁 3。

象是「存有者的存有」（the Being of beings），即為「存有學」或「本體論」
（Ontology），而「特殊形上學」則以「宇宙論」（Cosmology）、「人類哲學」
（Philosophical Anthropology）（或稱「理性心理學」）（Rational Psychology）
與「本性神學」（Natural Theology）三者為主要研究論題。〔註8〕

鄔昆如於其《形上學》一書中，將「本性神學」擱置，並定義「本體論」、
「宇宙論」與「人性論」（「人類哲學」）曰：

> 「存有」透過「自己存有者」繼續活動，產生次級的完美：「自他存
> 有者」（ens ab alio）。這「自他存有者」或稱「存有分身」分成二類：
> 一類「分受」了「存在」之外，還分受了「創造」的活動能力，那
> 是人類，是「人性論」（Anthropologia）探討的對象。另一類只「分
> 受」了「存在」，卻沒有「創造能力」的物質「宇宙」，是宇宙論
> （Cosmologia）的研究對象。〔註9〕

從以上二者的論述與定義中，可知「本體論」係探究一切存有的最終根源與
意義；宇宙論則討論宇宙組成的材質、發生與其運行規律等論題；人性論則
以人類起源、人體結構、普遍人性與人生意義等面向為探討核心。以下將以
「天道」為核心議題，探討《呂氏春秋》、《淮南子》與《春秋繁露》之形上
本體與宇宙規律，以考察董氏「天」之義理內涵與對「君王觀」的理論作用。

一、《呂氏春秋》之本體論與宇宙論

在《呂氏春秋》中，萬物形上根源與化生本體為「太一」（或稱「道」），
「太一」有二重意涵，其一為「萬物之形上根源」，其二為「氣」。丁原明於
《黃老學論綱》一書中提到：「與老莊道家相比較，黃老學雖然仍把那個自然
無為的道作為宇宙的根本原理，但它在更多的場合下則揚棄了原始道家的
有、無範疇，而偏重於以無形、有形論道，最終賦予道以氣的屬性。」〔註10〕
此應為學界目前對黃老思想的共見。循此概念，去探討《呂氏春秋》中「以
氣詮道」的化生本體，以及「太一」具體化生萬物的過程與天道秩序，可以

〔註8〕 此論點同見於沈清松《物理之後——形上學的發展》、孫振青《形而上學》（台
　　　　北：洪葉文化出版社，2001 出版），頁 14、與鄔昆如《形上學》（台北：五南
　　　　圖書公司，2004 年出版），頁 187，根據以上學者所論，此定義可視為目前學
　　　　界對於形上學研究之共見。

〔註9〕 見鄔昆如編著《形上學》，頁 187。

〔註10〕 見丁原明著《黃老學論綱》，（濟南：山東大學出版社，1997 年出版），頁 31。

清楚得知《呂氏春秋》之本體論與宇宙論。

（一）《呂氏春秋》之本體論

〈仲夏紀・大樂〉中，有二段關於道體的描述：

> 音樂之所由來遠矣。生於度量，本於太一，太一出兩儀，兩儀出陰陽，陰陽變化，一上一下，合而成章，混混沌沌，離則復合，合則復離，是謂天常。……萬物所出，造於太一，化於陰陽，萌芽始震，凝寒以形。

> 道也者，視之不見，聽之不聞，不可為狀。有知不見之見、不聞之聞，無狀之狀者，則幾於知之矣。道也者，至精也，不可為形，不可為名，彊為之謂之太一。〔註11〕

〈大樂〉著重於論述音樂之根源與作用，故從「樂」的角度申論作為化生道體的「太一」。然而此道體的化生作用，並不僅限於「樂」，而是普遍於萬有（「萬物所出，造於太一」），一切存有都由「太一」化生而來。而「太一」的質性，正如第二段引文所描述的，為「視之不見，聽之不聞，不可為狀」之超越本體，這與《老子》中所描述的「道」極為相似，《老子》曰：

> 視之不見，名曰夷；聽之不聞，名曰希；搏之不得，名曰「微」。此三者不可致詰，故混而為一。（〈第十四章〉）

> 道之為物，惟恍惟惚。惚兮恍兮，其中有象；恍兮惚兮，其中有物。
> 窈兮冥兮，其中有精；冥兮窈兮，其中有信。（〈第二十一章〉）〔註12〕

同樣是恍惚窈冥，不可得見、得聞的萬物根源與化生本體，《呂氏春秋》的「太一」是將化生萬物、給予萬物稟賦的作用，落實到「氣」的意義與功能上。

用於解釋「太一」道體之「氣」有二重意義，其一為「化生萬物之氣」，其二為「精」。在「化生萬物之氣」的意義上，前文所引「太一出兩儀，兩儀出陰陽，陰陽變化，一上一下，合而成章」，高誘注曰：「兩儀，天地出生。」〔註13〕表示天地為「太一之氣」所運行的場域，而天地析離之後，「太一」之

〔註11〕見〔先秦〕呂不韋編、王利器校注《呂氏春秋注疏》（第一冊），（成都：巴蜀書社，2002 年出版），頁 495～502、506～507。

〔註12〕見朱謙之校注《老子校釋・第十四章》、〈第二十一章〉（收入《新編諸子集成》），（北京：中華書局，1984 年出版），頁 5、88。

〔註13〕見〔先秦〕呂不韋編、王利器校注《呂氏春秋注疏（第一冊）・仲夏紀・大樂》，頁 496。

氣剖判爲陰陽二氣，故「太一」乃是陰陽二氣未分之渾淪狀態，這並非「太一」作爲「氣之渾淪狀態」的孤證，在《禮記・禮運》中，亦將太一作爲「禮」之根源，曰：

> 禮必本於大一，分而爲天地，轉而爲陰陽，變而爲四時。〔註14〕

鄭玄注曰：「大音泰」，故此「大一」應做「太一」，而孔穎達疏曰：「大一者，謂天地未分，渾沌之氣也」。因此，「太一」作爲渾沌之氣，應爲戰國末期，在黃老思想影響下，對形上本體的重要解釋之一。同樣的意義，亦出現於〈大樂〉首段末：「萬物所出，造於太一，化於陰陽，萌芽始震，凝寒以形。」太一剖判爲陰陽二氣，而萬物即爲陰陽二氣所化生，這是「以氣釋道」的第一義。

第二重意義爲「精」。此概念與《管子・內業》篇首所論之「精」相當接近，可並列觀之，以了解其豐富意義。〈內業〉曰：

> 凡物之精，此則爲生，下生五穀，上爲列星。流於天地之間，謂之鬼神；藏於胸中，謂之聖人。……夫道者，所以充形也，而人不能固。其往不復，其來不舍。謀乎莫聞其音，卒乎乃在於心；冥冥乎不見其形，淫淫乎與我俱生。不見其形，不聞其聲，而敘其成，謂之道。

> 凡道無根無莖，無葉無榮；萬物以生，萬物以成，命之曰道。天主正，地主平，人主安靜。春夏秋冬，天之時也；山陵川谷，地之枝也；喜怒取予，人之謀也。是故聖人與時變而不化，從物而不移。能正能靜，然后能定。定心在中，耳目聰明，四肢堅固，可以爲精舍。精也者，氣之精者也。氣，道乃生，生乃思，思乃知，知乃止矣。〔註15〕

民國初年的《管子》學者顏昌嶢認爲，「精」是「其氣凝成而物之資以定形之賦者也」，〔註16〕即凝結爲萬物形體之氣稱爲「精」；而日人安井衡則釋爲「物之精，陰陽二氣也，推而原之，謂之道，凡物生於此。」〔註17〕此二論皆有不完

〔註14〕見〔漢〕鄭玄注、〔唐〕孔穎達正義《禮記正義・卷二十二・禮運》，（清）阮元校，嘉慶二十年江西南昌府學開本），（台北：藝文印書館，1989年出版），頁438。

〔註15〕見顏昌嶢校注《管子校釋》，（長沙：岳麓書社出版，1996年2月），頁396～400。

〔註16〕同前注，頁396。

〔註17〕見〔日〕安井衡《管子纂詁・內業第四十九》（台北：河洛出版社，1976年3月），第十六卷頁1。

足之處，循著〈內業〉本身的思想脈絡，「道」無形質，爲萬物生化與意義的根源；「氣」有形質，爲具體生化萬物的元質，陰陽二氣依循「道」的規律運作，而「精」在引文中，則清楚定義爲「氣之精」，即陰陽二氣最精粹的狀態。

　　陰陽二氣的交互作用能「生化萬物」；陰陽二氣之「精」能賦予萬物「內在精神」。萬物得陰陽之「精」即能具備生命力，而生生不息。〈內業〉特別用「人」解釋「精」的作用：「是故聖人與時變而不化，從物而不移。能正能靜，然后能定。定心在中，耳目聰明，四肢堅固，可以爲精舍」，「與時變而不化，從物而不移」，指人依循天道運作的規律；當人依循天道秩序時，身體即能「耳目聰明，四肢堅固」，「精」被存養擴充，身體成爲「精舍」；如此，內中「精」之存養充盈，耳聰目明，就能臻至「聖人」的境界。

　　《呂氏春秋》依循此論，於〈季春紀・盡數〉一文曰：

> 精氣之集也，必有入也；集於羽鳥，與爲飛翔；集於走獸，與爲流
> 行……集於聖人，與爲夐明。精氣之來也，因輕而揚之，因走而行
> 之，因美而良之，因長而養之，因智而明之。〔註18〕

在〈內業〉中所使用的辭彙爲「精」，《呂氏春秋》更清楚地使用「精氣」取代「精」，表明陰陽二氣最精粹者爲「精」。陳師麗桂對「精氣」的作用有精采的論述：「『精氣』爲萬物精神生命秉受之元，飛禽、走獸、草木、生類因精氣而生機盎然、神采煥發。」〔註19〕故精氣乃是物之所以具有精神與生命力的根源。因此，「太一」作爲形上道體，除了透過陰陽二氣孕育化生萬物之外，亦能透過陰陽二氣最純粹的狀態賦予萬物功能的作用，使萬物各從其類，具備不同的生命力。

　　從以上的論述中，可以得知，《呂氏春秋》的形上本體爲「太一」(「道」)，此本體爲萬物之形上根源，並具有「氣」、「精氣」的質性，能賦與萬物靈明的精神與生命力。

(二)《呂氏春秋》中之宇宙論

　　「宇宙論」所探討的主軸，爲宇宙起源、宇宙結構、宇宙規律等論題；〔註20〕在「黃老思想」中，宇宙之「生化過程」與「運行規律」是常被突顯

〔註18〕見〔先秦〕呂不韋編、王利器校注《呂氏春秋注疏（第一冊）・季春紀・盡數》，頁496。
〔註19〕見陳師麗桂著《秦漢時期的黃老思想》，頁14。
〔註20〕此三者爲鄔昆如於《形上學》一書中所歸納的「宇宙論」論題，見氏作《形

的兩個議題，而宇宙的生化與運行秩序，皆爲「形上本體」的作用；這並非黃老思想的獨創，而是中國哲學之宇宙論傳統。丁原植先生於〈宇宙論與先秦哲學的宇宙觀念〉中曰：

> 在中國哲學的探索中，宇宙並不是哲學問題的根基，它並未如古希臘哲學中以「秩序」的意涵作爲哲學思索的指向。「宇宙」的問題，是配合著「道」的說明而提出的，它們本身並不是哲學考辨的所在。「道」與「宇宙」的關係，並不是相互間的從屬，而是呈現與隱蔽的兩種面向。〔註21〕

循此論述，可知「道」具體「呈現」於宇宙生化與運行的規律上，而宇宙一切存有的背後，均隱蔽著「道」的作用，這種「呈現」與「隱蔽」正可清楚解釋中國哲學中「宇宙生化過程」與「運行規律」是「道」的具體體現，亦爲中國宇宙論傳統，與西方亞里斯多德以降之宇宙論傳統相異之處。

在「宇宙生成」論題上，《呂氏春秋》並未專文探討，然而從其論述中，依然可以看出一個以「陰陽二氣」生化萬物的宇宙生成觀。此論題牽涉「兩儀」與「陰陽」二者的定義與關聯。「兩儀」，高誘注爲「天地」，〔註22〕而「天地」乃是「陰陽」運行、生化萬物的空間，前文已引〈仲夏紀‧大樂〉曰：「太一出兩儀，兩儀出陰陽，陰陽變化，一上一下，合而成章，混混沌沌，離則復合，合則復離，是謂天常。……萬物所出，造於太一，化於陰陽，萌芽始震，凝寒以形。」作爲原初渾淪的「太一」，首先析離出天地兩儀，天地就構成一空間，使陰陽二氣得於其間剖判、運行，萬物以生。而〈有始覽‧有始〉一文亦曰：「天地有始，天爲以成，地塞以形，天地合和，生之大經也。」〔註23〕天地合和，表示天地所構成空間的樣貌與質性符合「太一」道體的和諧規律，陰陽二氣的生化，就在和諧的宇宙空間中成就。職是，可以得出一《呂氏春秋》的宇宙生成圖式：

上學》，頁 272。

〔註21〕見丁原植著〈宇宙論與先秦哲學的宇宙觀念〉一文，（收入氏作《文子新論》）（台北：萬卷樓圖書公司，1999 年出版），頁 346。

〔註22〕高誘將「兩儀」注爲「天地」，可參見〔先秦〕呂不韋編、王利器校注《呂氏春秋注疏（第一冊）‧仲夏紀‧大樂》，頁 496。

〔註23〕見〔先秦〕呂不韋編、王利器校注《呂氏春秋（第二冊）‧有始覽‧有始》，頁 1220～1221。

圖三之 1

　　此生成模式留下許多理論罅隙，其中最重要的一點，即爲「天地」與「陰陽」的關係；《呂氏春秋》並未清楚論陰陽二氣如何在天地的空間中剖判並生化萬物，此理論不完足之處，《淮南中》即進一步討論並建構體系更加完整的宇宙生成論。

　　而在「宇宙運行規律」的面向上，《呂氏春秋》肯定宇宙萬有皆按一固定、永恆的秩序運行，而此秩序的根源就是形上本體太一（或稱「道」），因此在整部《呂氏春秋》中，常強調宇宙萬物運行的規律性，如〈季春紀・圜道〉曰：

> 天道圜，地道方，聖王法之，所以立上下。何以說天道之圜也？精氣一上一下圜周複雜，無所稽留，故曰天道圜。何以說地道之方也？萬物殊類殊形，皆有分職，不能相爲，故曰地道方。……物動則萌，萌而生，生而長，長而大，大而成，成乃衰，衰乃殺，殺乃藏，圜道也。〔註24〕

引文中論述「天」週而復始地依循「圜道」運行；而「地」則使萬物各從其類、生育長養，是按照一方矩之道運作，故高誘注「地道」曰「不能相爲，不能相兼」，〔註25〕以表現地道的法度。萬物之道則依循一「生、長、衰、亡」的規律運作，具體表現萬物之生命歷程；此處僅標舉「天」、「地」與「萬物」三者之規律，然而此三者所依循的規律，是普及於一切存有的；〈有始覽・有始〉，列舉天之九野、地之九州、土之九山、山之九塞、澤之九藪，表示天文星象、山澤地理等一切萬有，都依照天道法則運作，故其以一人之身作爲宇宙整體之比喻：「天地萬物，一人之身也，此之謂大同。眾耳目鼻口也，眾五

〔註24〕見〔先秦〕呂不韋編、王利器校注《呂氏春秋注疏（第一冊）・季春紀・圜道》，頁356～360。
〔註25〕同前注，頁358。

穀寒暑也，此之謂眾異則萬物備也。」〔註26〕彰顯出一個規律卻又活潑、生生不息的宇宙樣貌。

前文已提及「形上學」是「研究萬有根源的哲學」，趙中偉先生認爲此爲「超驗」的學問，其論曰：「不僅超越經驗，爲經驗所不能達到；更存在於認識之外，而與認識無關。」〔註27〕然而《呂氏春秋》的宇宙運行規律，卻是從對天文星象與地理物候等外界事物的觀察，而歸納出的天道運行規律，亦即從經驗與想像之中，架構並解釋宇宙運行的法則。在〈十二紀〉之紀首中，以季記月，將一年十二個月的天道規律與季節屬性鋪陳而出，描繪出天道於一年十二個月的具體運行方式；以「孟春」爲例，〈孟春紀・孟春〉曰：

> 孟春之月，日在營室，昏參中，旦尾中。其日甲乙，其帝太皞，其神句芒，其蟲鱗。律中太簇，其數八，其味酸，其臭羶，其祀戶，祭先脾。東風解凍，蟄蟲始振，魚上冰，獺祭魚，候雁北，天子居青陽左個，乘鸞輅，駕蒼龍，載青旂，衣青衣，服青玉，食麥與羊，其氣疏以達。是月也，以立春。先立春三日，太史謁之天子曰：「某日立春，盛德在木。」天子乃齋，立春之日，天子親率三公九卿諸侯大夫以迎春於東郊，還，乃賞公卿諸侯大夫於朝，命相布德合令，行慶施惠，下及兆民。……是月也，天氣下降，地氣上騰，天地合同，草木繁動。王布農事：命田舍東郊，皆修封牆，審端徑術，善相丘陵阪險原隰，土地所宜，五穀所殖，以道教民，必躬親之。……是月也，命樂正入學習舞，乃修祭典，命祀山林川澤，犧牲無用牝。禁止伐木，無覆巢，無殺孩蟲胎夭飛鳥，無麛無卵，捄骼霾髊。〔註28〕

〈孟春〉一文是典型〈十二紀・紀首〉的論述方式，文章分成二大段落，其一是宇宙運行之規則；其二則是君王政令與治道。在宇宙運行規則的面向上，可分成四個主要部分，其一是「天象」，表示太陽所在的星位，首句「營室」、「參」、「尾」皆爲二十八星宿的名稱，〔註29〕早晨往南方的天空觀測，可見

〔註26〕見〔先秦〕呂不韋編、王利器校注《呂氏春秋（第二冊）・有始覽・有始》，頁1273。

〔註27〕見趙中偉著《道者萬物之宗——兩漢道家形上思維研究》，頁3。

〔註28〕見〔先秦〕呂不韋編、王利器校注《呂氏春秋（第一冊）・孟春紀・孟春》，頁6～47。

〔註29〕二十八宿以方位分，包括東方角、亢、氐、房、心、尾、箕七宿，北方斗、牛、女、虛、危、室、壁七宿、西方奎、婁、胃、昴、畢、觜、參七宿，南方井、鬼、柳、星、張、翼、軫七宿，見〔漢〕劉安編、劉文典校注《淮南

「參」星，而黃昏向南方觀測，則可見「尾」星，「參」與「尾」的中央，是「翼」星，代表太陽夜間的位置，而「翼」的正對面則是「室」，由此推測出太陽日間位置在「營室」。

而「甲乙」是第二部分，代表以干支所記之日；第三部分則是掌管之帝與神，其四是五行之所配，以及因其所配而相應的位、色、數、味、臭、祭與音、律。這種將星宿觀測與曆象、陰陽、五行相配合的天道法則，學界多認爲來自於鄒衍之「五德終始論」。

王夢鷗先生於《鄒衍遺書考・五德終始論的構造》一文中，引用《史記・孟子荀卿列傳》：「其次騶衍，後孟子。騶衍睹有國者益淫侈，不能尚德，若大雅整之於身，施及黎庶矣。乃深觀陰陽消息而作怪迂之變，終始、大聖之篇十餘萬言。其語閎大不經，必先驗小物，推而大之，至於無垠。」〔註30〕並認爲鄒衍「深觀陰陽消息」的內涵是：我們認爲鄒衍最大的創說：是把古已有之「陰陽」與「五行」兩種觀念合而爲一，使他成爲宇宙諸現象的原動力。」〔註31〕而這種「陰陽」與「五行」理論的結合，來自於「曆象日月星辰」的成果，王氏論曰：

> 所謂「消息」實即因陽的生死或興廢的觀念，而此觀念從何而生，顯然是從考定星曆而後發生的。《說苑・辨物篇》云：「玄象著明，莫大於日月，察變之動，莫著於五星。五星運氣於五行，其初猶發於陰陽」。所以依照此記載，可換作今言，即是說：黃帝造「曆」而竟造出了「陰陽說」來了。這分明是指「陰陽家」是古代「曆家」的支派，而陰陽的思想是從曆象中演出來的。〔註32〕

徐復觀先生則認爲，鄒衍將陰陽消息與五德終始相結合的作用，是爲了推演政權移轉、歷史運行與君王德運之法則，〔註33〕然而《呂氏春秋》繼承之後，卻用於建構天人秩序，作爲君王政令與人間秩

鴻烈集解（上）・天文》，頁 80～89。

〔註30〕見〔漢〕司馬遷著、〔劉宋〕裴駰集解、〔唐〕司馬貞索隱、〔唐〕張守節正義《史記・卷七十四・孟子荀卿列傳第十四》，（收入楊家駱主編之《新校本二十五史》），（台北：鼎文出版社，1977年出版），頁 2344。

〔註31〕見王夢鷗著《鄒衍遺說考》，（台北：台灣商務印書館，1966年出版），頁 56。

〔註32〕同前注，頁 58。

〔註33〕徐復觀先生論曰：「（鄒衍）是以陰陽消息爲天道運行的法則；以五德終始爲歷史運行的法則。」見氏作《增訂兩漢思想史・卷二・呂氏春秋及其對漢代學術與政治之影響》，頁 11。

序的根源。在〈孟春紀〉中，君王舉行迎春與春耕的儀典，並教民稼穡，都是應時而作的政令教化措施，不同於鄒衍的運用。除了〈孟春紀〉之外，另外十一個月亦使用此種模式，每一季節皆有特殊的天象、物候與應推行的政令，若違反這一法則，則國家將會出現衰亂之象。

《呂氏春秋》將鄒衍以陰陽五行相配而推闡政權移轉、人事興衰的理論，建構出天道理序，以及與天道相符應的人間秩序，這是從宇宙萬物的觀察與想像中，所建立起的解釋宇宙秩序的模式。此模式被《淮南子》繼承發展，更被《春秋繁露》轉化運用，以下，筆者將探究《淮南子》以「道」為核心的本體論與宇宙論，並將之與《呂氏春秋》天道觀作一比較；再將結果與《春秋繁露》以春秋公羊學為核心的天道觀詳細比對，以探究董仲舒《春秋繁露》君王觀之形上理據與理論根源。

二、《淮南子》之本體論與宇宙論

《漢書‧藝文志》將《呂氏春秋》與《淮南子》並列為「雜家」，〔註34〕二書以黃老為主，而融通先秦各家學說，具體展現戰國末期自西漢前七十年各家思想會通的學術樣貌。自漢以來，學者多認為《淮南子》在成書性質與義理內涵上，常繼承《呂氏春秋》；如東漢末蔡邕論曰：「秦相呂不韋著書，取〈月令〉為紀號。淮南王亦取以為第四篇，改名曰〈時則〉。」〔註35〕宋代高似孫則於《子略》中曰：「淮南王尚奇謀，募奇士，盧館一開，可謂一時傑作矣。及觀《呂氏春秋》，則《淮南王書》殆出此者乎？」〔註36〕而近人如梁啓超於〈漢書藝文志諸子略考釋〉曰：「劉、班以《淮南》次《呂覽》之後而并入雜家者，蓋以兩書皆成於賓客之手，皆雜采諸家之說，其性質頗為相類也。」，〔註37〕趙中偉則認為，《淮南子》具有「統合學術思想」而冀用於朝

〔註34〕〔漢〕班固撰、〔唐〕顏師古注《漢書‧卷三十‧藝文志》雜家類載「《呂氏春秋》二十六篇，秦相呂不韋輯智略士作」，與淮南王劉安所編著之「《淮南內》二十一篇與《淮南外》三十三篇」，（收入楊家駱主編之《新校本二十五史》），頁1741，可見《呂氏春秋》、《淮南子》二書皆列於雜家。

〔註35〕見蔡邕著〈月令篇名〉，（收入嚴可均輯《全上古三代秦漢三國六朝文‧全漢文‧卷八十〉），（北京：中華書局，1991年出版），頁903-2。

〔註36〕見〔宋〕高似孫著《子略》，筆者引自〔元〕馬端臨《文獻通考‧卷二百十三‧經籍考‧子雜家》，（台北：商務印書館，1987年出版），頁1745。

〔註37〕見梁啓超著《飲冰室專集》（第九冊），（台北：台灣中華書局，1978年出版），

政的意圖，是受到《呂氏春秋》的影響，其論曰：「既然希望學術的融合一統，而《呂氏春秋》即是抱持此一思想而完成的著作，亦即采擷及綜合各家學說的雜家，是以仿效其書而作。」〔註38〕《淮南子》既仿效《呂氏春秋》而來，繼承並拓展其以黃老思想爲主軸，而兼采百家的論述，則其天道觀亦應對《呂氏春秋》有繼承與開創之處。

（一）《淮南子》之本體論

《呂氏春秋》中之「道」具有《老子》道的質性，《淮南子》的本體論，亦大量繼承並闡述《老子》「道」之義理內涵。與《呂氏春秋》相同，《淮南子》認爲宇宙根源與萬物生化的本體爲「道」（或稱「太一」）。〈原道〉中，關於「道」之質性有清楚定義：

> 夫道者，覆天載地，廓四方，柝八極，高不可際，深不可測，包裹天地，稟授無形。原流泉浡，沖而徐盈；混混滑滑，濁而徐清。故植之而塞于天地，橫之而彌于四海，施之無窮而無所朝夕。舒之幎於六合，卷之不盈於一握。約而能張，幽而能明，弱而能強，柔而能剛。橫四維而含陰陽，紘宇宙而章三光。……山以之高，淵以之深，獸以之走，鳥以之飛，日月以之明，星歷以之行，麟以之游，鳳以之翔。……夫太上之道，生萬物而不有，成化像而弗宰。〔註39〕

上文以「覆天載地，廓四方，柝八極，高不可際，深不可測，包裹天地，稟授無形」描述「道」廣大無邊、包羅萬有而又超越萬有的無限性，而以「山以之高，淵以之深，獸以之走，鳥以之飛，日月以之明，星歷以之行，麟以之游，鳳以之翔」敘述「道」各從萬物之類，而賦予萬物質性，亦即道體的作用普遍於萬物，萬物皆分享「道」的內涵；而「夫太上之道，生萬物而不有，成化像而弗宰」則論述「道體」具有生化萬物卻不掌控萬物的特質。在整部《淮南子》中，道體皆具有「超越性」、「普遍性」與「化生作用」這三種質性與作用；如〈詮言〉中，就用「太一」代指「道」，論述「道」的超越性與生化性：

> 洞同天地，渾沌爲樸，未造而成物，謂之太一。同出於一，所爲各異，有鳥有魚有獸，謂之分物。方以類別，物以群分，性命不同，皆形於有。隔而不通，分而爲萬物，莫能及宗，故動而謂之生，死

頁104。

〔註38〕見趙中偉著《道者萬物之宗──兩漢道家形上思維研究》，頁77。

〔註39〕見〔漢〕劉安著、劉文典校注《淮南鴻烈集解（上）‧原道》，頁1〜4。

而謂之窮。皆爲物矣，非不物而物物者也，物物者亡乎萬物之中。
〔註40〕

「洞同天地，渾沌爲樸，未造而成物，謂之太一」，表示「太一」是萬物化生之根源，即下文之「物物者」，高誘注曰：「不物之物，恍惚虛無，物物者，造萬物者也。此不在萬物之中」，〔註41〕它不僅具有「化生作用」，亦能使萬物各從其類、給予質性，使「道」普遍於萬物之中。

此種「道」的質性與作用，內容是承接《老子》而來，《老子・二十五章》描述「道」有「先天地生，寂兮寥兮，獨立不改，周行而不殆，可以爲天下母」的「超越性」；以及〈五十一章〉：「道生之，德畜之，物形之，勢成之，是以萬物莫不尊道而貴德」〔註42〕的「普遍性」與「生化作用」，可見《淮南子》與《呂氏春秋》相同，皆繼承並擴充《老子》道的質性，以建構其天道觀。職是，陳師麗桂於《秦漢時期的黃老思想》中，特別提到《淮南子》的道性，乃是對《老子》「道」一切性徵的繼承，包含以下六種內涵：

（1）虛寂無形、含容廣大。（2）先天地生，超越時空。（3）非一般感官知覺對象，卻是絕對眞實的存在。（4）虛寂而不僵化，汩汩靈動，生生不已。（4）是超越一切相對價值之上的絕對標準。（5）它生化萬有，也是使萬有顯性的唯一根源。〔註43〕

除了以《老子》「道」爲基礎，繼承並拓展其天道觀之外，《淮南子》採用《呂氏春秋》「以氣釋道」的理論模式，並以「陰陽」二氣作爲「道體」實際化生萬物的元質。〈精神〉篇首曰：

古未有天地之時，惟像無形，窈窈冥冥，芒芠漠閔，澒濛鴻洞，莫知其門。有二神混生，經天營地，孔乎莫知其所終極，滔乎莫知其所止息，於是乃別爲陰陽，離爲八極，剛柔相成，萬物乃形，煩氣爲蟲，精氣爲人。〔註44〕

「窈窈冥冥」、「芒芠漠閔」、「澒濛鴻洞」都是形容萬物未生之前，宇宙原初未開的樣貌，故高誘注曰：「未成形之氣也」，〔註45〕此處雖未如前引文，將

〔註40〕見〔漢〕劉安著、劉文典校注《淮南鴻烈集解（下）・詮言》，頁463。
〔註41〕同前注，頁463～464。
〔註42〕見朱謙之校注《老子校釋・二十五章》、〈五十一章〉，頁100～101、203。
〔註43〕見陳師麗桂著《秦漢的黃老思想・「淮南子」裏的黃老思想》，頁67。
〔註44〕見〔漢〕劉安著、劉文典校注《淮南鴻烈集解（上）・精神》，頁218。
〔註45〕同前注，頁218。

「洞同天地，渾沌爲樸」描述爲道體的狀態，然而《淮南子》確常將萬物未化生之前之狀態，敍述爲芒漠寂靜而未明的樣貌，如〈俶眞〉曰：「有未始有夫爲始有有無者，天地未剖，陰陽未判，四時未分，萬物未生，汪然平靜，寂然清澄，莫見其形」，〔註46〕亦說明天地未成之前的寂靜未明狀態；而「有二神混生」之後，萬物才各從其類地被化生，而「二神」，高誘注曰：「陰陽之神也」，表示陰陽二氣剖判之後，萬物被化生而出。其中，陰陽二氣較爲精純的部分，化生爲人；而較爲粗濁的部分則化生爲其他物種，因此，《淮南子》將實際生化萬物的作用交付「陰陽二氣」的運作，而「道」即陰陽二氣運作的形上根源。

在《呂氏春秋》中，僅言「氣之精粹者」賦予萬物「精神」，《淮南子》則循此理論，進一步架構「精神」的理論，認爲「陽氣」賦予萬物精神，〈精神〉曰：

> 是故精神，天之有也；而骨骸者，地之有也。精神入其門，而骨骸反其根，我尚何存？……夫精神者，所受於天也；而形體者，所稟於地也。〔註47〕

此種被陽氣施化而賦予的「精神」，使萬物具有靈明的智慧與勃然的生命力，特別是人，人的「精神」必須存養擴充，才能清明地認識、思辨與統理外物，故而〈精神〉特別重視人「精神」的修養，如其曰：「是故聖人以無應有，必究其理，以虛受實，必窮其節，恬愉虛靜，以終其命。」〔註48〕這種虛靜自持，爲而不宰的功夫，即《淮南子》一貫的「精神」修養方式。

從以上所論，可歸結出《淮南子》的本體論，其一爲繼承《老子》「道」的義理內涵，提出「道」（太一）具有「超越性」、「普遍性」與「化生作用」等三重質性與作用，其次是採用「以氣釋道」的理論模式，認爲「道」（太一）透過陰陽二氣以化生萬物，並特別認爲清揚純粹的「陽氣」施化爲萬物之精神；而滯濁沉鬱的陰氣則凝結化生爲萬物之形體，此爲《淮南子》較《呂氏春秋》理論更加深進完整之處。

（二）《淮南子》之宇宙論

在宇宙論方面，《淮南子》更繼承《呂氏春秋》，在「宇宙生成」的模式

〔註46〕見〔漢〕劉安編、劉文典校注《淮南鴻烈集解（上）·俶眞》，頁45。
〔註47〕見〔漢〕劉安編、劉文典校注《淮南鴻烈集解（上）·精神》，頁218～219。
〔註48〕同前注，頁226。

與「宇宙運行」之規律二個面向上，拓展以黃老思想為底蘊的宇宙論，使其理論更加完整細膩。〈天文〉與〈俶真〉有兩段可相互參照的論述，說明宇宙自無至有的過程，〈天文〉曰：

> 天墜未形，馮馮翼翼，洞洞灟灟，故曰太昭。道始于虛霩，虛霩生宇宙，宇宙生氣。氣有涯垠，清陽者薄靡而為天，重濁者凝滯而為地。清妙之合專易，重濁之凝竭難，故天先成而地後定。天地之襲精為陰陽，陰陽之專精為四時，四時之散精為萬物。〔註49〕

「馮馮翼翼，洞洞灟灟」二句，高誘注為「無形之貌」，即宇宙尚未生成之前幽渺渾沌的樣態，「道始於虛廓」，表示「道體」在宇宙未生成，一切虛廓幽渺之時，已有運作，「虛廓生宇宙」則表示宇宙逐漸從「無」至「有」的過程，「宇宙」一詞，高誘注曰：「宇，上下四方也；宙，往古來今也，將成天地之貌也。」〔註50〕虛廓之後，時空已逐漸生成，在時空之中，有「氣」落實而出，此「氣」一詞，清代莊逵吉引《太平預覽》而注為「元氣」，王念孫亦曰：「此當為宇宙生元氣，元氣有涯垠。」〔註51〕無論是否應作「元氣」，此氣確為最原初的質態，在「氣」生出之後，質地較清揚的氣凝聚而為天，較為重濁的氣則聚合為地，天地形成之後，陰陽二氣剖判而出，則有四季之運行與萬物之生化。

此宇宙生化模式與〈俶真〉相比對，見其利用《莊子·齊物論》，〔註52〕以建構其宇宙生成過程：

> 所謂有始者，繁憤未發，萌兆牙蘗，未有形埒垠㙷，無無蠕蠕，將欲生興而未成物類。有未始有有始者，天氣始下，地氣始上，陰陽錯合，相與優游競暢于宇宙之間，被德含和，繽紛蘢蓯，欲與物接而未成兆朕。有未始有夫未始有有始者，天含和而未降，地懷氣而未揚，虛無寂寞，蕭條霄霓，無有仿佛，氣遂而大通冥冥者也。有有者，言萬物摻落，根莖枝葉，青蔥苓蘢，萑苪炫煌，蠕飛蠕動，蚑行噲息，可切循把握而有數量。〔註53〕

〔註49〕見〔漢〕劉安編、劉文典校注《淮南鴻烈集解（上）·天文》，頁79。

〔註50〕同前註，頁79。

〔註51〕同前註，頁79。

〔註52〕《莊子·齊物論》曰：「有始也者，有未始有始也者，有未始有夫未始有始也者。有有也者，有無也者，有未始有無也者，有未始有夫未始有無也者。」見(清)郭慶藩校注《莊子集釋》，(收入《新編諸子集成》)，(北京：中華書局，1995年出版)，頁79。

〔註53〕見〔漢〕劉安著、劉文典集解《淮南鴻烈集解（上）·俶真》，頁44～45。

此文將《莊子・齊物論》所運用的每個詞彙都作清晰的定義與詮釋，藉以說明宇宙的生成。首先，在宇宙開始之前，是「未始有夫未始有有始者」，此時天地之氣尚未凝聚生成，宇宙呈現「虛無寂寞，蕭條霄霓」的幽渺狀態，即前段引文所述之「太昭」與「虛廓」；第二階段則是「未始有有始者」，天地之氣已剖判劃分，而陰陽之氣錯合，前段引文並未說明「天氣」、「地氣」與「陰陽」的關係，此處「天氣始下，地氣始上」所造成的「陰陽錯合」，應可對應「天氣」即質地清妙的陽氣，而「地氣」則是質地沉鬱的「陰氣」，此時「欲與物接而未成兆朕」，透過陰陽二氣的運作而開始產生化生的端緒。第三階段即「有始者」，「繁憒未發，萌兆牙蘗」皆指萬物在陰陽二氣的運作下即將化生，卻尙「未成物類」。在此階段之後，就是萬有生發，欣欣向榮的狀態，引文將之描述爲「有有者」，亦即前引文所描述之「陰陽之專精爲四時，四時之散精爲萬物」，表示萬物在天地所形成的場域裏，各從其類而繁衍不息。

從以上二段引文的分析與論述，可得知《淮南子》宇宙生成之模式，道體未化生宇宙、天地、萬物之前，宇宙狀態爲虛無蕭條的「太昭」、「虛廓」狀態，而在「虛廓」之中，因道體開始運作而出現時空，時空產生之後，「氣」（或曰「元氣」）即產生，並在時空中運作，而後分判爲天陽與地陰之氣，天地形成之後，則四季節候與萬物皆逐漸化生呈顯，繁衍不息。筆者圖示如下：

圖三之 2

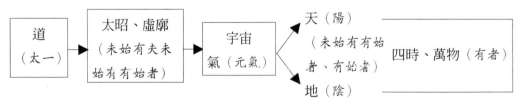

而在「宇宙運行規律」的面向上，《淮南子・天文》巧妙地將陰陽、五行與四時、天象、方位等自然界現象相配合，而構造出一個規則縝密的宇宙運行法則：

> 天道曰圓，地道曰方。方者主幽，圓者主明。……陰陽相薄，感而爲雷，激而爲霆，亂而爲霧。陽氣勝則散而爲雨露，陰氣勝則凝而爲霜雪。……日者，陽之主也，是故春夏則群獸除，日至而麋鹿解。月者，陰之宗也，是以月虛而魚腦減，月死而羸蟺膲。……四時者，天之吏也；日月者，天之使也；星辰者，天之期也；虹蜺彗星者，

天之忌也。天有九野，九千九百九十九隅，去地五億萬里，五星，
八風，二十八宿，五官，六府，紫宮，太微，軒轅，咸池，四守，
天阿。何謂九野？中央曰鈞天，其星角、亢、氐。東方曰蒼天，其
星房、心、尾。東北曰變天，其星箕、斗、牽牛。北方曰玄天，其
星須女、虛、危、營室。西北方曰幽天，其星東壁、奎、婁。西方
曰顥天，其星胃、昴、畢。西南方曰朱天，其星觜巂、參、東井。
南方曰炎天，其星輿鬼、柳、七星。東南方曰陽天，其星張、翼、
軫。何謂五星？東方，木也，其帝太皞，其佐句芒，執規而治春。
其神為歲星，其獸蒼龍，其音角，其日甲乙。〔註54〕

與《呂氏春秋》相同，〈天文〉描述一「天圓地方」的宇宙，而陰陽二氣的交
蕩運作，形成四季節候與各種天氣現象。它將天分成「九野」，二十八宿規律
地排置於九個方位之中，除北方玄天收攝「須女、虛、危、營室」四宿之外，
其餘八方皆置列三宿。而在「五行」的面向上，它基本上繼承《呂氏春秋‧
十二紀‧紀首》的論述，配合「方位」、「四時」、「帝」、「佐」、「獸」、「音」、
「歷法」等部份，清楚定義並解釋五行的屬性，以「木」為例，其屬於東方，
主掌之帝為「太皞」，輔佐者為「句芒」，而與「春」相配，祭祀之神為「歲
星」，主屬之獸為「蒼龍」，所配之音為「角」，而其歷法之日為「甲乙」，此
種五行與天文歷象相配的論述，構造出一欣欣向榮而秩序井然的宇宙。在〈時
則〉中，更以《呂氏春秋‧十二紀‧紀首》為基礎，加上此五行與萬物相配
的律則，定出每月政令，其曰：

天子衣青衣，乘蒼龍，服蒼玉，建青旗，食麥與羊，服八風水，爨
其燧火，東宮御女青色，衣青采，鼓琴瑟，其兵矛，其畜羊，朝于
青陽左个，以出春令。布德施惠，行慶賞，省徭賦。立春之日，天
子親率三公九卿大夫以迎歲于東郊，修除祠位，幣禱鬼神，犧牲用
牡。禁伐木，毋覆巢、殺胎夭，毋麑，毋卵，毋聚眾、置城郭，掩
骼薶骴。〔註55〕

在宇宙運行的規律之中，君王必須依循當月的天道運行模式，實踐當月政令，
若違背天道法則，則會出現災荒四起、國家秩序悖謬的混亂情況，而導致滅亡。

《淮南子》雖大體依循《呂氏春秋》的宇宙論，然而解釋的精確度上，卻

〔註54〕見〔漢〕劉安著、劉文典集解《淮南鴻烈集解（上）‧天文》，頁80～89。
〔註55〕見〔漢〕劉安著、劉文典集解《淮南鴻烈集解（上）‧時則》，頁162～163。

具體運用西漢初年最精密的科學觀察，大幅推進《呂氏春秋》的宇宙運行法則，如確立天地方位，將天之方位與二十八宿完整配合，並在〈天文〉中論述《呂氏春秋》所提到的天象、歷法與音律理論之根據與其所以然的規律；更從物候的轉變，觀察並架設立春、雨水、驚蟄、春分、穀雨、清明、立夏、小滿、芒種、夏至、小暑、大暑、立秋、處暑、白露、秋分、寒露、霜降、立冬、小雪、大雪、冬至、小寒、大寒等二十四節氣的概念，此種對天文歷法的理論解釋，並將之與五行縝密配合的理論，使黃老思想下的宇宙論達到高峰。

三、小　結

　　從以上所論可知，《呂氏春秋》與《淮南子》之天道觀，多繼承《老子》而來。在「本體論」的面向上，其「道體」（太一）皆具備《老子》「道」之質性，而為超越性、普遍性、虛靜無為的宇宙形上根源；其化生萬物的能力，則透過「陰陽二氣」的運作具體展現。在《呂氏春秋》中，「元氣」被解釋為「道」（太一），不但為「陰陽二氣」運行的規律，本身即為氣最原初的渾淪樣貌；《淮南子》則認為「道體」乃是陰陽二氣運作規律之根源，無論「道體」是規律，或是元氣本身，二書皆循著黃老思想「以氣釋道」的內涵，認為「萬物化生」的作用是落實在「氣」的運作上的。

　　在「宇宙論」的面向上，《呂氏春秋》的宇宙生成論，僅提出太一分化為天地「兩儀」，陰陽二氣在天地中運作，化生萬物，繁衍不息；《淮南子》則進一步借用《莊子・齊物論》間架，說明宇宙的生成是先有時空，元氣運行於時空之中，再剖判為天陽地陰；在天地形成之後，陰陽二氣相互鼓盪交錯，而化生萬物。由是，《淮南子》在「宇宙生成論」的面向上，確較《呂氏春秋》更加縝密。

　　而在「宇宙運行規律」的面向上，《淮南子》之理論架構雖大體依循《呂氏春秋・十二紀・紀首》，《呂氏春秋》僅從歷象日月星辰與深觀陰陽消息的角度，推斷太陽位置，而以太陽位置與五行、四時、掌管之帝、祭祀之神、物候、音律……等相配合，架構其天道運行法則，然而《淮南子》卻要為《呂氏春秋》所提及的自然現象，進行哲學與自然科學的解釋，在天文星象上，其論述二十八宿排列規則；在音律規則上，其論述律呂的度數與規律，而在節候上，更以陰陽二氣的消長，建立二十四節氣的理論，使黃老思想下之天道法則的論述臻於成熟。

第二節　《春秋繁露》之本體論與宇宙論

　　《呂氏春秋》與《淮南子》都是以黃老思想為核心的天道觀，其皆以「道」（太一）作為形上本體，並將陰陽配合五行，架構其氣化宇宙論。在西漢前七十年以黃老思想為主軸的學術發展中，「氣化宇宙論」已成為當時解釋宇宙的一般知識與思想，董仲舒亦繼承並運用陰陽五行構成宇宙與秩序的概念。然而其與黃老思想下的天道觀最重要的殊別，在於以「天道推闡人事」的部分；以黃老思想為主軸的論著，如《呂氏春秋》與《淮南子》皆全面以當代天文、地理與曆法知識解釋宇宙化生與運行秩序，而建立體系完整的宇宙論；然而，身為春秋公羊學博士的董仲舒，卻較為注重「天」之「本體」，即天具有何種重要質性，而此質性又如何落實於「人體」、「君體」、「政體」之上，並不著重於宇宙生成的解釋，張立文所編之《氣·緒論》中認為：「董仲舒對元氣〔註56〕如何產生萬物和人類的過程、演變邏輯次序沒有展開論述。」〔註57〕而是巧妙運用《春秋公羊傳》中「元」的概念以及史事記載，論述天道的超越性、先在性與其道德意志內涵，解釋「天」之「意志」、「自然」、「道德」等多重面向與質性，並從其中提煉出「天道」為「君道」法則的義理內涵。

　　關於董仲舒的天道觀，學界的研究已有豐碩的成果，〔註58〕本文則著重者在於「天道」與「君王」之名份、道德內涵與治道之形上依據，故除先如實呈現董氏天道觀所著重之本體論，以及就其理論所推闡出的「宇宙論」之外，更必論述此理論對「君王觀」之關聯與影響。

一、《春秋繁露》以「意志天」為核心之本體論

　　《春秋繁露》中，宇宙萬有的形上本體，以及人間秩序的形上根源皆為「天」。

　　學界常認為董仲舒之「天」具有「意志」與「自然」的矛盾性，若天為氣化構成之天，則「天」就不應具備賞罰、受命的「意志」；若其為化生萬物之「人格神」，則宇宙萬物即「神」所創化，而不應為陰陽五行之「氣」所構成，金春峰於《兩漢思想史·董仲舒思想的特點與其歷史地位》一文中，認為：

〔註56〕《春秋繁露》一書並未出現「元氣」一辭，引文所言之「元氣」為董氏所論未剖判陰陽之前的混淪之氣。
〔註57〕見張立文主編《氣》（北京:中國人民大學出版社，1990年出版），頁2。
〔註58〕關於現代學界對董氏天道觀的研究成果，可見本論文之〈附表一〉。

他（筆者案：董仲舒）講的天，有三方面的意義，即神靈之天、道
德之天，和自然之天。這三個方面，他力圖把它們加以統一，構造
成爲一個體系，但實際上他並沒有做到這一點，而是存在著內在的
混亂與矛盾。〔註59〕

而徐復觀先生則認爲：

我相信董氏常常會有宗教神的影像，往來於他的心中。但他的天的
實體是氣，氣表現而爲陰陽四時五行；認眞的思考一下，把氣當作
人格神來看待，是非常困難的事，因此，他在更多的地方，以很大
的比重，從天到人，只當作一個大的有機體構造，而是可以互相影
響的。〔註60〕

此爲目前學界對董仲舒天道觀之本體論最普遍的論述。劉國民於 2007 年出版
的《董仲舒的經學詮釋與天與的哲學·董仲舒的天的哲學》中則提出折衷之
說，以解決前輩學者所提出的矛盾之處：

董仲舒認爲人格神之天支配自然之天。人格神之天有意志和目的，
自然之天表現了人格神之天的意志和目的。因此自然之天雖不具有
內在目的，但具有外在的目的。自然之天具有外在目的，所以自然
之天能推出道德價值。……董仲舒的人格神之天具有道德理性，自
然之天表現人格人之天的意志和目的，也具有道德理性。在天人合
一的宇宙模式中，這不容置疑地加強了人的道德責任感。〔註61〕

劉氏認爲董氏以人格天支配自然天，在人格天的意志之中，展現出道德的面
向，而具體表現於自然天之中，此論述確可調和二說，而其所言「人格神的
道德理性」與「自然天所推出的道德價值」二者，強調「人格天」本身或「人
格天運使自然天」，皆有道德價值的面向，然而此「道德價值」的具體內涵爲
何？其又於「君王觀」的理論中具有何種作用？此皆爲《春秋繁露》天道觀
中之重要論題。

《春秋繁露》中，「意志天」爲絕對超越的存在。在上古初民的信仰中，

〔註59〕見金春峰著《兩漢思想史》（增補第三版），（北京：中國社會科學院出版社，
2006 年出版），頁 122。

〔註60〕見徐復觀著《增訂兩漢思想史·先秦儒家思想的轉折及天的哲學的完成》，頁
397。

〔註61〕見劉國民著《董仲舒的經學詮釋與天與的哲學》，（北京：中國社會科學出版
社），頁 296。

即有對「絕對意志」且「能降禍福」之天的原始信仰，〔註62〕陳來亦認爲：「周人的理解中，天與天命已經有了確定的道德內涵，這種道德內涵是以敬德和保民爲主要徵的。……用宗教學的語言來說，商人的世界觀是自然宗教的信仰，周代的天命觀則已經具有倫理宗教的品格。」〔註63〕這種具有「宗教倫理」特質之絕對道德意志的天之概念，亦展現於先秦諸子典籍中，如《墨子‧天志上》曰：

> 然則天亦何欲何惡？天欲義而惡不義。然則率天下之百姓以從事於義，則我乃爲天之所欲也。我爲天之所欲，天亦爲我所欲。然則我何欲何惡？我欲福祿而惡禍祟。若我不爲天之所欲，而爲天之所不

〔註62〕 華土初民自上古以來即有的原始信仰即認爲「天」具有意志並能降禍福，陳夢家於《殷墟卜辭綜述‧第十七章‧宗教》一文中，從甲骨卜辭的內容中，分析出殷人的信仰觀念大致分爲「天神」、「地祇」、「人鬼」三類；「天神」即有「上帝」的意義，陳氏釋曰：「卜辭中的上帝有很大的權威，是管理自然與下國的主宰。」並論曰：「殷人之上帝或帝，是掌管自然天象的主宰，有一個以日月風雨爲其臣工使者的帝廷。上帝之令風雨、降禍福是引天象示其恩威，而天象中風雨之調順時爲農業生產的條件，所以殷人的上帝雖保佑戰爭，而其主要的實質是農業生產的神。」（台北：大通書局，1971 年出版），頁 562、580。胡厚宣於《甲骨學商史論叢（上）‧殷代之天神崇拜》一文亦論風雨等自然現象，皆屬於「上帝」的命令，其曰：「殷人求年祈雨爲農事之大典，然知降雨者乃雲，故又屢見祭云之辭，又以云乃屬於上帝，故又言帝云，且以帝禮祭之。」（台北：大通書局，1972 年出版），頁 298。此種對「天神」（上帝）的原始信仰，到了西周時代則出現以「天」逐漸代替「上帝」之人文轉化，而發展出禮樂祭祀制度，如《周禮‧春官‧宗伯》載：「大宗伯之職，掌建邦之天神、人鬼、地示之禮，以佐王建保邦國。以吉禮事邦國之鬼神：以禋祀祀昊天上帝，以實柴祀日月星辰，以槱燎祀司中、司命、飌師、雨師。」「禋祀」的對象爲「昊天上帝」，《詩經‧雲漢》則爲對「天」舉行「禋祀」的樂歌：「天降喪亂，饑饉薦臻。靡神不舉，靡愛斯牲。圭璧既卒，寧莫我聽！旱既太甚，蘊隆蟲蟲。不殄禋祀，自郊徂宮。上下奠瘞，靡神不宗。」此處即以「天」代替「昊天上帝」，無論名稱爲何，此「天」皆爲一超越萬有之存在。此至高的主宰者亦具有絕對的道德意志，能揀選有德者，賦予「天命」，成爲人民的治理者。《尚書‧召誥》：「我不可不監于有夏，亦不可不監于有殷。我不敢知曰，有夏服天命，惟有歷年；我不敢知曰，不其延，惟不敬厥德，乃早墜厥命。……今天其命哲，命吉凶，命歷年。知今我初服，宅新邑，肆惟王其疾敬德。王其德之用，祈天永命。」夏商失去「天命」乃因「不敬厥德」，代表天命的意志朝向「有德者」，只要周王「敬德」，就可以永遠持守「天」所賜予的國運。故在不晚於西周初年的時代，即出現具有「絕對道德意志」之「天」的思想與信仰。

〔註63〕 見陳來著《古代的宗教與倫理：儒家思想的根源》，（北京：生活、讀書、新知三聯書局，1996 年出版），頁 168。

欲，然則我率天下之百姓，以從事於禍祟中也。然則何以知天之欲
義而惡不義？曰天下有義則生，無義則死；有義則富，無義則貧；
有義則治，無義則亂。然則天欲其生而惡其死，欲其富而惡其貧，
欲其治而惡其亂，此我所以知天欲義而惡不義也。〔註64〕

上文「欲義而惡不義」之「欲」彰顯出天絕對的主宰性，並強調其絕對的道
德意志，亦明言天志會賞善罰惡，使國家因君王實踐「義」而生存；若君王
不順天志而行，國家則會亂亡。此理論亦展現於董氏哲學中，且「意志天」
常與「郊祀」的對象相互連結，〈郊語第六十五〉曰：

天者，百神之大君也，事天不備，雖百神猶無益也，何以言其然也？
祭而地神者，春秋譏之，孔子曰：「獲罪於天，無所禱也。」是其法
也。故未見秦國致天福如周國也，詩云：「唯此文王，小心翼翼，昭
事上帝，允懷多福。」多福者，非謂人也，事功也，謂天之所福也。

而〈郊義第六十六〉則曰：

天者，百神之君也，王者之所最尊也，以最尊天之故，故易始歲更
紀，即以其初郊，郊必以正月上辛者，言以所最尊首一歲之事，每
更紀者，以郊郊祭首之，先貴之義，尊天之道也。

從以上二引文可知，此郊祀的對象具備二項特質，其一，「天者，百神之大君
也」「天」為百神中之首位，地位最尊；其次則是具有絕對的道德意志。為了
解釋天的道德意志，身為春秋公羊博士的董仲舒，援引並創造性地解釋《春
秋·隱公元年》：「元年，春，王正月。」彰顯天之道德意志。〈玉英第四〉曰：

一元者，大始也……是以春秋變一謂之元，元猶原也，其義以隨天
地終始也。故人唯有終始也，而生不必應四時之變，故元者為萬物
之本，而人之元在焉，安在乎？乃在乎天地之前，故人雖生天氣，
及奉天氣者，不得與天元、本天元命、而共違其所為也。故春正月
者，承天地之所為也，繼天之所為而終之也，其道相與共功持業，
安容言乃天地之元？天地之元，奚為於此？惡施於人？大其貫承意
之理矣。是故春秋之道，以元之深，正天之端，以天之端，正王之
政，以王之政，正諸侯之即位，以諸侯之即位，正竟內之治，五者
俱正，而化大行。

〔註64〕見〔清〕孫詒讓校注《墨子閒詁》，（收入《諸子集成》），（北京：中華書局，
1993 年出版），頁 119。

「隱公元年」在《春秋》原文中，爲記載史事的首年，《公羊傳》亦釋曰：「元年者何？君之始年也。春者何？歲之始也。」〔註65〕引文循著《公羊傳》的解釋，將「元」釋爲「始」，而先秦以來，「元」即有此義，如《呂氏春秋‧恃君覽‧召類》引用《易‧渙卦‧象傳》：「渙其群，元吉。」而釋曰：「元者，吉之始也」；〔註66〕《爾雅‧釋詁》亦曰：「初、哉、首、基、祖、元、胎、俶、落、權輿，始也。」〔註67〕引文之「始」有兩種意涵，其一是以「始」描述「天」爲宇宙萬物的根源，此根源「超越」並「先在」於自然萬物被化生之前，故爲「萬物之本」，「故人雖生天氣，及奉天氣者，不得與天元本、天元命、而共違其所爲也。」蘇輿引《易‧文言》：「先天而天勿違，後天而奉天時」釋曰：「天固勿違於元，聖人亦不能違天，故云不共爲其所爲。元者，人與天所同本也。」〔註68〕此天並非宇宙萬物根源之「天」，而是被化生而出的「氣化自然天」，包含一切天象、物象與節候變化，氣化自然天依循天道根源的法則運行，因此「氣化自然天」的運行與人的作爲都不能違反作爲萬物之本的天道法則。其二則是強調「天道爲人道之本源」，此項應被涵括於第一義中，然而董氏爲回應並架構以君王觀爲基源問題之理論，故特別強調「以天之端，正王道之正」的概念，除了「王道」之外，就普遍性而言，人的身體、意志與人之倫理關係、乃至於國家政治的體系，皆以天道爲根源，而天是以何種質性作爲王道與人道之根源呢？董仲舒將此問題的答案安立於「仁」上。

《春秋繁露》認爲天之道德意志以「仁」爲主要內涵，故曰：

　　曾子、子石盛美齊侯，安諸侯，尊天子，霸王之道，皆本於仁；仁，天心，故次之以天心。（〈俞序第十七〉）

　　天高其位而下其施，藏其形而見其光；高其位，所以爲尊也，下其施，所以爲仁也，藏其形，所以爲神，見其光，所以爲明；故位尊而施仁，藏神而見光者，天之行也。（〈離合根第十八〉）

〔註65〕見〔漢〕何休注、〔唐〕徐彥疏《春秋公羊傳注疏‧隱公元年》（〔清〕阮元校，嘉慶二十年江西南昌府學開本），（台北：藝文印書館，1989年出版），頁8。

〔註66〕見王利器校注《呂氏春秋注疏（第四冊）‧恃君覽》，頁2513。

〔註67〕見（晉）郭璞注、〔宋〕邢昺疏《爾雅注疏‧釋詁第一‧上》（〔清〕阮元校，嘉慶二十年江西南昌府學開本），（台北：藝文印書館，1989年出版），頁6。

〔註68〕見〔清〕蘇輿校注《春秋繁露義證‧玉英第四》，（收入《新編諸子集成》），（北京：中華書局，2002年出版），頁69。

仁之美者在於天，天仁也，天覆育萬物，既化而生之，有養而成之，
事功無已，終而復始，凡舉歸之以奉人，察於天之意，無窮極之仁
也。……天常以愛利為意，以養長為事，春秋冬夏皆其用也；王者
亦常以愛利天下為意，以安樂一世為事，好惡喜怒而備用也；然而
主之好惡喜怒，乃天之春夏秋冬也，其俱暖清寒暑，而以變化成功
也；天出此物者，時則歲美，不時則歲惡。（〈王道通三第四十四〉）

首段引文以「天心」表達「天」主動的意志，〈天地陰陽第八十一〉亦曰：「天
志仁，其道也義。」天的道德意志以「仁義」為核心，而仁的實踐，則是其
下所述「高其位而下其施」與「覆育萬物，既化而生之，有養而成之，事功
無已，終而復始」。作為宇宙萬物根源的「天」，秉持「仁」的道德意志生成
化育萬物。

　　在人道本源的意義上，天既以生化長養萬物為道德意志的實踐，君王亦
應體察並順應「天心」，故曰「王者亦常以愛利天下為意」，而君王若不效法
天之道德意志，天必懲罰君王之失道，甚而導致國家滅亡。因此，〈郊語第六
十五〉援引孔子之言（「獲罪於天，無所禱也」今見於《論語・八佾》）與《詩
經・大雅・大明》之言論述「敬事天以致福」的思想。

　　值得注意的是，具有絕對道德意志且能降禍福的「天」遍見於《史記》
與《漢書》中，特別是西漢君王「郊祀」〔註69〕的記載中，《史記・孝武帝本
紀》載曰：

其明年，郊雍，獲一角獸，若麃然。有司曰：「陛下肅祗郊祀，上帝
報享，錫一角獸，蓋麟云。」於是以薦五畤，畤加一牛以燎。賜諸
侯白金，以風符應合于天地。〔註70〕

「錫」通「賜」，武帝在郊祀之禮中獲一「角獸」，被解讀為「上天之賜」，表
示此「天」為一具意志，且能賜福瑞的「上帝」。而《漢書・終軍傳》載曰：

從上幸雍祠五畤，獲白麟，一角而五蹄。時又得奇木，其枝旁出，
輒復合於木上。上異此二物，博謀群臣。軍上對曰：「……天命初定，
萬事草創，及臻六合同風，九州共貫，必待明聖潤色，祖業傳於無
窮。故周至成王，然後制定，而休徵之應見。陛下盛日月之光，垂

〔註69〕關於《春秋繁露》之郊祀理論，可參見本論文第五章第二節〈郊祀之禮〉，頁
　　　　168～177。
〔註70〕見〔漢〕司馬遷著《史記・卷十二・孝武帝本紀》，頁457～458。

聖思於勒成，專神明之敬，奉燔瘞於郊宮，獻享之精交神，積和之氣塞明，而異獸來獲，宜矣。

昔武王中流未濟，白魚入於王舟，俯取以燎，公咸曰「休哉！」今郊祀未見於神祇，而獲獸以饋，此天之所以示饗，而上通之符合也。

宜因昭時令日，改定告元，苴白茅於江淮，發嘉號于營丘，以應緝熙，使著事者有紀焉。〔註71〕

武帝在郊祀中獲得白麟與奇木，終軍解釋爲是「天」給予的福瑞之物，表示其所理解的天具有意志，且能降禍福。董仲舒無法脫離漢武帝時代的視域認識以解釋「天」，故以具有絕對道德意志的「意志天」爲形上本體的思維是極合理的。唐君毅先生於《中國哲學原論・導論篇》論曰：「董子實相信一人格神，於春則愛萬物之生，於夏則樂萬物之得養，於秋則嚴萬物而成之，於冬則似殺萬物，亦天之哀矜萬物而收藏之於密。」〔註72〕而此「相信」正是西漢一代學者普遍對「天」的信仰與認識。

二、《春秋繁露》之宇宙論——意志天與氣化自然天連結

在理解董仲舒「意志天」的內容之後，即可深入論述「意志天」如何向氣化自然天連結的義理內涵。其繼承戰國中末葉至西漢前七十年之黃老思想，認爲萬物皆爲渾淪之一氣化生而成，〈五行相生〉曰：

天地之氣，合而爲一，分爲陰陽，判爲四時，列爲五行。

此言相當具有爭議性，目前學界有二說，其一是此爲董氏所架構之宇宙生化過程，即化生天地萬物之氣的原初樣貌爲「合而爲一」的渾淪之氣，董氏並未使用「元氣」一辭定義，只知此氣爲尚未剖判陰陽之前的原初之氣，此渾淪之氣首先分化爲陰陽二氣，再剖判形成爲四時，最後則分化爲五行，王永祥於《董仲舒評傳・第三章・自然神論的宇宙觀》認爲：「在這裡，天地的存在是不言而喻的前提，但從天地二氣混合唯一的存在『分』爲陰陽，『判』爲四時，『列』爲五行，顯然有一個演化過程。」，〔註73〕周雅清於〈董仲舒對陰陽概念的運用〉

〔註71〕見〔漢〕班固撰、〔唐〕顏師古注《漢書・卷六十四下・終軍傳》，（收入楊家駱主編之《新校本二十五史》），頁2814。

〔註72〕見唐君毅著《中國哲學原論・導論篇・原命中：秦漢魏晉天命思想之發展》（台灣：台灣學生書局，1993年出版），頁569。

〔註73〕見王永祥著《董仲舒評傳》（南京：南京大學出版社，1995年出版），頁101。

中具體提出一宇宙生成模式圖:「一氣（元氣）→陰陽→四時→五行」〔註74〕。
另一種解釋,即如徐復觀於《兩漢思想史・先秦儒家思想的轉折及天的哲學的
完成》所論,董氏並未強調陰陽二氣化分爲五行的概念,曰:

> 五行之氣,尚未與陰陽之氣融合爲一體。融合陰陽五行爲一體,視
> 五行爲陰陽的分化,大約成於漢宣帝時代前後,即以五行同時代表
> 陰陽。所以《春秋繁露》中陰陽五行的關係仍在演進之中,這是決
> 不能推後或推前的。〔註75〕

而日本學者關口順則於〈董仲舒的氣的思想〉文中,順承徐氏的論述曰:「根
據徐復觀的見解,在董仲舒氣思想的階段中,陰陽之氣和五行之氣雖在同一
氣的範疇內,卻是各自分別的存在,後來可見的陰陽和五行之間的連續性和
內在關係,尚未確立。總之,所謂『一』,就是與陰陽之氣、五行之氣在本質
上是相同的一氣。」〔註76〕

在第一種論證中,有一主要疑難,即上引原文爲《春秋繁露》可說明宇
宙生成之孤證,但除此引文外,並無確切可供證成宇宙生化模式之論述,而
〈五行相生第五十九〉主要說明五行相生之天道根據,與此天道法則具體落
實於歷史與人事之解釋,並未將焦點置放於架構宇宙生成論上,從上下文觀
之,作者應是要爲「五行」理論設定一天道根源,確立陰陽與五行皆爲天道
運行法則的一部分。

故筆者雖同意王永祥所言,從合一的「天地之氣」至「五行」,應有一「分」、
「判」、「列」的過程,然而此過程是否如周雅清所言,可用「一氣（元氣）
→陰陽→四時→五行」的清楚程序說明,則有待商榷。

而在第二種論證中,徐氏認爲董氏所提出的陰陽與五行理論,爲一尚未
完全成熟的體系,沒有確切的證據可以顯示董氏提出「陰陽二氣分化爲五行」
的理論。

然而徐氏所言「視五行爲陰陽的分化」與「以五行同時代表陰陽」之間
有一理論斷裂之處,前一個命題旨在論述宇宙生化的過程,即陰陽二氣是否
剖判爲五行之氣,第二個命題則在處理「陰陽」與「五行」二概念融通會合

〔註74〕見周雅清著〈董仲舒對陰陽概念的運用〉,收入《孔孟學報》八十期（2002
年9月）,頁125。
〔註75〕見徐復觀著《增訂兩漢思想史・卷二》,頁316。
〔註76〕見關口順著〈董仲舒的氣的思想〉（收入小野澤精一等編《氣的思想──中國
自然觀和人的觀念的發展》,（上海:上海人民出版社,1990年出版）,頁162。

的理論架構。在董氏理論中，雖然五行並未同時代表陰陽，然而，「陰陽」二氣具體表現於「四時」運行的秩序中，而「四時」又與「五行」相配，此三概念縝密連結，已可以大略勾勒出關口順所認爲「尙未確立」的「陰陽和五行之間的連續性和內在關係」。

董氏所論述宇宙的構成要素，並非建立完整的宇宙解釋模式，而是透過「陰陽」、「四時」、「五行」等質素的交互運用與配合，推闡人間倫理的理序與合理性。

以下，筆者將分別論述陰陽與五行的質性與運行規則與其對君王政令的影響。

（一）陰陽二氣之質性與運行規則

在《春秋繁露》中，〈陽尊陰卑第四十三〉、〈王道通三第四十四〉、〈天容第四十五〉、〈天辨在人第四十六〉、〈陰陽位第四十七〉、〈陰陽終始第四十八〉、〈陰陽義第四十九〉、〈陰陽出入第五十〉、〈天道無二第五十一〉、〈暖燠常多第五十二〉等諸篇皆多論陰陽二氣之質性與運行方式，此運行方式多在「意志天」之絕對意志下依循規則運轉不止。

首先，在《春秋繁露》的理論架構中，「陰陽」爲兩種相對反，而又相輔助之「氣」，〈陽尊陰卑第四十三〉曰：

> 陽氣暖而陰氣寒，陽氣予而陰氣奪，陽氣仁而陰氣戾，陽氣寬而陰氣急，陽氣愛而陰氣惡，陽氣生而陰氣殺。

而〈陰陽義第四十九〉亦曰：

> 天地之常，一陰一陽，陽者，天之德也，陰者，天之刑也，跡陰陽終歲之行，以觀天之所親而任，成天之功，猶謂之空，空者之實也，故清溧之於歲也，若酸鹹之於味也，僅有而已矣，……天亦有喜怒之氣，哀樂之心，與人相副，以類合之，天人一也。春，喜氣也，故生；秋，怒氣也，故殺；夏，樂氣也，故養；冬，哀氣也，故藏。

陰陽二氣質性相反相對，陽氣之質與溫暖、寬厚、光明、仁愛、生予等正面質性相連結，而陰氣則與濕寒、凜冽、幽暗、戾惡、奪殺等負面質性相連結，陰陽二氣施化爲四時，四時被解釋爲「天」之「喜怒之氣，哀樂之心」，表示在這二股相對反的氣背後，有一「天」的意志運使之，〈暖燠常多第五十二〉曰：

> 天之道，出陽爲暖以生之，出陰爲清以成之。是故非薰也不能有育，非溧不能有熟，歲之精也。

「出」字提示此「天」具有能動性,「主動」運作陰陽二氣生成萬物,透過陽氣的化育與陰氣的肅殺,萬物得以生死循環,長養不止。而在《春秋繁露》之天道相關理論預設中,陰陽二氣並非對等關係,而是以「主——輔」方式運作:

> 是故推天地之精,運陰陽之類,以別順逆之理,安所加以不在?在上下,在大小,在強弱,在賢不肖,在善惡。惡之屬盡爲陰,善之屬盡爲陽,陽爲德,陰爲刑。刑反德而順於德,亦權之類也。雖曰權,皆在權成。是故陽行於順,陰行於逆。逆行而順者,陽也,順行而逆者,陰也。是故天以陰爲權,以陽爲經。陽出而南,陰出而北。經用於盛,權用於末,以此見天之顯經隱權,前德而後刑也。

黃老思想下的陰陽觀念,雖已提出「陽尊陰卑」的觀點,馬王堆黃老帛書《稱》曰:「天陽地陰,春楊秋陰,夏陽冬陰,畫陽夜陰。大國陽,小國陰;重國陽,輕國陰;有事陽而無事陰;信者陽而屈者陰;主陽臣陰,上陽下陰……。」〔註77〕董仲舒身爲儒者,將此理論與先秦儒學親親、尊尊的倫理觀念相連結,建構此理論規模,陽氣被解釋爲天道生化的核心質素,在天絕對的道德意志下,陽氣以「德」的質性尊於陰氣「刑」之質性。董氏將陰陽的道德概念推到極致,使用「經——權」這個專屬於春秋公羊學的概念來解釋此義理內涵。「經」爲絕對的法則,不變之至道,〈玉英第四〉曰:「《春秋》有經禮,有變禮。爲如安性平心者,經禮也。」蘇輿引《禮記·喪服四制》釋曰:「有恩有理,有節有權,取之人情也。恩、禮、節,經也。權,制則變也。」〔註78〕「經」成爲無可改易的眞理,「陽氣」本身與其運作的方式,則成爲絕對的道德法則。陽之德與陰之刑代表絕對的「善」與「惡」,一切的「善」皆肇出於陽氣,所有的惡則皆爲陰氣之發動。作爲「權」的陰,雖爲刑殺之惡的端緒,亦有其存在必要,若無陰在秋多二季的肅殺,則萬物無法完成「天」生生化育、循環不止之功。此種從單純「陰——陽」生化萬物的氣化宇宙論,到「陽——尊——主/陰——卑——輔」的闡釋,乃是董仲舒在春秋公羊學的視野下,深化黃老思想陰陽對舉之理論,確立三綱倫理中之尊卑關係。

　　然而,陰陽二氣雖有尊卑之別,卻必須相輔相成,才能完成「天」以生

〔註77〕見陳鼓應著《黃帝四經今註今譯:馬王堆漢墓出土帛書》,(台北:台灣商務印書館,1995年出版),頁464。

〔註78〕見〔清〕蘇輿校注《春秋繁露義證·玉英第四》,頁74。

生化育萬物的道德意志，〈順命第七十〉曰：「天者，萬物之祖，獨陰不生，獨陽不生，陰陽與天地參然後生。」陽氣即使位尊，卻不能單獨運作以完成生化之功，此理論爲《春秋繁露》「君──臣、父──子、夫──婦」三種相互對待與配合的人倫關係設立形上之根源。

其次，《春秋繁露》中，陰陽二氣的作用，具體體現於「四時」運行的規律，首先，四時受陰陽二氣之施布運作，才能呈顯出來，〈官制象天第二十四〉曰：

> 天地之理，分一歲之變，以爲四時，四時亦天之四選已，是故春者，少陽之選也，夏者，太陽之選也，秋者，少陰之選也，冬者，太陰之選也，四選之中，各有孟仲季，是選之中有選，故一歲之中有四時，一時之中有三長，天之節也。

上文雖主要說明擇官任職之道，然而將春夏秋冬四時配以「少陽」、「太陽」、「少陰」、「太陰」四者，表示四時變化受到陰陽二氣消長作用的支配與影響，而此陰陽二氣對於四時的具體運作，則落實於當時對自然界的知識與解釋上。〈陰陽出入上下第五十〉中曰：

> 天之道，初薄大冬，陰陽各從一方來，而移於後，陰由東方來西，陽由西方來東，至於中冬之月，相遇北方，合而爲一，謂之曰至：別而相去，陰適右，陽適左，適左者，其道順，適右者，其道逆，逆氣左上，順氣右下，故下暖而上寒，以此見天之冬右陰而左陽也，上所右而下所左也。冬月盡，而陰陽俱南還，陽南還，出於寅，陰南還，入於戌，此陰陽所始出地入地之見處也。至於中春之月，陽在正東，陰在正西，謂之春分，春分者，陰陽相半也，故畫夜均而寒暑平，陰日損而隨陽，陽日益而檻，故爲暖熱，初得大夏之月，相遇南方，合而爲一，謂之曰至：別而相去，陽適右，陰適左，適左由下，適右由上，上暑而下寒，以此見天之夏右陽而左陰也，上其所右，下其所左。夏月盡，而陰陽俱北還，陽北還而入於申，陰北還而出於辰，此陰陽所始出地入地之見處也。至於中秋之月，陽在正西，陰在正東，謂之秋分，秋分者，陰陽相半也，故畫夜均而寒暑平，陽日損而隨陰，陰日益而檻，故至於季秋而始霜，至於孟冬而始寒，小雪而物咸成，大寒而物畢藏，天地之功終矣。

《春秋繁露》相當重視「歲」的概念，每一年的四時運作，皆爲天道終始循環規則的一部分，此種循環，可分爲「小循環」與「大循環」二者，所謂「小

循環」，爲「一歲」之循環，在一歲四時的運作中，「春主生，夏主養，秋主收，冬主藏」（王道通三第四十四），上文以陰陽二氣的運行規則解釋四時作用，其所使用的方位圖示如下：〔註79〕

圖三之 3

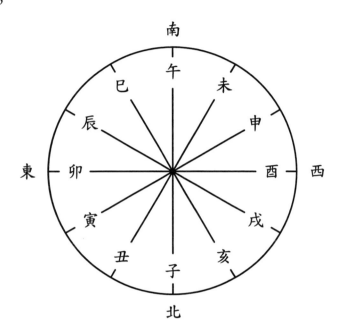

　　董氏將二分二至〔註80〕的曆法與陰陽二氣的運行相配合，陽氣以順時針方向運動（東方來西）；陰氣則以逆時針方向運行（西方來冬），二氣在「冬至」相遇於北方，合而爲一，而後陰氣向北方的右邊（西方）運行，陰氣則以逆時針方向（東方）運行，冬日之後，陽氣順時針向南方運行，在「寅」的位置突出於地面，而陰氣則逆時針由北向西方移動，在「戌」的方位潛入地下，東北邊的「寅」與西北邊的「戌」，分別爲陰陽二氣發動於地上與潛入

〔註79〕此圖參見《淮南子·天文》，筆者僅呈現此圖「方位」的部分，而未引全圖。見〔漢〕劉安著、劉文典著《淮南鴻烈集解（上）天文》，頁127。

〔註80〕「二分」爲「春分」、「秋分」，「二至」是「冬至」、「夏至」陳遵嬀於《中國天文學史（第五冊）·曆法、曆書》中論曰：「二十四氣中，首先知道的，當然是二分和二至，因爲古人使用土圭測量日影，就能相當準確地規定這四氣。《堯典》所追述的時期，已有這四氣，不過當時還沒有春分、夏至、秋分、冬至的名稱，而使用日中、日永、宵中、日短四個詞來表示，但它已經指出仲春、仲夏、仲秋、仲冬四個月應該分別容納這四氣。」（台北：明文出版社，1998年出版），頁51。「二分二至」曆法以這四節氣作爲一年的重要分期。

於地下的二方位。而在「春分」時，陰氣在西方而陽氣在正東方，陰陽相半，因此晝與夜時間長度相同。春分過後，陽氣日盛，陰氣日衰，至於「夏至」，陰陽二氣又會合於南方。夏季過後，陰氣以逆時針方向，而陽氣以順時針方向同時向北方運行，陽氣在「申」的方位潛入地下，陰氣於「辰」的方位突出於地表上，陽氣較弱而陰氣漸強，到了「秋分」，與「春分」同為「陰陽相半」，然而陰陽方位與春分相反，陽氣在正西方，陰氣則在正東方，陰氣逐漸增強，自然環境受陰氣影響而開始降霜降雪，到了「大寒」時，一歲長養與奪殺之功完成。這是較為單純的自然科學面向的解釋，四時運行受陰陽消長的自然形勢影響與掌控，配合二十四節氣（如上文所言「孟冬」、「小雪」、「大寒」）的論述，架構出完整的一歲陰陽二氣運行模式。值得注意的是，這種運行模式與《淮南子》著重自然科學式的解釋並不相同，在「陽尊陰卑」的理論預設下，董氏必須對秋冬二季「陰氣盛於陽氣」的狀況提出解釋，其巧妙運用意志天之「志」著重於「生生化育」的理論，認為陽氣具有繁衍長養萬物的質性，且其居於四季之前二季，彰顯意志天「好德不好刑」的面向，因此〈天道無二第五十一〉曰：「陽之出，常縣於前而任歲事；陰之出，常縣於後而守空虛。陽之休也，功已成於上而伏於下；陰之伏也，不得盡義而遠其處也。天之任陽不任陰，好德不好刑如是。」而此「任陽不任陰」在當時自然科學的解釋下，有深化理論效力的作用。

　　一歲之春與冬固然為天道生生化育的開始與結束，然而結束一歲的天道生化後，又會開啟另一個天道生化的循環，這種「一歲一歲相接續而無窮盡的循環」，即所謂的「大循環」。董仲舒特別突顯此周而復始的天道生化模式，認為這便是「天志仁」的具體反應，〈諸侯第三十七〉曰：

　　　生育長養，成而更生，終而復始，其所以利活民者無已。天雖不言，
　　　其欲贍足之意可見也。

〈王道通三第四十四〉亦曰：

　　　天覆育萬物，既化而生之，有養而成之，事功無已，終而復始，凡
　　　歸舉之以奉人。

在意志天的掌管下，「終而復始」的生生化育，成為大循環的核心意義。而一歲四季的小循環，配合歲歲接續的大循環，彰顯出一「聖化」時間，每一年重複「春生、夏長、秋收、冬藏」的過程，都表現意志天以「仁」為核心的道德意志。

（二）「五行」與陰陽二氣配合之運行規則

在《春秋繁露》中，關於「五行」理論的推闡，主要在〈五行對第三十八〉、〈五行之義第四十二〉、〈五行相生第五十八〉、〈五行相勝第五十九〉、〈五行順逆第六十〉、〈治水五行第六十一〉、〈治亂五行第六十二〉、〈五行變救第六十三〉、〈五行五事第六十四〉諸篇。在這些文本中，「五行」的義理架構主要可分爲三部分，其一爲五行之氣的質性，其二爲五行運行規律，其三爲由五行推闡人事，而運行規律爲人事推闡的形上根據，故以下合而論之。

1. 五行質性

〈五行對第三十八〉曰：

> 天有五行，木火土金水是也。木生火，火生土，土生金，金生水。水爲冬，金爲秋，土爲季夏，火爲夏，木爲春。春主生，夏主長，季夏主養，秋主收，冬主藏。藏，冬之所成也。是故父之所生，其子長之；父之所長，其子養之；父之所養，其子成之。諸父所爲，其子皆奉承而續行之，不敢不致如父之意，盡爲人之道也。

〈五行五事第六十四〉則曰：

> 王者與臣無禮，貌不肅敬，則木不曲直，而夏多暴風，風者，木之氣也，其音角也，故應之以暴風。王者言不從，則金不從革，而秋多霹靂，霹靂者，金氣也，其音商也，故應之以霹靂。王者視不明，則火不炎上，而秋多電，電者，火氣也，其音徵也，故應之以電。王者聽不聰，則水不潤下，而春夏多暴雨，雨者，水氣也，其音羽也，故應之以暴雨。王者心不能容，則稼穡不成，而秋多雷，雷者，土氣也，其音宮也，故應之以雷。

在第一段引文中，以「天有五行」強調五行爲天道秩序與宇宙構成不可或缺的重要質素，這個形上預設遍見於與五行相關的文本中，〈五行之義第四十二〉曰：「天有五行：一曰木，二曰火，三曰土，四曰金，五曰水。」五行質素的基本性徵，是因循「洪範五行」而來的，《尚書‧洪範》曰：

> 一、五行：一曰水，二曰火，三曰木，四曰金，五曰土。水曰潤下，火曰炎上，木曰曲直，金曰從革，土爰稼穡。潤下作鹹，炎上作苦，曲直作酸，從革作辛，稼穡作甘。〔註81〕

〔註81〕見〔漢〕孔安國傳、〔唐〕孔穎達等正義《尚書正義‧周書‧洪範》（清）阮元校，嘉慶二十年江西南昌府學開本），（台北：藝文印書館，1989 年出版），

「洪範五行」以對自然外物客觀的觀察，清楚描述水、火、木、金、土等五種物質材料的質性。第二段引文認爲，王政廢弛會導致「木不曲直」、「金不從革」、「火不炎上」、「水不潤下」與「稼穡不成」等五行質素變異的災難，表示董氏所預設的五行性徵與「洪範五行」相同。前文已提過，陰陽與五行皆爲「混淪的原初之氣」所化生，因此可以歸納出董氏五行乃是與「洪範五行」質性相同，而以天道爲根源的五種「氣」。

這五種氣以其不同的質性分別與四季對應，在《呂氏春秋》與《淮南子》等黃老典籍中，已將五行與四時節氣相互配合對應，《呂氏春秋·孟春紀》曰：「先立春三日，太史謁之天子曰：『某日立春，盛德在木。』」同樣論述「春」，《淮南子·天文》曰：「東方，木也，其帝太皞，其佐句芒，執規而治春。」除了「木」與「春」對應之外，「火」、「金」、「水」則分別與「夏」、「秋」、「冬」相應。「土」在《呂氏春秋》中與「季夏」相配，在《淮南子》則獨立爲中央土，並無對應季節。

《春秋繁露》在此論題上出現理論不一致之處，在首段引文中，「土」與「季夏」相配，與《呂氏春秋》相同，而在〈五行之義第四十二〉曰：

> 五行之隨，各如其序，五行之官，各致其能。是故木居東方而主春氣，火居南方而主夏氣，金居西方而主秋氣，水居北方而主冬氣。是故木主生而金主殺，火主暑而水主寒，使人必以其序，官人必以其能，天之數也。土居中央，爲之天潤，土者，天之股肱也。其德茂美，不可名以一時之事，故四時五行者，土兼之也。

此處「土」被賦予「地」的意義。「天地」本身原爲自然義，指宇宙生發的一切自然現象，此處的「地」，則具備厚德載物的質性，而被聖化爲與「意志天」相對應的質素，此論述雖與「土」配「季夏」的概念矛盾，然而卻代表「五行」理論臻至成熟，西漢以降至東漢，這種理論架構被普遍採用，《白虎通·五行》曰：「行有五，時有四時何？四時爲時，五行爲節。故木王即謂之春，金王即謂之秋，土尊不任職，君不居部，故時有四時也。」，〔註82〕陽氣運作於以生育長養爲主的春季與夏季，陰氣運作於以肅殺刑罰爲主的秋季和冬季，而四季又與除「土」之外的四行相對應，故可知與春夏對應的木與火比

頁 168。

〔註82〕 〔漢〕班固著、〔清〕陳立疏之《白虎通疏證（上）·卷四·五行·人事取法五行》，（收入《新編諸子集成》），（北京：中華書局，1997 年出版），頁 194。

配陽氣，而與秋冬相應的金與水則對應陰氣，這種對應不僅是「同類相動」，更有成全天道生生化育之功的作用，〈天辨在人第四十六〉曰：

> 如金木水火各奉其主，以從陰陽，相與一力而并功，其實非獨陰陽也，然而陰陽因之以起，助其所主。故少陽因木而起，助春之生也；太陽因火而起，助夏之養也；少陰因金而起，助秋之成也；太陰因水而起，助冬之藏也。陰雖與水并氣而合冬，其實不同，故水獨有喪而陰不與焉，是以陰陽會於中冬者，非其喪也。

陰陽二氣雖居於主導地位，但仍需要五行的配合，才能完成「天」生育長養、肅殺收藏的意志，因此，少陽、太陽、少陰、太陰四氣，依隨木、火、金、水等五行之氣發起作用，這兩種氣配合運行，目的在於「助」四時的運作。根據以上陰陽、四時與五行相配合的理論架構，可以表示如下：

表三之1

五行	五行質性	五行顏色	陰陽屬性	四時對應
木	曲直	青	少陽	春
火	炎上	赤	太陽	夏
土	稼穡	黃	中和	配「天」〈五行之義第四十二〉季夏〈五行對第三十八〉
金	從革	白	少陰	秋
水	潤下	黑	太陰	冬

2. 五行運作規則與人事推闡

在《春秋繁露》中，五行主要依據兩種規則而運作，其一爲「相勝」，其二爲「相生」，其採用五行「比相生而間生勝」的概念，主要用於推導君王政令、倫理秩序與國家職官、災難救治等四個面向。所謂「比相生而間相勝」乃是五行依照「木→火→土→金→水」的順序相生化，依循「木勝土／火勝金／土勝水／金勝木／水勝火」的秩序相克勝，這一套五行相生相勝的理論，與陰陽理論相配合，爲君王應推展的人事政令之形上理據。

（1）君王政令與人事倫理推闡

首先，在君王政令的推闡上，《春秋繁露》將五行與四時相配，建構君王

一年四時應推行的政令，〈五行順逆第六十〉為君王政令提出以五行為核心的天道根源，由於文本較長，因列表整理如下：

表三之2：見〈五行順逆第六十〉

四時	五行	質性	政　令　法　則	違反所引起的災禍
春	木	生	勸農事，無奪民時，使民歲不過三日，行什一之稅，進經術之士，挺群禁，出輕繫，去稽留，除桎梏，開門闔，通障塞。	人君出入不時，走狗試馬，馳騁不反宮室，好淫樂，飲酒沈湎，縱恣不顧政治，事多發役，以奪民時，作謀增稅，以奪民財，民病疥搔溫體，足胕痛，咎及於木，則茂木枯槁，工匠之輪多傷敗，毒水潦群，漉陂如漁，咎及鱗蟲，則魚不為，群龍深藏，鯨出現。
夏	火	成長	舉賢良，進茂才，官得其能，任得其力，賞有功，封有德，出貨財，振困乏，正封疆，使四方。	如人君惑於讒邪，內離骨肉，外疏忠臣，至殺世子，誅殺不辜，逐忠臣，以妾為妻，棄法令，婦妾為政，賜予不當，則民病血，壅腫，目不明。咎及於火，則大旱，必有火災，摘巢探鷇，咎及羽蟲，則飛鳥不為，冬應不來，梟鴟群鳴，鳳凰高翔。
夏中	土	成熟百種	循宮室之制，謹夫婦之別，加親戚之恩，恩及於土，則五穀成而嘉禾興，恩及倮蟲，則百姓親附，城郭充實，賢聖皆頡，仙人降。	如人君好淫佚，妻妾過度，犯親戚，侮父兄，欺罔百姓，大為臺榭，五色成光，雕文刻鏤，則民病心腹宛黃，舌爛痛，咎及於土，則五穀不成，暴虐妄誅，咎及倮蟲，倮蟲不為，百姓叛去，賢聖放亡。
秋	金	殺氣之始	建立旗鼓、杖把旄鉞，以誅賊殘，禁暴虐，安集，故動眾興師，必應義理，出則祠兵，入則振旅，以閑習之，因於搜狩，存不忘亡，安不忘危，修城郭，繕牆垣，審群禁，飭兵甲，警百官，誅不法，恩及於金石，則涼風出，恩及於毛蟲，則走獸大為，麒麟至。	如人君好戰，侵陵諸侯，貪城邑之賂，輕百姓之命，則民病喉咳嗽，筋攣，鼻鼽塞，咎及於金，則鑄化凝滯，凍堅不成，四面張罔，焚林而獵，咎及毛蟲，則走獸不為，白虎妄搏，麒麟遠去。

冬	水	藏至陰	宗廟祭祀之始，敬四時之祭，禘祫昭穆之序，天子祭天，諸侯祭土，閉門閭，大搜索，斷刑罰，執當罪，飭關梁，禁外徙，恩及於水，則醴泉出，恩及介蟲，則黿鼉大爲，靈龜出。	如人君簡宗廟，不禱祀，廢祭祀，執法不順，逆天時，則民病流腫、水張、痿痺、孔竅不通，咎及於水，霧氣冥冥，必有大水，水爲民害，咎及介蟲，則龜深藏，黿鼉呴。

此表呈現君王在四時與五行相配下所應推行的政令，春以生爲主，故君王應推展農事；夏以長養爲主，君王應積極舉用賢才，治理國家；中夏以土配天，君王則須依循親親尊尊的倫理規範，使國家倫常有度；秋則以奪殺爲主，故君王可於此時修兵討伐不道；冬乃一歲之止，故需敬祀事天。這套理論，多承繼《呂氏春秋・十二紀》而來，但董氏加入災異思想，提出若君王違反天道秩序，不依時而動，則天就會降災異示警，導致人民危困，國家禍亂。

其次，在推闡人事倫理的面向上，「相生」即以「木→火→土→金→水」的順序相生化，〈五行對第三十八〉曰：「天有五行，木火土金水是也。木生火，火生土，土生金，金生水。」此「生」不僅有宇宙論上的生化意義，更被賦予倫理意涵，生者與被生者爲父子關係，故火以木爲父，土以火爲父，金以土爲父，水以金爲父，此倫理關係與春生、夏長、季夏養、秋收、冬藏等四時規律相配合，並曰：

> 是故父之所生，其子長之；父之所長，其子成之，諸父所爲，其子
> 皆奉承而續行之，不敢不至如父之意，盡爲人之道也。

這種從天道五行向人倫法則連結的理論推闡，建立起「孝」的形上理據，而孝在此理論架構中，爲一多重的相對關係：在家庭倫理中，子孝於父；在國家體系中，臣孝於君；在天人關係上，君孝於天；若一人同時爲子又爲臣，則在子的位份上應孝父，而在臣的位份上需孝君，故每個人依據自己在國家社會的倫理架構中之多重身分，遵循並實踐自身多重之道德規範。

（2）五行與國家職官之對應

除了將五行思想落實於君王政令與倫理規範上，《春秋繁露》亦將相生相勝的理論落實於以天道爲根源的官職體系中。董氏設立「司農」、「司馬」、「司營」、「司徒」、「司寇」等五種官職，以官職性質及作用與五行相配，按照〈五行相生第五十八〉所定義之「五官」權責與質性，依次是：

表三之 2：整理自〈五行相生第五十八〉

官職名稱	相配五行	質性	權 責	典範與事蹟
司農	木	尚仁	進經術之士，道之以帝王之路，將順其美，匡捄其惡，執規而生，至溫潤下，知地形肥磽美惡，立事生則，因地之宜。	召公。 親入南畝之中，觀民墾草發淄，耕種五穀，積蓄有餘，家給人足，倉庫充實。
司馬	火	尚智	進賢聖之士，上知天文，其形兆未見，其萌芽未生，昭然獨見存亡之機，得失之要，治亂之源，豫禁未然之前，執矩而長，至忠厚仁，輔翼其君。	周公。 成王幼弱，周公相，誅管叔蔡叔，以定天下，天下既寧以安。
司營	土	尚信	卑身賤體，夙興夜寐，稱述往古，以屬主意，明見成敗，微諫納善，防滅其惡，絕源塞隙，執繩而制四方，至忠厚信，以事其君，據義割恩。	太公。 應天因時之化，威武強禦以成。
司徒	金	尚義	臣死君，而眾人死父，親有尊卑，位有上下，各死其事，事不踰矩，執權而伐，兵不苟克，取不苟得，義而後行，至廉而威，質直剛毅，	子胥。 伐有罪，討不義，是以百姓附親，邊境安寧，寇賊不發，邑無獄訟則親安。
司寇	水	執法	司寇尚禮，君臣有位，長幼有序，朝廷有爵，鄉黨以齒，升降揖讓，般伏拜謁，折旋中矩，立則磬折，拱則抱鼓，執衡而藏，至清廉平，賂遺不受，請謁不聽，據法聽訟，無有所阿	孔子。 為魯司寇，斷獄屯屯，與眾共之，不敢自專，是死者不恨，生者不怨，百工維時以成器械，器械既成，以給司農。

　　在五官職權定義中，以官職屬性與五行相配，架構出理想「五官」的權責與作用。「司農」之職與「木」相配，質性「仁」，表示此職務必須以寬仁為本，撫恤愛民，輔助人民生計，具體呈現天道生育長養萬物的功能。「司馬」則與火相配，其質性「智」，需鑑往知來，見微之著，輔佐君王平治國家，此官職之典範為周公，輔弼成王，攘除管蔡，安定天下。「司營」則與土相配，土居於五行最尊之地位，其德配「天」，故司營須輔佐並實踐君王治理天下的意志與作為，「卑身賤體，夙興夜寐」表示其具有「土」謙退自抑而勤苦的性質。而「司徒」則與「金」相配，為尚義之官，以天道殺伐的法則，執兵以

討伐不道;「司寇」則是禮官,質性與「水」相配,其使國家儀典有度、倫理有序。

這套官制體系並非董氏獨創,《荀子‧王制》曰:「司徒知百宗、城郭、立器之數。司馬知師旅、甲兵、乘白之數。……相高下,視肥墝,序五種,省農功,謹蓄藏,以時順脩,使農夫樸力而寡能,治田之事也。……抃急禁悍,防淫除邪,戮之以五刑,使暴悍以變,姦邪不作,司寇之事也。」〔註83〕早以司徒掌內政,司馬掌兵、制田掌農事,而司寇掌刑獄;《周禮》官制亦有類似記載,其中與董氏五官重複者有「司馬」、「司徒」、「司寇」。《周禮‧夏官司馬》曰:「惟王建國,辨方正位,體國經野,設官分職,以爲民極。乃立夏官司馬,使帥其屬而掌邦政,以佐王平邦國。」〈地官‧司徒〉曰:「惟王建國,辨方正位,體國經野,設官分職,以爲民極。乃立地官司徒,使帥其屬而掌邦教,以佐王安擾邦國。」〈秋官‧司寇〉曰:「司寇之職,掌建邦之三典,以佐王刑邦國、詰四方:一曰刑新國用輕典,二曰刑平國用中典,三曰刑亂國用重典。」〔註84〕在《周禮》的體制架構下,司馬與「夏」相配而掌管國政,司徒與「地」相配以掌理邦教,司寇則與「秋」相配掌管典刑,這與董氏理論並不相同;然而其皆具有以天道秩序爲根源而架構官制的特質。此外,漢代「司農」的職務襲秦代治粟內史而來,主要爲掌管穀貨糧秣,《漢書‧百官公卿表》曰:「治粟內史,秦官掌穀貨,有兩丞,景帝後元年,更名大農令,武帝太初元年更名爲大司農。屬官有太倉、均輸、平準、都內、籍田五令丞,斡官、鐵市兩長丞。又郡國諸倉農監、都水六十五官長丞皆屬焉。」這雖與董氏所論的「司農」職權雖有重疊之處,但其「司農」負責統管人民一切農事生產,並輔佐君王立事生則,故其職權應高於西漢實際的司農官職。

由以上所論,可知董氏所架構的五官職權,爲一理想性的官制,其透過相生的理論,使五官相互配合與協助;而又透過相勝的理論,使五官彼此監督,強調國家官職職權的道德性,與以天道爲根源的合法性,使國家職權分明,百官秩序和諧。

〔註83〕 見〔清〕王先謙校注《荀子集解‧卷五‧王制》(收入《諸子集成》),(北京:中華書局,1954年出版,2006年重印),頁106、107。

〔註84〕 見〔漢〕鄭玄注、〔唐〕賈公彥疏《周禮注疏‧卷二十八‧司馬》、〈卷九‧地官‧司徒〉、〈卷三十四‧秋官‧司寇〉,頁429、139、516。

（3）五行變救

除了以上所論之外，「五行救變」為以五行推導人事理論中的重要概念，其賦予災異以「五行」運行為核心的天道根源，並從君王之德與五行相生相勝的理論，解決災異現象。《春秋繁露》以五行理論為基礎，論述五行之氣相干涉所發生的災異現象，〈治亂五行第六十二〉曰：

> 火干木，螫蟲蚤出，蚖雷蚤行；土干木，胎夭卵毈，鳥蟲多傷；金干木，有兵；水干木，春下霜。
>
> 土干火，則多雷；金干火，草木夷；水干火，夏雹；木干火，則地動。
>
> 金干土，則五穀傷有殃；水干土，夏寒雨霜；木干土，倮蟲不為；火干土，則大旱。
>
> 水干金，則魚不為；木干金，則草木再生；火干金，則草木秋榮；土干金，五穀不成。
>
> 木干水，冬蟄不藏；土干水，則螫蟲冬出；火干水，則星墜；金干水，則冬大寒。

引文所論螫蟲蚤出、蚖雷蚤行、胎夭卵毈、夏雹、地動、大旱、星墜、大寒等所有災異現象，與〈王道第六〉中董氏所提出《春秋》所載之災異現象多所符合：

> 日為之食，星賈如雨，雨螽，沙鹿崩，夏大雨水，冬大雨雪，賈石于宋五，六鷁退飛，賈霜不殺草，李梅實，正月不雨，至於秋七月，地震，梁山崩，壅河，三日不流，晝晦，彗星見于東方，孛于大辰，鸛鵒來巢，《春秋》異之，以此見悖亂之徵。

《春秋》將星墜、大雨雪、地震、蟲災等災異現象，皆推諸於君王失德，而上文所提出的「五行相干」，則為這些災異現象建構出以天道運行法則的形上根據，所謂「干」，蘇輿引黃震釋曰：「言相干則災」，[註85]而解決五行相干所發生的災異現象，則需要「君王之德」的修為與落實。〈五行變救第六十三〉明白論曰：

> 五行變至，當救之以德，施之天下，則咎除；不救以德，不出三年，天當雨石。木有變，春凋秋榮，秋木在，春多雨，此繇役眾，賦斂重，百姓貧窮叛去，道多饑人；救之者，省繇役，薄賦斂，出倉穀，

〔註85〕見〔清〕蘇輿校注《春秋繁露義證・王道第六》，頁383。

振困窮矣。

引文首句「五行變至，當救之以德」表示君王德行與落實於政令上之道德實踐，爲解決災異的主要方式，這回應前文筆者所論，君王必須符合意志天以「仁」爲核心的絕對道德意志。以「木」爲例，木與春相配，故春時木氣應最旺盛，若木氣質性變異，則春日木氣不旺，而秋日應金氣最旺，金氣卻反被木氣所勝（五行規律原爲金勝木），而造成木氣「春凋秋榮」的狀況，董氏將造成木氣變異的主因，歸咎於「繇役眾，賦斂重，百姓貧窮叛去，道多饑人」，君王失德，導致百姓困窮，只能透過「省繇役，薄賦斂，出倉穀」的道德反省與實踐，才能解除國家災異現象。

透過以上所論，可知《春秋繁露》所架構的五行理論，並非用於宇宙自然現象的觀察與解釋，而主要用於推導人事，其中君王道德性的治理措施，成爲五行變救理論中的核心概念。

三、小　結

從以上《春秋繁露》之本體論與宇宙論的探討中可知，董氏是以「意志天」運使陰陽五行之氣，以化生四時與萬物；其中所透顯出的天道意志，是以「仁」爲核心的絕對道德意志。因此，這一套縝密的氣化宇宙論之作用，並不像是《呂氏春秋》與《淮南子》著重於四月星辰的運行軌跡與天道規律，而是要爲君王與其政令設立完整的形上根源。陰陽五行之氣依循天之絕對道德意志生化長養萬物，表示君王亦須修養擴充內在德行，在國家治理與政令推展的各個面向，進行道德實踐。若君王不遵行天道規則，天就會降下災異警示君王，這在《呂氏春秋》與《淮南子》的天道理論中，是較不被突顯的面向，卻成爲《春秋繁露》天道觀的核心概念，此理論爲君王名實位份紮實的形上根基與合法性，亦爲國家社會倫理架構出尊卑有序、條理分明的秩序。

第三節　「春王正月」——天道觀爲君王位份之根據

前文已論述董氏以意志天向自然大連結之天道觀，以及陰陽與五行之氣的運行規律，此天道規律的架構，回應《春秋繁露》以「君王觀」爲核心的基源問題。董氏認爲，「王」之受命來自於「天」，君王之「名——實」皆來自天的擷選與賦予。

一、「王者以德受命」——以天道意志爲根據之君王名位

前文已討論過《春秋繁露》運用《春秋・隱公元年》：「元年，春，王正月」之文，認爲其微言在於「元」具有「天道爲人道本源」的意義。這種創造性的詮釋，表明作爲人道本源的「天」，能揀選君王，使君王受命而安定天下，〈玉英第四〉曰：

> 是故《春秋》之道，以元之深正天之端，以天之端，正王之政，以
> 王之政正諸侯之即位，以諸侯之即位正竟內之治。五者俱正，而化
> 大行

「以元之深正天之端，以天之端，正王之政」爲天道落實於君道，「王政」以下則是君道落實於治道。「《春秋》之道」爲整部《春秋》所論述的微言大義，「元之深」，何休解釋爲「元氣」，其於《春秋公羊解詁・隱公元年》注曰：「即位者，一國之始。政莫大於正始，故《春秋》以元之氣正天之端」〔註86〕《春秋繁露》未使用「元氣」一詞，而是以「渾淪之氣」作爲天化生萬物的根源。此句應是天以「渾淪之氣」作爲化生的端緒，而「以天之端，正王之政」則是王者受命後，應以天道運轉的理序作爲執政的法則，「諸侯即位」與「竟內之治」爲君王受命即位後，由內而外、由上而下的政治教化具體落實，只有「元」、「天」、「王」、「諸侯即位」、「竟內之治」五者皆端正落實，國家才能和順安康。此種論述爲董氏一貫之思想，《漢書・董仲舒列傳》所載〈天人三策〉詮釋「春，王正月」曰：

> 臣謹案《春秋》之文，求王道之端，得之於正，政次王，王次春。
> 春者，天之所爲也；正者，王之所爲也，其意曰：上承天之所爲而
> 下以正其所爲，正王道之端云爾。〔註87〕

君王的位份在於天之受命；換言之，只有「受命而王」的君王，才是眞正天命所歸的君王，而得天命的君王是以何種條件承受天命呢？董仲舒將此問題懸繫於先天的「血緣」與後天的「德行」上，並從上古至春秋史事提煉出一理想的「受命模式」。

（一）君王受命之核心條件——「血緣」與「德行」

首先在血緣關係上，董仲舒繼承《公羊傳》的解釋傳統，認爲「嫡長子」

〔註86〕見〔漢〕何休注、〔唐〕徐彥疏《春秋公羊傳注疏・隱公・元年》，頁10。
〔註87〕見〔漢〕班固撰、〔唐〕顏師古注《漢書・卷五十六・董仲舒傳》，頁2501。

在先天條件上，具有受命的權利。〈王道第六〉直接引用《春秋公羊傳・隱公元年》之論曰：「立適以長不以賢，立子以貴不以長，立夫人以適不以妾，天子不臣母后之黨，親近以來遠，未有不先近而致遠者也。」〈觀德第三十三〉亦曰：「親等，從近者始；立適以長，母以子貴先。」〈王道第六〉與〈觀德第三十三〉二文，皆將「道」與「德」上推於天道，〈觀德〉篇首曰：「天地者，萬物之本，先祖之所出也，廣大無極，其德昭明，眾知類也，其福無不也炤也；地出至晦，星日爲明不敢闇，君臣、父子、夫婦之道取之此。」「立嫡長子」的法理是以天之意志與運轉法則爲根源，故「嫡長子」具備承受天命的先決條件。要特別注意的是，漢代君王多非嫡長子，如文帝是「高祖中子也」，〔註88〕景帝亦爲「孝文之中子也」，〔註89〕武帝則爲「孝景中子也」，〔註90〕董氏則將漢代已繼位的君王，當成「已受命」而即位的事實，並不討論君王血緣的排序問題，如其於〈天人三策〉論武帝即位曰：「今陛下貴爲天子，富有四海，居得致之位，操可致之勢，又有能致之資，可謂誼主矣。」又曰：「今陛下并有天下，海內莫不率服，廣覽兼聽，極群下之知，盡天下之美，至德昭然，施于方外，夜郎康居，殊方萬里，說德歸誼，此太平之致也。」〔註91〕可見董仲舒是將武帝受命當成事實，並以聖君之德行期許與輔佐之。至於《春秋繁露》所貶抑的非嫡長子即位而敗亂國家之例證，都是根據《春秋》所載的歷史事件給予道德性的評判，期能提煉出有益於漢代國家政治的法度。是故，〈玉英第四〉使用「危」字，認爲「非其位而即之」的君王並非眞正受命之王：

> 非其位而即之，雖受之先君，《春秋》危之，宋繆公是也；非其位，
>
> 不受之先君，而自即之，《春秋》危之，吳王僚是也。

第一段史事援引《春秋公羊傳・隱公三年》，繆公得位於其兄宣公，然而宣公違反周代父死子繼的嫡長子繼位傳統，而使用商代初期兄終弟及的方式傳位予其弟繆公，繆公對自身的定位爲「攝」，何休《解詁》定義曰：「暫攝行君事，不得傳與子也。」〔註92〕既爲攝位，則流放二子馮與勃，傳位宣公之子與夷，然而在《公羊傳》的解釋下，這種做法違反「君子大居正」的軌則，何休《詁》曰：「名修法守正最計要者也」，而徐彥《疏》曰：「言由是之故，

〔註88〕見〔漢〕司馬遷著《史記・卷十・孝文本紀》，頁413。

〔註89〕見〔漢〕司馬遷著《史記・卷十一・孝景本紀》，頁439。

〔註90〕見〔漢〕司馬遷著《史記・卷十二・孝武本紀》，頁451。

〔註91〕見〔漢〕班固撰、〔唐〕顏師古注《漢書・卷五十六・董仲舒傳》，頁2503。

〔註92〕見〔漢〕何休注、〔唐〕徐彥疏《春秋公羊傳注疏・隱公三年》，頁29。

君子之人，大其適子居正，不勞違禮而讓庶也。」〔註93〕二者皆是依循《公羊傳》與董氏「嫡長子受命」的詮釋傳統所提出的論證。第二段引文則出自《春秋公羊傳‧襄公‧二十九年》，吳子有嫡子謁、餘祭、夷昧與季子四人，季子有德而吳子悅之，謁等三人依次即位後，庶長子僚即位，後闔廬使專諸刺殺，而季子出奔，不願即位。公子僚非嫡長子而又非受之先君，故董氏認爲其「自即之」，而進行道德批判。由以上二則對史事的詮釋可知，董氏在先天的血緣關係上，認爲嫡長子有受命即位的權柄。

其次爲「德行」。與血統相較，「德行」所強調的是後天人文化成的教育所培養而成的道德。在董氏以春秋公羊學爲核心的君王觀中，君王以「德行」受命的條件較「嫡長子」的身分效力來的強，非嫡長子或因革命而繼位的君王，只要具備並實踐仁、義等德行，天皆會擇選之，使其成爲受命之聖王。〈觀德第三十三〉曰：

> 泰伯至德之侔天地也，上帝爲之廢適易姓而子之讓，其至德海內懷歸之，泰伯三讓而不敢就位，伯邑考知群心貳，自引而璫，順神明也。至德以受命，豪英高明之人輻輳歸之，高者列爲公侯，下至卿大夫，濟濟乎哉！

此段史事，在先秦典籍中，幾無完整記載。傳世文獻最早關於泰伯德行的稱美，見於《論語‧泰伯》：「子曰：『泰伯，其可謂至德也已矣！三以天下讓，民無得而稱焉。』」〔註94〕根據與董氏生平相差未遠，且師事之的司馬遷於《史記‧周本紀》的記載，可看出泰伯之至德：

> 古公有長子曰太伯，次曰虞仲。太姜生少子季歷，季歷娶太任，皆賢婦人，生昌，有聖瑞。古公曰：「我世當有興者，其在昌乎？」長子太伯、虞仲知古公欲立季歷以傳昌，乃二人亡如荊蠻，文身斷髮，以讓季歷。〔註95〕

泰伯爲古公（周太王）嫡長子，有受命的先天條件，然而太王見其弟季歷之子昌有身爲聖王的瑞徵，〔註96〕希望傳位於季歷，使姬昌得以繼位。泰伯與

〔註93〕 同前注，頁 29。

〔註94〕 見〔魏〕何晏集解、〔宋〕邢昺疏《論語注疏‧泰伯第八》，（清）阮元校，嘉慶二十年江西南昌府學開本），（台北：藝文印書館，1989 年出版），頁 70。

〔註95〕 見〔漢〕司馬遷著《史記‧卷五‧周本紀》，頁 115。

〔註96〕 見《春秋繁露‧三代改制質文第二十三》：「天將授文王，主地法文而王，祖錫姓姬氏，謂后稷母姜原，履天之跡，而生后稷，后稷長於邰土，播田五穀，

其弟虞仲自願斷髮文身，讓國於季歷。同樣的情況也發生於姬昌之嫡長子伯邑考身上，文王姬昌雖希望依照先天血緣關係，立伯邑考爲君，然而其弟姬發的德行卻使萬民歸服，因此伯邑考自願讓位於姬發。在董仲舒的解釋中，泰伯與伯邑考的讓位，背後皆有「天命」在焉，在絕對的道德意志擇選下，「至德以受命」成爲最高標準，泰伯之德有二面向，其一爲了解「周」將因季歷之子姬昌而繁榮昌盛，其二爲「讓國」的道德實踐，使「天」（上帝）作出「廢嫡易姓」的決定，非嫡長子的季歷與姬昌才得以即位。

　　除了從商、周史事論述君王「以德受命」的概念之外，董氏亦從春秋公羊學中舉證，認爲君王後天之德行可以彌補得位不正之罪，〈玉英第四〉論曰：

> 故齊桓非直弗受之先君也，乃率弗宜爲君者而立，罪亦重矣，然而知恐懼，敬舉賢人而以自覆蓋，知不背要盟，以自湔浣也，遂爲賢君，而霸諸侯。

「桓公入齊即位」之事載於《春秋・莊公・九年》：「齊小白入于齊。」《公羊傳》釋曰：「曷爲以國氏？當國也。其言入何？篡辭也。」認爲孔子素王之筆，使用「入」字貶絕齊桓公得位不正，董氏循著「篡辭」之義，認爲齊桓之位不受之先君，而爲重罪。依照「意志天」的運行法則，齊桓公應受到災異亡國的懲罰，然而齊桓公「知恐懼，敬舉賢人」的作爲，覆蓋其得位不正之罪。在董仲舒以天道觀爲基礎的哲學論點中，君王任何稱霸或王天下的作爲，皆有「天意」在背後做道德性的獎懲判斷，因此齊桓公稱霸諸侯亦有「天之意志」作爲合理根據。

　　從以上論述可知，「天──君」關係爲一以德對話的開放性架構，天以絕對的道德意志擇選君王，君王若無得就會遭受災異、導致自身失位，甚而亡國，如〈順命第七十〉所論：「天子不能奉天之命，則廢而稱公，王者之後是也。」表示因天子無德而違反天道理序，不僅使自身失位，亦使後代子孫失去王位繼承的權利；然而，君王若本非受命之君，亦可以憑藉自身道德實踐彌補得位不正之罪，「天」會扭轉意志，降福予其國與君，因此「君──天」之關係維繫於「君」的德行上。

（二）理想的受命模式與典範

　　董氏認爲，君王之「德」爲受命之主要原因，從「人道」上言之，即君

至文王形體博長，有四乳而大足，性長於地文勢。」表示在董氏理論中，文王具有「形體博長、四乳、大足」等瑞徵，爲承受天命的君王。

王承受天命之前必須先具備德行，從「天道」上說，「天」會透過「瑞徵」彰顯自身的揀選。董氏從史事中，論述並架構一理想的受命模式，君王在「天」的授予下，合理、合法地即位，即位後以德行治理天下，「天」則施予祥瑞，使萬民歸順，國家富強安康。

> 四法修於所故，祖於先帝，故四法如四時然，終而復始，窮則反本，四法之天，施符授聖人王法，則性命形乎先祖，大昭乎王君。故天將授舜，主天法商而王，祖錫姓爲姚氏，至舜形體，大上而員首，而明有二童子，性長於天文，純乎孝慈。天將授禹，主地法夏而王，祖錫姓爲姒氏，至禹生發於背，形體長，長足肵，疾行先左，隨以右，勞左佚右也，性長於行，習地明水。天將授湯，主天法質而王，祖錫姓爲子氏，謂契母吞玄鳥卵生契，契先發於胷，性長於人倫，至湯體長專小，足左扁而右便，勞右佚左也，性長於天光，質易純仁。天將授文王，主地法文而王，祖錫姓姬氏，謂后稷母姜原，履天之跡，而生后稷，后稷長於邰土，播田五穀，至文王形體博長，有四乳而大足，性長於地文勢。（〈三代改制質文第二十三〉）

> 五帝三王之治天下，不敢有君民之心，什一而稅，教以愛，使以忠，敬長老，親親而尊尊，不奪民時，使民不過歲三日，民家給人足，無怨望忿怒之患、強弱之難，無讒賊妒疾之人，民修德而美好，被髮銜哺而游，不慕富貴，恥惡不犯，父不哭子，兄不哭弟，毒蟲不螫，猛獸不搏，抵蟲不觸，故天爲之下甘露，朱草生，醴泉出，風雨時，嘉禾興，鳳凰麒麟遊於郊，囹圄空虛，畫衣裳而民不犯，四夷傳譯而朝，民情至樸而不文，郊天祀地，秩山川，以時至封於泰山，禪於梁父，立明堂，宗祀先帝，以祖配天，天下諸侯各以其職來祭，貢土地所有，先以入宗廟，端冕盛服，而後見先，德恩之報，奉先之應也。（〈王道第六〉）

首段引文以舜、禹、湯、文王等古聖王爲例，架構一「聖王受命」的典範。四法代表「商──夏──質──文」等四種君王政道循環的質性，表明「政道循環」以天地四時的運行爲形上根據，歷史的更迭轉變皆掌控於天之意志下，此歷史哲學的概念，筆者將於第五章詳述，此處筆者先論述君王受命模式。舜、禹、湯、文王四位君王受命之前，天即「順承」其四位君王先祖的稟賦質性，而賦予其先天瑞徵，並具體體現於身形體貌上。以湯爲例，天爲

了擬選湯爲君王，使其依循天道規律而「主天法質」，故使順承湯之先祖得瑞徵於天之玄鳥，並「長於人倫」的質性，使其先天體貌「體長專小，足左扁而右便」，並具有「長於天光，質易純仁」的先天氣秉性徵；而文王亦然，具有絕對道德意志的「天」爲了擬選文王爲君王，使其依循天道循環的規律而「主地法文」，故此順承文王先祖得瑞徵於后土（「姜原履天之跡」），並善於農耕（「后稷長於邰土」）的質性，使他先天體貌上「博長，有四乳而大足」，又具備「長於地文勢」的稟賦。董氏創造性地解釋商與周的感生神話，並將之運用於聖王受命的先天瑞徵上，彰顯「天意」的擬選，並表彰君王名位以天爲根源的神聖性。

　　君王受命後，應以德治國，將國事之處理作爲道德實踐的首要目的。在第二段引文中，「五帝」與「三王」的名號共見於〈三代改制質文第二十三〉：「是故周人之王，尚推神農爲九皇，而改號軒轅，謂之黃帝，因存帝顓頊、帝嚳、帝堯之帝號，絀虞，而號舜曰帝舜，錄五帝以小國」，「故聖王生則稱天子，崩頡則存爲三王，絀滅則爲五帝，下至附庸，絀爲九皇，下極其爲民，有一謂之三代，故雖絕地，廟位祝牲，猶列于郊號，宗于代宗。」「三王」與「五帝」的名號會隨著朝代的更迭而改變，若以受命爲素王的孔子爲基準點，「三王」即孔子受命前的夏禹、商湯、周文王三代開國君王，而五帝則爲夏禹之前的「黃帝、顓頊、帝嚳、帝堯、帝舜」等五代上古君王；引文中，無法看出其基準點爲何，故五帝與三王可籠統釋爲「上古受命的聖王」。這些君王受命後，以具體的道德實踐治理國家，使人民富而好禮，和樂安康，並遵循實踐親親、尊尊的儒家核心倫理概念；天意即降祥瑞，賜福予君王、國家與人民，而君王則舉行郊祭之禮，回報天的賜予，最後達到的境界是四海諸侯歸服而萬邦效命，董氏將此治積，推原於「奉先之應」的成果，即君王受命後，應以天道之「仁」與運行規則治理天下，開啓「君——天」之間以「德行」爲核心的對話空間，則天就會以其道德意志降下祥瑞，賜福國家，使國家、君王、人民三者皆能和順安樂。

二、名實相符之君王定義

　　君王既以「嫡長子名份」或「德行」受命，則其名與實皆須符合「君王」定義，董氏認爲一切「名號」皆爲聖人依據「天意」所制定，具體體現宇宙萬物的名份與意義〈深察名號第三十五〉曰：

名之爲言鳴與命也，號之爲言謞而效也，謞而效天地者爲號，鳴而
命者爲名，名號異聲而同本，皆鳴號而達天意者也。天不言，使人
發其意；弗爲，使人行其中；名則聖人所發天意，不可不深觀也。

名生於眞，非其眞弗以爲名。名者，聖人之所以眞物也，名之爲言
眞也。

第一段引文中，董氏使用聲訓定義名與號，所謂名，本源於萬物所發出的「鳴
聲」，而萬物皆爲天以陰陽五行之氣所化生，故「鳴聲」爲天所賦予；「號」，
盧文昭引《集韻》校曰：「大嗥」，〔註97〕郭象《莊子注・齊物論》亦曰：「謞
者，如箭鏃頭孔聲……亦【猶】人秉賦不同，種種差異，率性而動，莫不均
齊」，〔註98〕故引文之「謞」應爲天所授與之號叫聲，爲「號」的來源。因此
「名」與「號」聲音相異，而根源相同。聖人體察天意，依據萬物原本的聲
音而「如其實」地命名。因此，名與號被賦予天道根源與聖人創制二重神聖
意義。

「君」之名與萬物之名相同，皆出於天意，爲天所授與，則「君」之名
背後，必指向符合其名之實質內涵，〈深察名號第三十五〉曰：

深察王號之大意，其中有五科：皇科、方科、匡科、黃科、往科；合
此五科以一言，謂之王。王者，皇也，王者，方也，王者，匡也，王
者，黃也，王者，往也。是故王意不普大而皇，則道不能正直而方；
道不能正直而方，則德不能匡鉉周遍；德不能匡鉉周遍，則美不能黃；
美不能黃，則四方不能往；四方不能往，則不全於王。故曰：天覆無
外，地載兼愛，風行令而一其威，雨布施而均其德，王術之謂也。

察君號之大意，其中亦有五科：元科，原科，權科，溫科，群科：
合此五科以一言，謂之君。君者，元也，君者，原也，君者，權也，
君者，溫也，君者，群也。是故君意不比於元，則動而失本；動而
失本，則所爲不立；所爲不立，則不效於原；不效於原，則自委舍；
自委舍，則化不行；用權於變，則失中適之宜；失中適之宜，則道
不平、德不溫；道不平、德不溫，則眾不親安；眾不親安，則離散
不群；離散不群，則不全於君。

〔註97〕盧文昭之解釋，不見於蘇輿《春秋繁露義證》，筆者引自鍾肇鵬編之《春秋繁
露校釋（下）》，（河北：河北人民出版社，2005年出版），頁648。
〔註98〕見〔清〕郭慶藩著《莊子集釋（第一冊）・齊物論》，頁48。

董氏將「王」與「君」的定義分開，然而二者所指內涵，皆爲「受命之君」，其使用聲訓的方式解釋「王」與「君」二名。在「王」的定義上，「皇」「方」、「匡」、「黃」、「往」論述一君王的政教落實的「過程」。王者意念與政令應光明皇大（皇），皇大後即能直道而治（方），直道治之則能使君王之德普及萬方（匡），王德普及即能「黃」，「黃」於五行中配「土」，土則以「地」之義與「天」相對應，王道「黃」即王道臻於至善而能配天，王德與天應合之後，則普天之下，萬方人民即會歸順服從（往）。這個過程首重王者之「德」，表示「王」之名背後應有「德」之實，若無德之實，則不可具有「王」之名。

「王」之名背後突顯出以「德」爲本的政教落實，「君」之名背後則彰顯出一國之「首」以天道爲根源，而落實於政教的概念。「元」、「原」、「權」、「溫」、「群」亦爲一落實過程。首先，君爲一國之「元」，前文已提及「元」的意義爲天道端緒，故君應以天道爲其位份根源，才能「原」，〈玉英第四〉釋「原」曰：「原，猶元也，其義以隨天地終始也。」，故君王應體察天意生生化育之道而以仁義長養人民。若不以天道之經──「仁義」教化人民，則需用「權」補救，然而「權」僅爲救變之法，若君王常以權變治事，則會失去君應然具備的「溫德」，若君王失德，則人民不能「群」服於君。

這兩段君王之「名」以「德」爲其「實」的政教落實過程，最高境界在於使萬民歸服安康，即君王若不能以德使人民「群」與「往」，即失去「君」之實，此種論點遍見於《春秋繁露》中，〈滅國上第七〉明言曰：「王者，民之所往。故能使萬民往之，而得天下之羣者，無敵於天下也。」這種以德使民歸往的論述，與《春秋公羊傳》「大一統」的論點相爲表裏。所謂「大一統」，《春秋公羊傳・隱公・元年》釋曰：「元年者何？君之始年也。春者何？歲之始也。王者孰謂？謂文王也。曷爲先言王而後言正月？王正月也。何言乎王正月？大一統也。」歷來學者多將「大一統」解釋爲中央集權的理論架構，如周桂鈿於其《秦漢哲學》中認爲，董氏將公羊傳「一統曆法」的概念擴大爲一統國家各項制度：

> 而在董仲舒那裡，大一統思想也就大大豐富了。一是反對諸侯分裂割據，二是加強中央集權……三是要將全國思想統一于孔子儒學。
>
> 這三方面也就是領土完整，統一政治，統一思想。〔註99〕

吳清輝於《董仲舒的春秋大一統思想研究》一書中，提到「大一統」包含「政

〔註99〕見周桂鈿著《秦漢哲學》，（湖北：武漢出版社，2006 年出版），頁 80。

治一統」與「思想一統」；〔註100〕李新霖《春秋公羊學要義》則論曰：「公羊傳大一統之義，在於使天下定於一。此可分從兩方面言之：及就一統之形式言，乃一統之天下；就一統之人物言，唯有定於一尊之王者。」〔註101〕此二者皆從國家政治之一統而論，然而若以「君王」本身爲核心出發，則大一統的根源應源於君王本身的德行，而「大一統」的實際制度與作爲，乃是君王的道德實踐，如〈立元神第十九〉曰：

> 天地人，萬物之本也，天生之，地養之，人成之；天生之以孝悌，地養之以衣食，人成之以禮樂，三者相爲手足，合以成體，不可一無也……。明主賢君，必於其信，是故肅愼三本，郊祀致敬，共事祖禰，舉顯孝悌，表異孝行，所以奉天本也；秉耒躬耕，採桑親蠶，墾草殖穀，開闢以足衣食，所以奉地本也；立辟雝庠序，修孝悌敬讓，明以教化，感以禮樂，所以奉人本也；三者皆奉，則民如子弟，不敢自專，邦如父母，不待恩而愛，不須嚴而使，雖野居露宿，厚於宮室，如是者，其君安河而臥，莫之助而自強，莫之綏而自安，是謂自然之賞，自然之賞至，雖退讓委國而去，百姓襁負其子，隨而君之，君亦不得離也，故以德爲國者，甘於飴蜜，固於膠漆，是以聖賢勉而崇本，而不敢失也。

周氏所論述達成大一統的國家制度，都被董仲舒賦予道德實踐的理想性意義，如「將全國思想統一于孔子儒學」，其實就是廣立學校，教化百姓，使人民具備孝悌忠信的德行；而董氏最終要達到的目的，就是自然而然地使民順臣，臣順君，君順天，而「大一統」的目標則在這個「天——君——民」的教化系統中自然呈現。君王如何教化百姓、制定制度，自己就要先被教化與引導（君王的仁義修養將於下章論述），亦須順承「天」所運行的法則，如此方爲董仲舒定義「名——實」相符之君王。

三、小　結

從以上所論可知，君王受命的根源在於「天」之道德意志，君王位份的

〔註100〕見吳清輝著《董仲舒的春秋大一統思想研究》（台北：國立台灣師大國文所碩士論文，1998年，指導教授：陳師麗桂教授），「政治一統」與「思想一統」爲吳氏解釋「大一統」之重要概念。

〔註101〕見李新霖著《春秋公羊傳要義・正統論》，（台北：文津出版社，1989年出版），頁54。

來源在於「天」之揀選，天則是透過「血緣」與「德行」二者選任合宜的君王。在《春秋繁露》中，「嫡長子」的血緣並非其所論焦點，君王之「德行」才是理論架構的核心。它肯定「有位者須有德」，君王必須不斷進行道德修養與實踐，才能獲得意志天之降福。《春秋繁露》亦提出「名實相符」的概念，認爲「君王」之「名」背後，應具備君王之「實」，君王應以天志之「仁」作爲其實際內涵。職是，所謂「大一統」並不僅是君王統治的意志與政令之貫徹，而是君王以德行效法天道、治理百姓，使萬邦歸服的道德實踐，此理論將君王之德、位、名、實統合起來，以天道意志與運行規律爲根源，架構出一德行完全，而受天降福的理想君王樣貌。

第四章 君王之修養觀——春秋公羊學與 黃老思想之綰合

第三章已詳細論述董仲舒以天道爲君王位份根據的概念，強調君王「以德受命」的理論，認爲意志天憑藉自身絕對的道德意志撿選有德者爲君王。然而這種理想的受命狀態，並非每一位君王都能達成。即使以德受命的君王，都應在受命即位之後，對自身進行道德修養與實踐，成爲「名實」相符的理想君王，才能落實於國家政治的治理上。

因此，在《春秋繁露》中，董氏從春秋公羊學爲核心的儒學思想與黃老思想兩個角度出發，爲君王架構一縝密的修養方法。在天人相應的哲學背景下，以天道法則作爲人性根源，架構出一個包含「心——性——情」的內在意識與臟腑骨骼等身體構造的「整全人性」，再針對此整全人性進行完整的修養，成爲綰合春秋公羊學爲核心的儒學教化與黃老思想爲基礎的形神修養觀；此二條修養途徑，皆以「聖人」境界爲終極目的，而成爲「聖王」。

本章分三節，第一節論述《春秋繁露》的整全人性，第二節則探究以《春秋》爲六藝核心之君王德行陶冶，第三節則探討董氏黃老思想下的「形——神」修養觀，希冀能如實呈現董氏哲學中君王的修養理論。

第一節 《春秋繁露》之整全人性論

董仲舒的「人性論」爲董氏哲學的重要論題，學界多針對〈深察名號第三十五〉與〈實性第三十六〉進行研究，且已有豐碩的成果，其一爲董氏「人性論」循著「生之謂性」之義，認爲人初生的自然質樸之性，同樣具有善惡

—101—

二種質性，並非全然純善，如范學輝即以董氏人性論爲「天賦善惡論」，〔註1〕周桂鈿則認爲「董仲舒論人性，主要批駁孟子的性善論，他反覆強調『性未善』」，並從「正名」、「聖人的言論」與「天道權威」三角度批駁孟子思想」；〔註2〕其次，董氏人性論以天道爲根源，認爲天有陰陽二氣，人性亦有善惡二種傾向，徐復觀先生特別突顯此概念，認爲：「董氏的心，沒有從認知的方面顯出來，也沒有從到的方面顯出來，較之孟荀，都缺乏主宰的力量，何以會如此？這是受他的天的哲學的影響。」〔註3〕天藉由陰陽二氣生化長養萬物，在天人相應的哲學架構下，人之善質對應陽氣，惡質則對應陰氣，故人性亦有善惡二種質素；再次，人性需要王道教化才能具體突顯其善質，王永祥則特別突顯董氏「王教」思想，引述《春秋繁露·深察名號第三十五》「王承天意，已成民之性爲任者也」，認爲「只有經過聖人（包括王者）之教，民性才能爲善。」〔註4〕

此三項論點確爲董氏人性論之核心概念，然而其中多有可探討之處；「人性論」涵括範圍爲何？董氏之心、性、情的內在意識與臟腑骨骼等身體構造皆爲天道透過陰陽之氣所化生，學界多以「心——性——情」構造的核心人性論爲探索角度，而較少探討心性情三者與身體構造的關聯，若從此角度出發，以〈深察名號第三十五〉與〈實性第三十六〉爲主要文本的人性論探討，似有所不足。因此，筆者企圖透過整部《春秋繁露》對身體構造與心性理論的論述，呈現出董氏整全的人性理論。

一、「心性」理論

首先，董仲舒整全人性論的核心在於「心——性——情」三者所建構的理論，此三者所指涉的意義雖不同，其作用卻互相連結，構成一縝密的人性論網絡，以下，筆者分爲「性」、「情」、「心」三部分詳細討論。

〔註1〕 見曾振宇、范學輝等著《天人衡中》，（河南：河南大學出版社，1998年出版），頁108。

〔註2〕 見周桂鈿著《董學探微·第三章·人性論》，（北京：北京師範大學出版社，1989年出版），頁81～86。

〔註3〕 見徐復觀著《增訂兩漢思想史·卷二·先秦儒家思想的轉折及天的哲學的完成》，（台北：學生書局，1976年出版）頁400。

〔註4〕 見王永祥著《董仲舒評傳·第七章·待教而爲善的人性論》，（南京：南京大學出版社，1995年出版），頁259。

（一）性為「天質之樸」

牟宗三先生於《原善論》中定義「性」曰：「一個個體存在時所本具之種種特性即被名曰『性』」，〔註5〕董氏「性」的定義，在天人相應的哲學體系下，為人初生的質樸之性，即牟氏所言普遍之人存在即具的特性。〈深察名號第三十五〉曰：

> 栣眾惡於內，弗使得發於外者，心也，故心之為名，栣也。人之受氣苟無惡者，心何栣哉？吾以心之名得人之誠，人之誠有貪有仁，仁貪之氣兩在於身。身之名取諸天，天兩，有貪仁之性；天有陰陽禁，身有情欲栣，與天道一也。

> 故性比於禾，善比於米；米出禾中，而禾未可全為米也；善出性中，而性未可全為善也。善與米，人之所繼天而成於外，非在天所為之內也。天之所為，有所至而止，止之內謂之天性，止之外謂人事，事在性外，而性不得不成德。……今萬民之性，有其質而未能覺，譬如瞑者待覺，教之然後善。當其未覺，可謂有善質，而未可謂善，與目之瞑而覺，一概之比也。靜心徐察之，其言可見矣。性而瞑之未覺，天所為也。

首先，董氏確立「人性」根源在於「天」，天透過陰陽二氣的施化，賦予人質性。前章已提及陽氣之質性為「善」，陰氣之質性為「惡」，故人之初生即具有「貪」、「仁」二種質樸的稟賦，在第二段引文中，董氏使用「禾」與「米」的比喻，論述人之善質從「性」發出，如同米從禾出一般。

先秦儒學即有「性之質純善」以及「性有為惡之可能」二種論述，〔註6〕

〔註5〕 見牟宗三著《圓善論·基本的義理》，（台北：台灣學生書局，1985年出版），頁5。

〔註6〕 在「孟告之辯」中即有有「生之謂性」與孟子「仁義禮智之性」二者的殊別，「生之謂性」是從人原初質樸之性的角度出發，以生理需求為性之內涵。學界常從孟荀之別討論儒家善性與質樸之性，如蔡仁厚《孔孟荀哲學》（台北：台灣學生書局，1990年出版）清楚提出孟荀人性論之不同理論，〈第二章·孟子的心性論〉曰：「性善，是孟子學說的核心，亦是對孔子之仁進一步的闡發與印證。但性善是生命中之事，它不是一種內容意義的義理論證。在性質上，他是反求諸己的生命的反省，在方法上，則是不離人倫日用而作一種親切的指點。」，頁193。而其於〈第三章·荀子的性論〉即從生之謂性的角度，論述荀子「以欲為性」的理論，其曰：「人若依循好利、嫉惡、耳目之欲，而不加師法之化，禮義之導，必迩作出爭奪、殘賊、淫亂之行。人順情性必為惡，這是以行為之惡反應人性之惡。」，頁391。徐復觀先生於《中國人性論史·

學界常認為董仲舒對荀子「性有為惡可能」的理論有繼承之處，〔註7〕其從氣化宇宙論的視角，賦予質樸之性一天道依據，並認為人若不加以修養教化，性即會依人本然欲望呈現惡之質性；針對此論題，徐復觀先生卻從「性之善端」為前提，提出不同看法：

> 董氏對性的基本認定，是善的不是惡的。〈玉杯〉：「人受命於天，有善善惡惡之性」。〈竹林〉：「正也者，正於天之為人性命也。天之為人性命，使行人義而羞可恥，非若鳥獸然，苟為生，苟為利也。」……這都是立基於性善以為言，與孟子性善之說，並無大差異。順著董氏性善而情惡的理路，若認定性是內而情是外，則性善的前提可以保持不變。但他站在「如其生之自然之資謂之性」的立場，便說「情亦性也」。於是性與而情是並列的關係，而不能如後儒分作內外先後來看待。因此董氏雖將性與情分而為二，而在用辭為一，於是他因「情亦性」，而不得不變動他性善的前提。〔註8〕

徐氏把握董仲舒「善善惡惡」之性的理論基礎，認為董氏之性情理論有一「性善情惡」的內在理路，但董氏將信與情渾淪合說，而改變其原本對「性善」的理論把持。然而筆者認為，董仲舒身處當代氣化宇宙論的思想環境中，在此前提下，人性本質依循天道而具有「仁」「貪」二種稟賦是相當合理的，「善」乃是因為針對人性「仁」的部分進行教化，而「惡」則來自不加修飾地突顯

先秦篇》中論孟荀之別曰：「孟子的大貢獻，在於徹底發顯了人類道德之心，而荀子的大貢獻，是使如家的倫理道德，得到了徹底客觀化的意義，並相當地發顯了人類認識之心。」（上海：上海三聯書店，2001年出版），頁229。可知孟荀人性理論具有「生之謂性」與「仁義禮智之性」義理之別，孟子即心言性，挺立人的道德主體性，荀子則凸顯人性本然之欲，而強調「善者偽也」的教化概念，彰顯「心」的認知學習作用。

〔註7〕 如周桂鈿於《董學探微‧人性論》中曰：「董仲舒對人性的看法跟荀子有許多相似之處，荀子給人性下的定義是：生之所以然者謂之性……董仲舒在《深察名號》篇中講了類似的思想：生之自然之資謂之性」，頁87～88。范學輝、曾正宇等著之《天人衡中》亦論曰：「人性就是生而具有的、先驗性的自然屬性，很顯然的，董仲舒這種考察人性論的方法與荀子、莊子比較接近」，頁109。荀子人性論強調「以欲為性」、「善者偽也」的理論，其是就人性本有之欲而言性，重視「化性起偽」的教化作用；董仲舒則偏向「質樸之性」具有為善與為惡二種傾向論述，從陽氣之「善」的天道理論，確立性之為善趨向，故董仲舒對荀子之理論有繼承與修改之處。

〔註8〕 見徐復觀著《增訂兩漢思想史‧卷二‧先秦儒家思想的轉折及天的哲學的完成》，頁404。

人性「貪」的質性。然而，徐氏之洞見，在於提出董氏是在仁貪二性的理論
架構下，把握「仁」的面向，加以突顯，呈現「人」與「萬物」的殊別，〈竹
林〉曰：「天之爲人性命，使行仁義而羞可恥，非若鳥獸然，苟爲生，苟爲利
而已。」表示人「性」最珍貴的價值，在於質樸之性中「仁」的部分。然而
卻不能從人本然所具有的「善質」推出「性爲純善」的論述；因此，〈實性第
三十六〉曰：「性者，天質之樸也。」這是董氏對「性」最清晰的定義，即人
之性爲初生的質樸之性，具有「爲善」與「爲惡」二種趨向。

　　在此理論下，董氏將「性」分爲上、中、下三等次，〈深察名號第三十五〉
論曰：「名性，不以上，不以下，以其中名之」；〈實性第三十六〉亦曰：「聖
人之性不可以名性，斗筲之性又不可以名性，名性者，中民之性。」表示性
雖普遍由陰陽二氣賦予，但人個別之「性」，隨著陰陽二氣的材質與分配比例
的不同，而有差異，蘇輿引《禮記正義・中庸》曰：「得其輕氣備者則爲聖人，
得其濁氣簡者爲愚人……」並曰：「然上智得天厚而清，則不墮於惡；下愚得
天薄而昏，則終自絕于善。故不可名性。上者不待教，下者不可教」，〔註9〕
「聖人之性」是最精純的陰陽之氣，不需引導就能發用本有之性的爲善趨向；
「斗筲之性」則被賦予質性最混濁之氣，是先天無法接受教化之人，而「中
民之性」則承受質性普通的陰陽之氣，需要透過教化，才能彰顯出質樸之性
的爲善趨向。

（二）「情」爲性之如實發用

　　原初質樸之性既包含「爲善」與「爲惡」二種可能，則「情」之定義與
質性爲何？而「性──情」關係又如何？〈深察名號第三十五〉曰：

> 是正名號者於天地，天地之所生，謂之性情，性情相與爲一暝，情
> 亦性也，謂性已善，奈其情何？故聖人莫謂性善，累其名也。身之
> 有性情也，若天之有陰陽也，言人之質而無其情，猶言天之陽而無
> 其陰也，窮論者無時受也。

前章已提及，在董氏天道理論中，陰陽二氣具體展現於四時運行規則，而人
喜怒哀樂之情則與四時相對應，如〈王道通三第四十四〉曰：「喜氣取諸春，
樂氣取諸夏，怒氣取諸秋，哀氣取諸冬。」「性」與「情」都以天之陰陽二氣
作爲根源。

〔註9〕　見〔清〕蘇輿校注《春秋繁露義證》，（收入《新編諸子集成》），（北京：中華
　　　　書局，2002 年出版），頁 300。

　　引文將「性情」與「陰陽」相對應，但在董氏理論中，並未架構「性——陽／情——陰」的理論，亦未強調「性善情惡」的概念，而是突顯「性」與「情」皆爲天透過陰陽二氣所賦予，人初生即具的素樸之質。牟宗三先生認爲孟子「乃若其情」之「情」具有「實」之義，即「人之爲人之實」，〔註10〕董氏之「情」亦有「實」的意涵，爲人「質樸之性」受外物影響所激發出的實狀，這種「一般情感」並不特別具備道德意涵，〈竹林第三〉曰：「夫目驚而體失其容，心驚而事有所忘，人之情也。」人面對驚嚇時，會依照實況發出「驚」之情；〈郊祭第六十七〉曰：「父母之喪，至哀痛悲苦也」人受到父母去世的影響，發出哀慟之實情，此「驚」與「哀」皆爲情之如實表達，呈現出原初之性的實貌。

　　此外，董氏還特別區分出「道德情感」與「一般情感」兩種概念，所謂道德情感，即人在道德教化與陶冶的過程後，人性呈現出的「善」之面向，而在道德實踐中，「自然而然」發出符合道德規範之真誠美善的情感。潘小慧於〈上博簡與郭店簡「性自命出」篇中「情」的意義與價值〉一文，將「本能的情」（或曰「生物之情」、「自然之情」）與道德情感互相區別，認爲：

> 「情」，爲儒者而言，或爲「人之所以爲人」而言，更重要的意義在於，它還是道德生命與道德實踐所立基的道德之情。也就是說「情」是自然之情，也是道德之情。「情」如果是自然之情，只要是「眞情」、「實情」，就無惡可言，有時還會有「性情中人」的美譽；「情」如果是道德之情，就是昇揚人性光輝的內在資源，是道德實踐的動能之一。〔註11〕

此種人在道德實踐後所發出真誠無僞的道德情感，爲董氏「情」論的重要面向：

> 天之生人也，使人生義與利，利以養其體，義以養其心，心不得義，不能樂；體不得利，不能安，義者，心之養也；利者，體之養也，體莫貴於心，故養莫重於義，義之養生人大於利。（〈身之養重於義第三十一〉）

> 衣服容貌者，所以說目也；聲音應對者，所以說心也，故君子衣服中而容貌恭，則目說矣；好仁而惡淺薄，就善人而遠僻鄙，則心說矣。故曰：「行思可樂，容止可觀。」此之謂也。（〈爲人者天第四十一〉）

〔註10〕見牟宗三著《圓善論‧基本的義理》，頁23。
〔註11〕見潘小慧著〈上博簡與郭店簡「性自命出」篇中「情」的意義與價值〉收入《輔仁學誌：人文藝術之部》29期（2002年7月），頁54。

首段引文提出以「義」修養「心」後，人會眞誠從內在自然而然發出「樂」之實情；第二段引文則透過內在與外在的道德修養，使「心」產生眞誠不虛妄的「悅」情，表示當人原初之性受到善的教化與陶冶後，就會自然而然地進行道德實踐，而在實踐中，產生眞誠的道德情感。

（三）制約與認知之「心」

人性既具有可能爲善的善端，情受到教化與陶冶後，又會感發出道德情感，董氏認爲，這是因爲「心」具有學習、感知與判斷的作用，能引發「性」之爲善趨向。首先，在氣化宇宙論的架構下，「心」與性情相同，皆爲陰陽二氣所化生並賦予其質性，然而此氣爲最純粹靈明之氣，所化生之心，具有統管各臟腑、官能的作用，〈人副天數第五十六〉曰：「心有哀樂喜怒，神氣之類也」、「心有計慮，副度數也」，〈循天之道第七十七〉曰：「凡氣從心，心，氣之君也，何爲而氣不隨也，是以天下之道者，皆言內心其本也。」〈天地之行第七十八〉則曰：「一國之君，其猶一體之心也，隱居深宮，若心之藏於胸；至貴無與敵，若心之神無與雙也……內有四輔，若心之有肝肺脾腎也。」表示一切性情的發用，與身體血脈臟器的運行，都受到「心」掌管與節度，「心」之作用等於一國之君的主宰地位。

確立「心」之樞紐地位後，即要論述「心」的具體功用。〈深察名號第三十五〉論曰：「栣眾惡於內，弗使得發於外者，心也，故心之爲名，栣也。」「栣」，盧文弨釋曰：「栣，說文作集，如甚切，弱貌」，俞樾反駁「弱」義，曰：「栣者，衣襟也。襟有禁禦之義，《釋名·釋衣服》：『襟，禁也。交於前，所以禁禦風寒也。』栣亦有任制之義……『栣眾惡於內，弗使得發於外者』，正取任制之義。」蘇輿同意盧說，認爲「栣」爲「弱」之義。〔註12〕不論其義爲「弱」或「任制」，「心」皆有管理內在情性的作用。前文已提及人之性情皆爲人原初素樸之質，具有「善」、「惡」二種傾向，「心」若不制約人性本有的需求，放任情之發用，就會使人性中「惡」的傾向益加發展；因此，心之首要功用在於制約與引導人本然的性情，〈威德所生第七十九〉曰：

> 我雖有所愉而喜，必先和心以求其當，然後發慶賞以立其德；雖有所忿而怒，必先平心以求其政，然後發刑罰以立其威，能常若是者，謂之天德，行天德者，謂之聖人。

〔註12〕盧氏之言與蘇輿之注解，同見〔清〕蘇輿校注《春秋繁露義證·深察名號第三十五》，頁293。

原初之性受到外物引導、刺激，會自然而然發出喜悅或憤怒之情，「心」有節度性情的作用，能調和「情」之發用，使人所發出之情「當」與「正」。〔註13〕這種「禁制」人性情本然之發用爲學界公論，周桂鈿引「吾以心之名得人之誠……」論曰：「人性中有仁氣（善質）和貪氣（惡質），心是限制貪氣外化的」，〔註14〕唐君毅先生則曰：「如所謂梐眾惡於內，依古注，可含有自求損益其惡於內之義，亦可只涵包括其惡於內之義。要之，此爲指一實際上『人心自覺其內部之有惡』之事實。」〔註15〕然則，董氏心之理論並不僅有「禁制」作用，更有「認知學習」的功能。

心要節制並導正性情之前，須先認知與學習道德知識，《春秋繁露》並未以專篇論述此概念，而是將「心」與「知識」二概念相連結，提出人以「心」學習知識的理論，如〈楚莊王第一〉論曰：「春秋之道，奉天而法古。是故雖有巧手，弗修規矩，不能正方圓；雖有察耳，不吹六律，不能定五音；雖有知心，不覽先王，不能平天下；然則王之遺道，亦天下之規矩六律已！」而〈仁義法第二十九〉亦曰：「夫目不視，弗見；心弗論，不得；雖有天下之至味，弗嚼，弗知其旨也；雖有聖人之至道，弗論，不知其義也。」董氏以「知心」一辭論述人應以「心」認知先王治國之道，並認爲「心」有「論」聖人至道的功用，蘇輿《義證》引孫詒讓釋曰：「《黃氏日鈔》引作慮，義較長。」〔註16〕論與慮二者皆有認知學習與獨立思考的意涵，彰顯「心」認知的作用，如此「心」就能透過學習思考與判斷引發人原初之性的善質，讓人性所發出的實情爲道德情感，使人能成爲「主動實踐德行」的道德人。

二、身體結構之道德內涵

董仲舒除了循著「生之謂性」的理路，提出「性爲天質之樸」、「情爲性之如實發用」，以及「以心制約引導性情」的概念之外；更以天道爲根源，將身體結構賦予道德意涵，「心」不僅爲性情的管理者，亦能主掌身體臟腑與各種官能的運作，身體結構就被安置在「心」的制約之下，而構成一整全的道

〔註13〕引文「必先平心以求其政」，「政」宜釋爲「正」，表示心有節度情緒使之正的作用，見〔清〕蘇輿校注《春秋繁露義證》，頁461。
〔註14〕見周桂鈿著《董學探微‧人性論》，頁84。
〔註15〕見唐君毅著《中國哲學原論‧原性篇‧第四章》，（台灣：台灣學生書局，1978年出版），頁111。
〔註16〕見〔清〕蘇輿校注《春秋繁露義證》，頁256。

德人性觀。

　　首先，董氏以人副天數的理論，架構一以天道爲根源的人體，〈人副天數第五十六〉論曰：

> 天德施，地德化，人德義。天氣上，地氣下，人氣在其間。春生夏長，百物以興，秋殺冬收，百物以藏。故莫精於氣，莫富於地，莫神於天，天地之精所以生物者，莫貴於人。人受命乎天也，故超然有以倚；物疢疾莫能爲仁義，唯人獨能爲仁義；物疢疾莫能偶天地，唯人獨能偶天地。人有三百六十節，偶天之數也；形體骨肉，偶地之厚也；上有耳目聰明，日月之象也；體有空竅理脈，川谷之象也；心有哀樂喜怒，神氣之類也；觀人之體，一何高物之甚，而類於天也。物旁折取天之陰陽以生活耳，而人乃爛然有其文理，是故凡物之形，莫不伏從旁折天地而行，人獨題直立端尙正正當之，是故所取天地少者旁折之，所取天地多者正當之，此見人之絕於物而參天地。人副天數是故人之身首坌而員，象天容也；髮象星辰也；耳目戾戾，象日月也；鼻口呼吸，象風氣也；胸中達知，象神明也；腹胞實虛，象百物也；百物者最近地，故要以下地也，天地之象，以要爲帶，頸以上者，精神尊嚴，明天類之狀也；頸而下者，豐厚卑辱，土壤之比也；足布而方，地形之象也。是故禮帶置紳，必直其頸，以別心也，帶以上者，盡爲陽，帶而下者，盡爲陰……天以終歲之數，成人之身，故小節三百六十六，副日數也；大節十二分，副月數也；內有五臟，副五行數也；外有四肢，副四時數也；占視占瞑，副晝夜也。

引文首先彰顯天道透過「施」、「化」生成萬物的方式，彰顯其絕對的道德性，而此道德性同樣也落實於人的身體結構上，臟腑、骨骼、筋絡等所有組成身體的器官與構造，都「象天」。「象」不僅是外在結構與樣貌的相似，亦爲內在意涵的合應；在外顯的容貌體態上，人以「身首坌而員」與「形體骨肉」、「足布而方」的體貌合應宇宙天圓地方的架構；以眼目雙耳察識萬物的功能，合應於日月的照明作用；又以靈活運動的四肢，合應於四時運作。而在內在器官的面向上，五臟合應於五行；呼吸吐納合應於風氣流動；筋絡穴脈合應於山川河谷。至於「心」則合應於「神氣」，蘇輿引用孔穎達《禮記正義・孔子閒居》曰：「神氣謂神妙之氣。」〔註17〕表示神氣爲最精純靈明的陰陽之氣，天透過此氣賦予

〔註17〕見〔清〕蘇輿校注《春秋繁露義證・人副天數第五十六》，頁355。

「心」認知、感知與判斷的功用，以管理身體所有器官與構造。

以天道為根源的身體構造，表明人的身體為一個自足的「小宇宙」。宗教神話學者伊利亞德（Mircea Eliade）在《聖與俗——宗教的本質》中，提出「身子——房子——宇宙」的概念，即人的身體為一個小宇宙，他認為「宗教人與諸神持續在交往中，且宗教人分享了世界的神聖性。」〔註18〕以基督宗教為例，女子的子宮常被比喻為「大地」，〔註19〕而印度宗教中，身體與宇宙互相比喻，如人的脊椎被比喻為宇宙軸，婚姻則隱喻為天地的神聖結合（hierogamy），此宇宙性的象徵「賦予某個東西或行動新的價值，而不影響到它們原來特有的與直接的價值。」〔註20〕從此視角出發，意志天賦予「人體」合應於天道秩序的構造，突顯出人神聖的質性與獨尊萬物的地位，使人有別於萬物而能實踐「仁義」，這種身體的道德意義與內在心——性——情的架構相連結，構成一整全人性論，心透過對「性情」與「身體各官能」的修養與節制，使性中為善趨向突顯出來，成為主動實踐仁義的道德人。

總之，在董仲舒的整全人性觀中，「性」為人原初的質樸之實，「情」乃是性的如實發用，身體結構則具有合應於天道法則的道德意涵，突顯人獨特於萬物的的尊貴價值；而「心」具有認知、感知與判斷外物的作用，人之性情與身體官能都在心的規範下，使人成為能實踐「仁義」，以合應「意志天」之道德意志的道德人。

第二節　聖化過程——儒學視野下的君王心性修養

在董氏整全人性理論中，將性分成三等次，第一等是不經教化就能發用性中潛在善質之聖人，在《春秋繁露》中，「聖人」具有三重意涵，其一為專指受命為素王而作《春秋》的孔子，如〈玉英第四〉：「惟聖人能屬萬物於一，而繫之元也」、〈隨本消息第九〉：「顏淵死，子曰：『天喪予。』子路死，子曰：『天祝予。』西狩獲麟，曰：「吾道窮，吾道窮。」三年，身隨而卒。階此而觀，天命成敗，聖人知之，有所不能救，命矣夫！」〈盟會要第十〉：「蓋聖人者，貴除天下之患，貴除天下之患，故春秋重而書天下之患遍矣」；其二則是

〔註18〕 見伊利亞德（MirceaEliade）著、楊素娥譯《聖與俗——宗教的本質》（台北：桂冠出版社，2000年出版），頁212、213。
〔註19〕 同前注，頁206。
〔註20〕 同前注，頁207。

指上古至三代賢明之君王與佐國人才，如〈奉本第三十四〉：「三代聖人不則天地，不能至王，階此而觀之，可以知天地之貴矣。」〈郊事對第七十一〉：「周公，聖人也，有祭於天道，故成王令魯郊也。」其三爲《春秋繁露》最常使用的聖人意義，指「道德臻於至善之人」，如〈立原神第十九〉：「天序日月星辰以自光，聖人序爵祿以自明」、〈保位權第二十〉：「故聖人之治國也，因天地之性情、孔竅之所利，以立尊卑之制」、〈身之養重於義第三十一〉：「聖人天地動、四時化者，非有他也，其見義大，故能動，動故能化，化故能大行」，德行至善之人並不一定居於君王之位，〈官制象天第二十四〉明白論述輔佐君王的治國人才有「聖人、君子、善人、正人」四種，表示雖身爲道德至善的聖人，然而若未承受天命，亦不能成爲君王。身爲王者，卻應當以「聖人」境界爲終極之修養目標。

在此前提下，董仲舒爲君王建立完整的道德修養方式，包含「仁義」的德行與六藝之學的修養，使君王「性」之爲善趨向能發用而出，成爲道德臻於至善的聖王，筆者依循〈玉杯第二〉所提出的六藝修養觀，名之爲「聖化過程」。〔註21〕

一、以《春秋》爲主軸之六藝修養

「心」既有認知學習與判斷的作用，則何種知識是「心」應首先學習的目標？〈玉杯第二〉提出「六藝」教育的名號與內涵：

> 君子知在位者不能以惡服人也，是故簡六藝以贍養之。詩書序其志，禮樂純其美，易春秋明其知，六學皆大，而各有所長。詩道志，故長於質；禮制節，故長於文；樂詠德，故長於風；書著功，故長於事；易本天地，故長於數；春秋正是非，故長於治人；能兼得其所長，而不能遍舉其詳也。故人主大節則知闇，大博則業厭，二者異失同貶，其傷必至，不可不察也。是故善爲師者，既美其道，有慎其行，齊時蚤晚，任多少，適疾徐，造而勿趨，稽而勿苦，省其所爲，而成其所湛，故力不勞，而身大成，此之謂聖化，吾取之。

〔註21〕《春秋繁露・玉杯第二》論述「聖化」一詞曰：「君子知在位者不能以惡服人也，是故簡六藝以贍養之。……是故善爲師者，既美其道，有慎其行，齊時蚤晚，任多少，適疾徐，造而勿趨，稽而勿苦，省其所爲，而成其所湛，故力不勞，而身大成，此之謂聖化，吾取之。」故筆者依循六藝修養的作用，名之爲「聖化過程」。

引文所定義之「六藝」為《詩》、《書》、《禮》、樂、《易》、《春秋》六者，此六者有其長久而縝密的學術傳統，從《荀子・勸學》、〈儒效〉、《莊子・天下》、乃至於《禮記・經解》，皆對「六藝」之學的作用進行闡釋；〔註22〕此處董氏繼承並推展六藝的作用，引文有二重要意涵，其一為此教育目標首先針對「在位者」（「君子知在位者不能以惡服人」），其二則是六藝教育各具有不同的道德性內涵，如《詩》具有序其志的作用，《禮》、樂有純其美的功能，《易》與《春秋》則能明其知，蘇輿釋曰：「志、美、知，屬習六藝者言之。序其志，使其無邪慝。純其美，使不躁厲。明其知，使順於陰陽，謹於倫類。」〔註23〕蘇輿的解釋貼近董氏六藝之學的道德面向，彰顯六藝所記載的「知識」背後的道德內涵。「無邪慝」、「純其美」、「不躁厲」等作用，都是從接受六藝教育後的實踐上說的。這種以六藝為核心的教育方式，遍見於董氏理論中，如〈天人三策〉曰：「臣愚以為諸不在六藝之科、孔子之術者，皆絕其道，勿使並進，邪辟之說滅息，然後統紀可一法度可明，民知所從矣。」〔註24〕表示六藝教

〔註22〕 以「六藝」作為修養典範，自先秦至兩漢，逐漸累積而為中國學術之重要傳統，《荀子・勸學》曰：「故《書》者，政事之紀也；《詩》者，中聲之所止也；《禮》者，法之大分、類之綱紀也。故學至乎禮而止矣，夫是之謂道德之極。《禮》之敬文也，《樂》之中和也，《詩》、《書》之博也，《春秋》之微也，在天地之間者畢矣。」〈儒效〉亦云：「聖人也者，道之管也。天下之道管是矣，百王之道一是矣。故《詩》、《書》、《禮》、《樂》之道歸是矣。《詩》言是其志也，《書》言是其事也，《禮》言是其行也，《樂》言是其和也，《春秋》言是其微也。」見〔清〕王先謙校注《荀子集解》（收入《諸子集成》），（北京：中華書局，1954年出版，2006年重印），頁6、84。《莊子・天下》則曰：「其在於《詩》《書》《禮》《樂》者，鄒、魯之士搢紳先生多能明之。《詩》以道志，《書》以道事，《禮》以道行，《樂》以道和，《易》以道陰陽，《春秋》以道名分。」見〔清〕王先謙著《莊子集解》，（收入《新編諸子集成》），（北京：中華書局，1987年），頁1066。《禮記・經解》則云：孔子曰：「入其國，其教可知也。其為人也：溫柔敦厚，《詩》教也；疏通知遠，《書》教也；廣博易良，《樂》教也；絜靜精微，《易》教也；恭儉莊敬，《禮》教也；屬辭比事，《春秋》教也。故《詩》之失，愚；《書》之失，誣；《樂》之失，奢；《易》之失，賊；《禮》之失，煩；《春秋》之失，亂。其為人也：溫柔敦厚而不愚，則深於《詩》者；疏通知遠而不誣，則深於《書》者也；廣博易良而不奢，則深於《樂》者也；絜靜精微而不賊，則深於《易》者也；恭儉莊敬而不煩，則深於《禮》者也；屬辭比事而不亂，則深於《春秋》者也。」見〔漢〕鄭玄注、〔唐〕孔穎達疏《禮記正義》，（清〕阮元校，嘉慶二十年江西南昌府學開本），（台北：藝文印書館，1989年出版），頁1331。可知董仲舒所言六藝的內容與作用，乃是前有所承。
〔註23〕 見〔清〕蘇輿校注《春秋繁露義證》，頁35。
〔註24〕 見〔漢〕班固撰、〔唐〕顏師古注《漢書・卷五十六・董仲舒列傳》，（收入楊

育並非僅能針對君王之貴族教育；更可以推廣於學校教育，以培養治理國家
的知識份子。〔註25〕

　　此理論表現出「六藝」的絕對性與普遍性，其所記載的知識與道德性並
非一般客觀知識，而是普遍的眞理，因此上起君王，下至人民，皆須接受六
藝教育，然而董仲舒如何確立其作爲「眞理」的地位與價值，而使六藝成爲
道德教化的核心內涵？董氏將此論題懸繫於「六藝」與「孔子」的關聯上。

　　首先，董仲舒從天道觀的視角出發，建構孔子以德受命而成爲「素王」的
理論，前章論述理想君王受命模式，「人」應具備至善之德，而天會透過「瑞徵」
確立並彰選自身的揀選，此理論可用於驗證孔子受命而成爲素王的身分根據。

　　〈符瑞第十六〉曰：

　　　　有非力之所能致而自至者，西狩獲麟，受命之符是也，然後託乎春秋

　　　　正不正之間，而明改制之義，一統乎天子，而加憂於天下之憂也，務

　　　　除天下所患，而欲以上通五帝，下極三王，以通百王之道，而隨天之

　　　　終始，博得失之效，而考命象之爲，極理以盡情性之宜，則天容遂矣。

「西狩獲麟」之史事，出自於《春秋·哀公十四年》：「十有四年，春，西狩獲
麟。」《公羊傳》釋曰：「麟者仁獸也。有王者則至，無王者則不至。」〔註26〕
董仲舒將「王者」解釋爲孔子受命成爲新王，「獲麟」爲天所授予的瑞徵，上天
所賦予孔子的新王之位，並非「政權」的實際名位，而是透過《春秋》的史事
記載與微言褒貶，表達「天」絕對道德性的意旨。職是，康有爲於《春秋董氏
學·卷五·春秋改制》論曰：「聖爲天口，孔子之創制立義，皆起自天數。蓋天
不能言，使孔子代發之，故孔子之言，非孔子之言也，天之言也。孔子之制與
義，非孔子也，天之制與義也。」〔註27〕

　　在孔子獲麟受命而爲新王的前提下，與孔子相關的著述，就成爲代天立
言的論述。〈賢良對策〉將「六藝之科」與「孔子之術」二者相連結，代表六
藝與孔子有絕對的關聯，錢穆先生於〈兩漢博士家法考〉一文中認爲，董氏

　　　　家駱主編之《新校本二十五史》），（台北：鼎文出版社，1977 年出版），頁 2523。
〔註25〕關於董仲舒「六藝教育」的部分，可參見本論文第五章〈以德行陶冶爲目的
　　　　之教育觀〉，頁 195～200
〔註26〕見〔漢〕何休解詁，〔唐〕徐彥疏《春秋公羊傳注疏·哀公十四年》，（清〕阮
　　　　元校，嘉慶二十年江西南昌府學開本），（台北：藝文印書館，1989 年出版），
　　　　頁 355。
〔註27〕見〔清〕康有爲著《春秋董氏學·卷二》，（台北：臺灣商務印書館，1969 年
　　　　出版），頁 2。

推尊孔子是因推尊「孔子傳六藝」之事：

> 即仲舒對策，亦謂「百家殊方，指意不同。臣愚以爲諸不在六藝之
> 科、孔子之術者，皆絕其道勿使並進」則仲舒之尊孔子，亦爲其傳
> 六藝，不爲其開儒術。……漢儒尊孔子爲素王，亦以自附於六藝，
> 而讀出於百家。〔註28〕

無論六藝是孔子親爲、編修或傳承，在公羊學的觀點下，皆與孔子有密不可
分的關係。董氏對六藝的態度是「六學皆重」而「以《春秋》統攝之」。在六
學皆重的面向上，前所引〈玉杯第二〉之文，即可見六藝各具不同的內涵與
作用，而《春秋繁露》中，引《詩》者三十，引《書》者七，引《易》者三，
〔註29〕君王之禮樂教化與實踐亦爲《春秋繁露》的重要論題之一，表示董仲
舒身爲春秋公羊博士，卻仍兼采各經，架構完整的六藝教化模式。

　　而在「以《春秋》統攝各經」的角度上，董仲舒除了在孔子受命而作的
面向，確立《春秋》代天立言的作用之外，更從「爲漢立法」的角度，認爲
《春秋》中的史事褒貶與微言大意，皆爲「天」對當代君王的警示，若不學
不知，則會導致國家禍敗亂亡。因此〈俞序第十七〉引子夏之言曰：

> 有國家者，不可不學春秋，不學春秋，則無以見前後旁側之危，則
> 不知國之大柄，君之重任也。故或脅窮失國，捽殺於位，一朝至爾，
> 茍能述春秋之法，致行其道，豈徒除禍哉！乃堯舜之德也。

除了以微言褒貶警示君王之外，董氏春秋學亦提出《春秋》具有「順承天道」、
「治國實踐」與「德行修養」等三個重要作用，筆者將文例表列如下：

表四之 1

作用	《春秋繁露》文例
順承 天道	春秋之道，奉天而法古。〈楚莊王第一〉
	春秋推天施而順人理〈竹林第三〉
	春秋變一謂之元，元猶原也，其義以隨天地終始也。〈玉英第四〉
	仲尼之作春秋也，上探正天端，王公之位，萬民之所欲，下明得失，起賢才，以待後聖〈俞序第十七〉

〔註28〕見錢穆著《兩漢今古文平議》，（台北：東大圖書公司，1989 出版），頁 180、
182。

〔註29〕此爲筆者以《春秋繁露》爲文本，實際統計後所彙整的引用數量。

治國策略	春秋修本末之義，達變故之應，通生死之志，遂人道之極者也。〈玉杯第二〉
	明得失，差貴賤，反王道之本。譏天王以致太平。〈王道第六〉
	春秋之所治，人與我也；所以治人與我者，仁與義也。〈仁義法第二十九〉
	日爲之食，星霣如雨，雨螽，沙鹿崩，夏大雨水，冬大雨雪，霣石于宋五，六鶂退飛，霣霜不殺草，李梅實，正月不雨，至於秋七月，地震，梁山崩，壅河，三日不流，晝晦，彗星見于東方，孛于大辰，鸛鵒來巢，春秋異之，以此見悖亂之徵。〈王道第六〉
德行實踐	春秋之所惡者，不任德而任力，驅民而殘賊之；其好者，設而勿用，仁義以服之也。〈竹林第三〉
	春秋之所善，善也；所不善，亦不善也，不可不兩省也。〈玉英第四〉

在董氏春秋學中，《春秋》以全面而多元的質性，超越六藝各經的作用，彰顯出其獨尊的地位，使其作用超越於各經之上，而能統攝各經。如此董仲舒即確立以《春秋》爲根本的六藝教育，上自君王，下至人民，皆須接受《春秋》知識與德行教化。

二、理解與實踐之《春秋》讀法

董仲舒將接受六藝修養的方式，落實於「養志」的概念與實踐。〈楚莊王第一〉曰：「事父者承意，事君者儀志，事天亦然。」「志」與「意」互文見義，表示「志」有「人意」的意義，而許慎《說文解字》將「志」與「意」互訓，故「志」的本義爲「人之意」，朱熹《朱子語類・卷一・理氣上・太極天地上》釋「志」曰：「志是從『之』，從『心』，乃是心之所之。」，〔註30〕《春秋繁露・循天之道第七十七》曰：「心之所之謂之意」；可見在《春秋繁露》中，「志」與「意」同有「心所指向」的意涵，周桂鈿則定義「志」曰：「志指思想意向、動機、念頭。」〔註31〕表示「志」爲心所指向的端緒，若「心」認知、學習六藝之教的內涵，則其「志」就會發用美善的道德，此意志就能掌管與引導性情，使善的趨向彰顯而出。

如此，「養志」就成爲董仲舒心性教化中重要的一環，而養志之具體方法爲何？董氏提出完整的「知志以養志」的方法。「知志以養志」的理論，建立於以《春秋》爲核心的六藝內容上，即讀者如何理解或以何種態度理解六藝

〔註30〕見〔宋〕黎靖德編、王星賢點校《朱子語類》，（北京：中華書局，1986年出版），頁11。

〔註31〕見周桂鈿著《董學探微・貴志論》，頁217。

經典？而此理解又如何實踐於其自身的心性修養上？

（一）透過《春秋》理解孔子之志

這個論題相當複雜，首先，董氏認為六藝與孔子之關聯密不可分，特別是《春秋》為孔子親筆所寫，其書寫《春秋》時，表達出自身之「志」，何休於〈春秋公羊注疏序〉中，引述孔子之言曰：「昔者孔子有云：『吾志在《春秋》，行在《孝經》』，此二學者，聖人之極致，治世之要務也」〔註32〕表示《春秋》所記載的史是背後，皆隱含孔子所寄託的微言判斷與道德意義，筆者將之命名為「作者之志」，〈符瑞第十六〉論曰：

> 有非力之所能致而自至者，西狩獲麟，受命之符是也，然後託乎春秋
> 正不正之間，而明改制之義，一統乎天子，而加憂於天下之憂也，務
> 除天下所患，而欲以上通五帝，下極三王，以百王之道，而隨天之終
> 始，博得失之效，而考命象之為，極理以盡情性之宜，則天容遂矣。

引文提出《春秋》二重要內涵，其一為「奉天改制」，其二是「端正治道」，在董仲舒春秋學的理論架構下，孔子承受天命而作《春秋》，寄託以天道秩序為根源的褒貶之志，故此二重要內涵，不僅是孔子作《春秋》之志，更是「天志」的具體展現。職是，《春秋》記載的史事，即非單純的「事」，而是天道真理的具體彰顯，讀者閱讀《春秋》最重要的使命，就是「正確理解」史事背後所賦予的價值判斷原則，亦即「作者之志」。關於《春秋》教育中，「志」的理解方式，蔣年豐〈從「興」的精神線上論「春秋」經傳的解釋學基礎〉一文認為：

> 《春秋》教重視「志」的意旨大抵有三點。第一、洞察行為的動機；
> 第二、洞察潛在的因果關係；第三，洞察歷史事件的相似性。所以
> 董仲舒又說：「《春秋》之好微與？其貴志也；《春秋》修本末之義，
> 達變故之應，通死生之志，遂人道之極也。」〔註33〕

董氏認為，這種對史事發生動機、因果關係與其他相同事類比較的洞察與理解，皆為了「正確」理解《春秋》的作者之志，並讀出其中隱含的道德原則。黃俊傑在〈中國古代儒家歷史思維的方法即其運用〉一文中，提到「興式思維方式」為古代儒家思考時間與歷史的重要方法之一，此法為「從史事中創

〔註32〕見〔漢〕何休解詁，〔唐〕徐彥疏《春秋公羊傳注疏·序》，頁3。
〔註33〕蔣年豐〈從「興」的精神線上論「春秋」經傳的解釋學基礎〉一文，收入黃俊傑、楊儒賓等編《中國古代思維方式探索》，（臺北：正中書局，1996年出版），頁113。

造史義」，〔註34〕他說：

> 所謂「興式思維方式」就是以具體的歷史事實來喚起讀者的價值意
> 識，亦即劉勰在《文心雕龍·史傳》所謂：「興者，起也」，這種以
> 具體史實喚醒價值意識的思維方式，是儒家常用的思維方式。〔註35〕

黃氏以詩教爲例，認爲儒家的詩教傳統，就是「通過美感經驗的感發興起，
而喚醒人的道德價值意識。」〔註36〕董氏春秋學亦有相同的觀念，認爲《春
秋》所載史事的核心內涵，乃是潛藏於「微言」中的道德價值，讀者透過閱
讀《春秋》的史事，而理解天道眞理的內涵，並將此道德觀內化於心中。在
此前提下，董仲舒確立《春秋》有「原意」，讀者的任務就是理解、詮釋與實
踐《春秋》原意。

然而董氏理論中，理解《春秋》之法爲何？〈精華第五〉曰：

> 難晉事者曰：「春秋之法，未踰年之君稱子，蓋人心之正也，至里克
> 殺奚齊，避此正辭，而稱君之子，何也？」曰：「所聞詩無達詁，易
> 無達占，春秋無達辭。從變從義，而一以奉人。」

蘇興釋曰：「《春秋》，即以辭見例。無達辭，猶云無達例也。」〔註37〕「無達
例」表示《春秋》在類似的事例上使用不同文辭表達，似乎不易展現一套完
整統貫的文例與義理內涵，引文中，「難者」使用「里克殺奚齊」的文例，表
達《春秋》詞章的矛盾之處，此史事載於《春秋·僖公九年》：「甲戌，晉侯
詭諸卒。冬，晉里克弑其君之子奚齊。」《公羊傳》釋曰：「此未踰年之君，
其言弒其君之子奚齊何？殺未踰年君之號也。」〔註38〕在《公羊傳》中，繼
位之君在服喪尚未結束之前，稱爲「子」，如《春秋公羊傳·莊公三十二年》
論慶父弒魯莊公之子般曰：「子卒云子卒，此其稱子般卒何？君存稱世子，君
薨稱子某，既葬稱子，逾年稱公。」〔註39〕表示若依照《公羊傳》的解釋體
系，奚齊在服喪期間，應基於不忍居君王之位的孝心，而稱爲「子奚齊」，此
處卻使用「君之子」的名稱，與公羊學所歸納的文例並不一致，甚至違反繼

〔註34〕黃俊傑〈中國古代儒家歷史思維的方法即其運用〉一文，收入黃俊傑、楊儒
　　　賓等編《中國古代思維方式探索》，頁17。

〔註35〕同前注，頁19。

〔註36〕同前注，19。

〔註37〕見〔清〕蘇興校注《春秋繁露義證》，頁95。

〔註38〕見〔漢〕何休注、〔唐〕徐彥疏《春秋公羊傳注疏·僖公九年》，頁134。

〔註39〕見〔漢〕何休注、〔唐〕徐彥疏《春秋公羊傳注疏·莊公三十二年》，頁112。

位之君應秉持的服喪哀痛之心。但董仲舒認為，依循個別狀況的差異，而使用不同詞彙，正可以具體展現孔子微言褒貶之志；用「君之子」稱奚齊，可以表達里克弒繼位之君與弒君同罪，都應該受到最嚴厲的道德譴責，故《白虎通‧封公侯》循此義論曰：「《春秋》之弒大子，罪與弒君同」，〔註40〕職是董仲舒使用「無達辭」解釋閱讀《春秋》不能受到表面文辭或文例的拘束，仍應依照史事的不同狀況，解讀出孔子真正的褒貶之意。

這種「無達辭」的論證常見於《春秋繁露》中，如〈竹林第三〉曰：

春秋之常辭也，不予夷狄，而予中國為禮，至邲之戰，偏然反之，何也？」曰：「春秋無通辭，從變而移，今晉變而為夷狄，楚變而為君子，故移其辭以從其事。夫莊王之舍鄭，有可貴之美，晉人不知其善，而欲擊之，所救已解，如挑與之戰，此無善善之心，而輕救民之意也，是以賤之，而不使得與賢者為禮。

邲之戰載於《春秋‧宣公十二年》：「夏，六月乙卯，晉荀林父帥師及楚子戰于邲，晉師敗績。」公羊學的解釋體系，歸納出以國名或君王名號代表國家交戰狀態，如《春秋‧桓公十年》：「冬，十有二月丙午，齊侯、衛侯、鄭伯來戰于郎。」〈僖公十五年〉：「十有一月，壬戌，晉侯及秦伯戰于韓，獲晉侯。」〈僖公二十八年〉：「夏，四月己巳，晉侯、齊師、宋師、秦師及楚人戰于城濮，楚師敗績。」然而，邲之戰相當特殊，並非「晉侯」與「楚子」相戰，而使用晉國主帥荀林父之名與君王名號「楚子」相敵對。《公羊傳》釋曰：「大夫不敵君，此其稱名氏以敵楚子何？不與晉而與楚子為禮也。」它認為，這並非文辭矛盾，反而能表達孔子對楚莊王的嘉美褒獎，與對晉國的嚴辭批判。董氏認為楚莊王秉持「善善」之心，接受鄭國的道歉而撤兵，但晉國仍出兵攻擊楚國，導致邲之戰發生，展現「輕救民之意」，因此孔子採用「荀林父」之名與「楚子」相對，彰顯「善善惡惡」的道德意義；此義在董氏哲學中，乃是以天道為根源的人性善之趨向的內涵，故〈竹林第三〉下文論曰：「今善善惡惡，好榮憎辱，非人能自生，此天施之在人者也」表示孔子所表達的褒貶大義，乃是以天道意志為保證之道德內涵，讀者不能固執於「不予夷狄而與中國為禮」的文例，而是要理解不同史事中所蘊含的微言筆法，才能真正體會孔子褒貶之志。

〔註40〕 見〔漢〕班固著、〔清〕陳立疏《白虎通疏證（上）‧卷四‧封公侯》，（收入《新編諸子集成》），（北京：中華書局，1997 年出版），頁 147。

（二）讀《春秋》之法的三步驟

既然讀《春秋》不可拘泥文辭文例，董仲舒又強調孔子在《春秋》中寄託褒貶之志，其中的微言眞理可供君王修身治國，則是否有完整明確的《春秋》閱讀法，可供君王具體採用？〈玉杯第二〉曰：

> 春秋論十二世之事，人道浹而王道備，法布二百四十二年之中，相爲左右，以成文采，其居參錯，非襲古也。是故論春秋者，合而通之，緣而求之，五其比，偶其類，覽其緒，屠其贅，是以人道浹而王法立。

董氏提出的《春秋》閱讀之法，包含了「通貫事例」、「緣此例而求他例」與「明辨經外之旨」三步驟。首先是「合而通之」，蘇輿釋曰：「合全書以會其通，如傳聞、所聞、所見異辭之類是也。」表示讀者要貫通整部《春秋》史事，將同類事例合而觀之，比較其中義理內涵之同異。「緣而求之」，蘇氏釋曰：「緣此以例比」，即從一事的文例所彰顯出的義法，去推求其他文例的微言大義，楊濟襄論曰：

> 在屬事、比類的過程中，可就其解經途徑再分爲二大步驟：（一）合而通之。（二）緣而求之。所謂「合而通之」，就是董氏比合《春秋》經文「情節」類似之記事，通貫其事類，以比較彼此所蘊含之「義」是否有異同。所謂「緣而求之」就是董氏緣延某一事件之「義」，去推求二百四十二年之間其他同「義」之事況。簡而言之，前者乃「通貫事類，以見其義」；後者乃「緣延義旨，以見事類。」〔註41〕

楊氏強調通貫春秋事例，並緣同例之義以求其他例義之法，除此二步驟外，董氏亦提出「明辨經文言外之義」的第三步驟，〈玉杯第二〉曰：

> 今夫天子逾年即位，諸侯於封內三年稱子，皆不在經也，而操之與經無異。非無其辨也，有所見而經安受其贅也。故能以比貫類，以辨附贅者，大得之矣。

這段引文相當重要，董氏認爲《公羊傳》對經文的解說等同於《春秋》聖典的價值，「天子逾年即位，諸侯於封內三年稱子」出於《春秋公羊傳‧文公九年》：「未稱王，何以知其即位？以諸侯之逾年即位，亦知天子之逾年即位也。以天子三年然後稱王，亦知諸侯於其封內三年稱子也。緣民臣之心，不可一

〔註41〕見楊濟襄著《董仲舒春秋學義法思想研究》，（台北：國立台灣師大國文所博士論文，2000年，指導教授：周何先生），頁194。

日無君；緣終始之義，一年不二君，不可曠年無君；緣孝子之心，則三年不忍當也。」〔註42〕這段傳文在解釋「九年，春，毛伯來求金。」之經文，表示君王雖在服喪期間，仍需體察「臣民不可一日無君」之心而於隔年即位爲君的意義，此文辭雖不見於《春秋》，卻透過《公羊傳》的解釋而呈顯其理論內涵；這種「不在經」卻被《傳》解釋出來的意義，就是董氏所謂的「贅」，因此蘇輿釋「覽其緒，屠其贅」曰：「此不見於經，於義待伸者也」，因此閱讀《春秋》的第三步驟，就是透過《春秋公羊傳》的解釋，理解不在經文中而被傳文清楚解釋的史事內涵。

　　這三步驟並非只將《春秋》視爲客觀知識所進行的閱讀與理解，更重要的是，董氏強調《春秋》所記載的知識爲「天志」落實於文字的表現，因此君王應透過三步驟的閱讀方法，以了解並實踐《春秋》史事的微言大義。

（三）以道德實踐爲目的之理解

　　董氏提出君王不僅應按三步驟理解《春秋》史事的內涵，更應具體實踐其中大義，因此對《春秋》的理解，就不僅是純粹「知識」的理解，更是以道德實踐爲目的之理解。〈二端第十五〉曰：

> 因惡夫推災異之象於前，然後圖安危禍亂於後者，非春秋之所甚貴也，然而春秋舉之以爲一端者，亦欲其省天譴，而畏天威，內動於心志，外見於事情，修身審己，明善心以反道者也，豈非貴微重始、慎終推效者哉！

此文所定義的「二端」爲「小大」、「微著」二者，孔子在《春秋》中，推明災異生發之源，其文列舉《春秋》所載的災異，如「日蝕、星隕、有蜮、山崩、地震、夏大雨水、冬大雨雹、隕霜不殺草、自正月不雨至於秋七月、有鸛鵒來巢」，認爲君王閱讀《春秋》史事災異的記載後，應當有「省天譴」、「畏天威」的意志與思考，並能具體實踐「修身審己，明善心以反道」等道德行爲。這種論證遍見於《春秋繁露》中，如〈十指第十二〉曰：

> 《春秋》二百四十二年之文，天下之大，事變之博，無不有也，雖然，大略之要，有十指。……舉事變，見有重焉，則百姓安矣；見事變之所至者，則得失審矣；因其所以至而治之，則事之本正矣；強幹弱枝，大本小末，則君臣之分明矣；別嫌疑，異同類，則是非著矣；論賢才

之義，別所長之能，則百官序矣；承周文而反之質，則化所務立矣；
親近來遠，同民所欲，則仁恩達矣；木生火，火爲夏，則陰陽四時之
理相受而次矣：切刺譏之所罰，考變異之所加，則天所欲爲行矣。統
此而舉之，仁往而義來，德澤廣大，衍溢於四海，陰陽和調，萬物靡
不得其理矣。說《春秋》凡用是矣，此其法也。

引文詞章多使用「興式思維方式」，〔註43〕在史事文例中，蘊含道德價值與政
教實踐方式，如《春秋》有「舉事變見有重焉」的義理內涵，則身爲讀者的
「君王」閱讀與理解後，落實於政治教化上，就能產生「百姓安」的結果；《春
秋》有「事變之所至者」的記載，君王認知與判斷後，就能「審得失」；《春
秋》提出「強幹弱枝，大本小末」的概念，經過君王理解與實踐，國家就能
「明君臣之分」，以此類推，君王若能使國家達成「仁往而義來，德澤廣大，
衍溢於四海，陰陽和調，萬物靡不得其理」的境界，則其源頭皆可推因於「閱
讀」、「理解」與「實踐」《春秋》的原意。

　　職是，《春秋》的史事，就在以「道德實踐」爲前提的理解中，成爲「活
生生」的知識。牟宗三先生認爲，通過分類、定義、分析、綜合、演繹、歸
納等手續以達到其知解活動式的「抽象的解悟」並不適用於歷史的閱讀，故
提出「具體的解悟」一概念：

　　吾人看歷史，需將自己放在歷史裡面，把自己個人的生命與歷史生
　　命通于一起，是在一條流裡面承續著。……從實踐看歷史，是表示：
　　歷史根本是人實踐過程所形成的，不是在外面的一個繼承物。〔註44〕

這種把自己浸潤於「史事」中的讀史方法，可以使讀者「進入」並「參與」
文本的視域（horizon）〔註45〕中，在董氏春秋學的理論架構下，這種參與及

〔註43〕「興式思維方式」之定義，可參見本節〈透過春秋理解孔子之志〉，頁113～
　　　　114。
〔註44〕見牟宗三著《歷史哲學》（台北市：台灣學生書局，1976年），頁1。
〔註45〕此處所援引的「視域」概念，來自迦達默爾的理論，其曰：「『視域』（德文
　　　　Horizont，英文 horizon）概念本質上就屬於處境概念。視域就是看的到的區
　　　　域，這個區域囊括和包容了從某個立足點出發所能看見的一切。」見氏作：《眞
　　　　理與方法》（上海：上海譯文出版社，2007年），頁391。何衛平針對此作出
　　　　解釋，其認爲「視域」即是「人目力所能達到的最大範圍和極限。」見氏作：
　　　　《高達瑪》（台北：生智出版社，2002年），頁138，而洪漢鼎於〈眞理與方
　　　　法二版序言〉一文釋曰：「按照加達默爾的看法，理解者和解釋者的視域並不
　　　　是封閉的和孤立的……理解者和解釋者的任務就是擴大自己的視域，使他與
　　　　其他視域相交融。」此文收入洪漢鼎等編《詮釋學經典文選（上）》，（台北：

進入是爲了明確理解與實踐孔子在《春秋》中所寄託的微言大義。如狄爾泰（Dilthey）於〈對他人及其生命表現的理解〉一文中所提出的「重新體驗」，其曰：「在這種移入和轉換的基礎上，形成了理解的最高方式。在這種方式中，精神生命的整體參與到理解之中。這種方式就是模仿或重新體驗。」〔註46〕這種將自身投入以參與文本、體驗史事的閱讀方法，可與牟先生所論「具體的解悟」相結合，讀者進入《春秋》史事的脈絡中理解《春秋》，《春秋》就不再是單純的史料紀錄，而是與自己生命相連結的「活生生」的知識，讀者能透過具體解悟《春秋》，實踐出其中的微言大義。

　　經過以上推論，可知孔子受天命作《春秋》，《春秋》爲天志的具體表現，君王讀《春秋》的任務，在於了解孔子寄託於《春秋》中的微言褒貶之志，而透過「通貫事例」、「緣此例而求他例」與「明辨經外之旨」三步驟，君王即能清楚理解《春秋》的義理內涵。然而，君王閱讀《春秋》的目的，並非僅將其作爲一般的「客觀知識」而理解，乃是要將此知識具體實踐於修身治國上，因此除了「理解」《春秋》之外，更要使用「具體解悟」的方法，讓自身將《春秋》大義實踐出來，使德行臻於完善。

三、以德行爲主軸之心性修養

　　既然君王可用「具體解悟」的方式，實踐《春秋》大義，使自身道德臻於完善，則在董氏哲學體系中，《春秋》所載之君王最重要的德行爲何？而其修養之最高境界又爲何？董氏將這些問題的答案，歸諸於「義」與「仁」的內涵與價值及其實踐方式上。

　　〈仁義法第二十九〉曰：

> 《春秋》之所治，人與我也；所以治人與我者，仁與義也；以仁安人，以義正我；故仁之爲言人也，義之爲言我也，言名以別矣。仁之於人，義之於我者，不可不察也，眾人不察，乃反以仁自裕，而以義設人，詭其處而逆其理，鮮不亂矣。是故人莫欲亂，而大抵常亂，凡以闇於人我之分，而不省仁義之所在也。是故《春秋》爲仁

桂冠出版社，2002 年出版），頁 190～191。但因董仲舒強調孔子《春秋》隱含聖人褒貶微言，讀者必須讀出，故筆者不採用「視域交融」的理論，而是強調讀者參與文本的視域中。

〔註46〕見狄爾泰（Dilthey）著〈對他人及生命表現的理解〉，收入洪漢鼎等編《詮釋學經典文選（上）》，頁 103。

> 義法，仁之法在愛人，不在愛我；義之法在正我，不在正人；我不
> 自正，雖能正人，弗予爲義；人不被其愛，雖厚自愛，不予爲仁。

董氏天道觀之「意志天」以「仁義」爲道德意志之核心，如〈天地陰陽第八
十一〉：「天志仁，其道也義。」孔子受天命而作《春秋》，《春秋》即爲「天
志」之具體表現。因此，《春秋》能透過史事，彰顯以「仁義」爲核心的道
德內涵，引文提出「以仁安人，以義正我」之道德修養與實踐方式，表示君
王必須透過具體解悟《春秋》的方式，以仁、義等德行陶冶內在心性，彰顯
原初之性中善的潛質，而具備美善的品格，並發用、實踐於自我言行與國家
政教措施中，使自己臻於聖王境界。這種以個人德行的陶塑與養成爲核心的
關懷與理論架構，正合於當代「德行倫理學」所重視的論題，「德行倫理學」
（Virtue Ethics）是以人的「德行」培育爲基礎所展開的倫理學論述，潘小慧
定義曰：

> 在倫理學的領域裏，也都有同樣重視作爲一個人的品質特性的傳
> 統，將倫理學的核心命題置於道德主體的德行上，倫理教育重點也
> 以德行的陶冶成爲優先。至於義務，則是爲了實現人性、形塑美德
> 而有的要求。〔註47〕

美國學者 Trianosky 於〈何爲德行倫理學〉（"What Is Virtue Ethics All About "）
一文提到德行倫理學有二主要內涵，其一：「至少對於德行的某些判斷，可以獨
立於訴諸行爲之正確與否的判斷之外」；其二：「品格特質的先決性的善，可以
確保行爲的正確。」〔註48〕這就表示對人或事物「道德與否」的判斷，並非建
立於事物是否達成最好的結果，或者是否合於義務，而是人具備「善的德行」，
就能自然而然在事物中實踐「善」，而過著「善」的生活。林火旺解釋曰：

> 德行倫理學所重視的不只是行爲，而且重視情感、人格以及道德習
> 慣，所以它是以理想人格典範作爲道德核心，而不止要求行爲合乎
> 義務。〔註49〕

〔註47〕見潘小慧著〈導言：德行倫理學專題〉，《哲學與文化》30 卷 8 期，（2003 年 8
　　　月），頁 2。
〔註48〕見 Gregory Velazcoy Trianosky, "WhatIs Virtue Ethics All About？" in Daniel
　　　Statman, Virtue Ethics（Washington D.C: Georgetown University Press,
　　　1997）,p.44.（譯文引自林火旺著《倫理學‧第七章‧德行倫理學》，台北：
　　　五南出版社，2006 年出版，頁 150。）
〔註49〕見林火旺著《倫理學‧第七章‧德行倫理學》，（台北：五南出版社，2006 年
　　　出版），頁 150。

因此，德行倫理學的論述是以「如何培養出道德卓越的人」〔註50〕爲核心而展開的，特別是儒家倫理自先秦以來即重視道德陶冶、養成與實踐的理論；林義正則從德行倫理的觀點，探究公羊學思維曰：

> 《春秋》對貴族人物之評價，從其行爲之合禮與否而言，應屬是非判斷，但從人之有此行爲而言，此行爲之爲「是」、「合禮」就變成了「善」、「德」，行善有德的人就成了君子、賢人、聖人。從「善」、「德」的角度來看，以德行爲本位的倫理學謂之「德行倫理學」，它所要論述的是人格典範的提出、作爲典範之德的分類、全偏、大小，在歷史演變過程中倫理德行的優先序位，以及一個人應具備哪些必要之德？爲什麼要具備？等等課題均爲其範圍。〔註51〕

在董仲舒的理論中，認爲「仁、義、智」三者爲最重要的德行，其從《春秋》中提出德行典範，建構一個由內在心性而至外在言行衣著的德行培養理論，此爲董氏倫理學中較少被探究的面向。

（一）「義」之內涵與實踐

〈精華第五〉曰：

> 大雩者何？旱祭也。難者曰：「大旱雩祭而請雨，大水鳴鼓而攻社，天地之所爲，陰陽之所起也，或請焉、或怒焉者何？」曰：「大旱者，陽滅陰也，陽滅陰者，尊厭卑也，固其義也，雖大甚，拜請之而已，敢有加也。大水者，陰滅陽也，陰滅陽者，卑勝尊也，日食亦然，皆下犯上，以賤傷貴者，逆節也，故鳴鼓而攻之，朱絲而脅之，爲其不義也，此亦春秋之不畏強禦也。故變天地之位，正陰陽之序，直行其道，而不忘其難，義之至也。是故脅嚴社而不爲不敬靈，出天王而不爲不尊上，辭父之命而不爲不承親，絕母之屬而不爲不孝慈，義矣夫！」

引文使用「雩祭」與「攻社」的例證，說明《春秋》微言大義所彰顯「義」的內涵。「雩祭」之定義載於《春秋公羊傳·桓公五年》：「大雩者何？旱祭也。然則何以不言旱？言雩則旱見；言旱則雩不見。何以書？記災也。」〔註52〕

〔註50〕同前注，頁154。

〔註51〕見林義正著《春秋公羊傳的倫理思維與特質·第一章·德行倫理學思維》，頁39~40。

〔註52〕見〔漢〕何休注、〔唐〕徐彥疏《春秋公羊傳注疏·桓公五年》，頁53。

蘇輿釋曰：「遇旱而禱則爲大雩」〔註53〕而「攻社」則載於《春秋・莊公二十五年》：「秋，大水，鼓、用牲于社于門。」《公羊傳》釋曰：「其言于社于門何？于社，禮也；于門，非禮也。」〔註54〕引文認爲「陽氣勝於陰氣」導致旱災發生，因此「雩祭」的作用在於「拜請」天降雨解旱；然而水災則生發於「陰滅陽」的狀況，違反陽尊陰卑的天道理序，故以「鳴鼓而攻社」的作爲抨擊並矯正之。在公羊學的解釋中，「陰陽二氣」的力量超越於「人」之上，人憑藉儀式與行爲扭轉陰陽二氣的運作，被賦予道德意義，而成爲「不畏強禦」的道德實踐。不論是「拜請降雨」或是「鳴鼓攻社」，這兩種相反的態度與行爲，皆以天道貴陽賤陰的法則爲基準，故「義」之意涵，結合天道法則與不畏強禦、直道而行的道德意義，故曰：「變天地之位，正陰陽之序，直行其道，而不忘其難，義之至也。」

　　在董仲舒的理論中，「義」的作用在於「正我」，表示「義」是針對自身所進行的修養與實踐，亦即使自己在任何事物上都能直道而行，此「直道而行」的道德實踐，是先從「具體解悟」《春秋》而得到的。董仲舒認爲，孔子透過《春秋》所記載的史事，傳達出褒獎「義」與貶責「不義」的義理內涵，因此，君王必須先閱讀具體解悟《春秋》，明辨「義」與「不義」的區別，將「義」的道德知識與人物典範內化於心中，才能自然而然發用出來，在每件所處理的事物上皆能「直道而行」。林火旺以「正義」爲例而強調曰：「道德之所以產生好結果，不是基於各別行爲，而是基於「正義」這樣的品格。」〔註55〕

　　在此概念下，人要先透過外在道德知識的引導與激發，培養出「義」的品德，而後在心志的指向下，自然而然實踐出合宜的道德行爲，〈身之養重於義第三十一〉論曰：「今人大有義而甚無利，雖貧與賤，尚榮其行以自好，而樂生，原憲、曾、閔之屬是也。」要特別注意的是，當人居於貧賤而仍直道而行時，內心會流露眞誠無僞的喜悅，此種眞誠的悅樂，即是前文所論述的美善的「道德情感」。

（二）「仁」之內涵與實踐

　　與「義」相同，「仁」的修養與實踐，也是人受到《春秋》的教化與陶冶後，激發，性中所潛藏的「仁」之善質，使自身具備仁的品德，而能自然而

〔註53〕見〔清〕蘇輿校注《春秋繁露義證・精華第五》，頁85。
〔註54〕見〔漢〕何休注、〔唐〕徐彥疏《春秋公羊傳注疏・莊公二十五年》，頁103。
〔註55〕見林火旺著《倫理學・第七章・德行倫理學》，頁153。

然實踐出「仁」的行為。〈必仁且智第二十八〉定義「仁」曰：

> 何謂仁？仁者，憯怛愛人，謹翕不爭，好惡敦倫，無傷惡之心，無
> 隱忌之志，無嫉妒之氣，無感愁之欲，無險詖之事，無辟違之行，
> 故其心舒，其志平，其氣和，其欲節，其事易，其行道，故能平易
> 和理而無爭也，如此者，謂之仁。

這個定義是從「憯怛愛人」出發的，蘇輿釋曰：「憯怛，誠懇之意。」《禮記・表記》曰：「中心憯怛，愛人之仁也」〔註56〕皆表示「仁」的核心乃是眞誠無偽的誠懇之愛，前文已提及，人原初之性中有「仁」、「貪」二質性，這種眞誠愛人的質素原本潛藏於性中，透過外在道德知識的引導與激發，就能發用出來，而具體發用實踐出來的行為，就是上文所說的「謹翕不爭，好惡敦倫，無傷惡之心，無隱忌之志，無嫉妒之氣，無感愁之欲，無險詖之事，無辟違之行」、「平易和理而無爭」在董氏理論中，此敦厚誠懇的德行與道德情感，是推廣至他人身上的修養方式，前引文提到「仁之法在愛人，不在愛我」，表示「仁」的本質是以自身為實踐主體所發用出對他人眞誠無偽的愛，並非是對自身的「愛」。董仲舒認為，對「自身」的愛乃是依循人出生本然之欲，不經教化引導而自然發用的，〈仁義法第二十九〉以晉靈公為例，論述「愛人」與「愛己」內涵的差異說：

> 人不被其愛，雖厚自愛，不予為仁。昔者，晉靈公殺膳宰以淑飲食，
> 彈大夫以娛其意，非不厚自愛也，然而不得為淑人者，不愛人也。
> 質於愛民以下，至於鳥獸昆蟲莫不愛，不愛，奚足謂仁！仁者，愛
> 人之名也。

晉靈公之事載於《春秋公羊傳・宣公六年》：

> 靈公為無道，使諸大夫皆內朝，然後處乎臺上，引彈而彈之，己趨
> 而辟丸，是樂而已矣。趙盾已朝而出，與諸大夫立於朝，有人荷畚，
> 自閨而出者。趙盾曰：「彼何也？夫畚曷為出乎閨？」呼之不至，曰：
> 「子大夫也，欲視之則就而視之。」趙盾就而視之，則赫然死人也。
> 趙盾曰：「是何也？」曰：「膳宰也，熊蹯不熟，公怒以斗摮而殺之，
> 支解將使我棄之。」趙盾曰：「嘻！」趨而入。〔註57〕

靈公引彈取樂、枉殺膳宰，此行為是以「自愛」為前提，為滿足其本然之情

〔註56〕〔漢〕鄭玄注、〔唐〕孔穎達疏《禮記正義・卷五十四・表記》，頁910。
〔註57〕見〔漢〕何休注、〔唐〕徐彥疏《春秋公羊傳注疏・宣公六年》，頁192。

欲，卻違反了《春秋》以「愛人」為核心的「仁」。董氏認為「愛人」是德行實踐，而「愛己」是滿足本然之欲，內涵不同，作為自有區別。故董氏強調君王仁愛的實踐，〈離合根第十八〉曰：「故為人主者，法天之行，是故內深藏，所以為神；外博觀，所以為明也；任群賢，所以為受成；乃不勞於事，所以為尊也；汎愛群生，不以喜怒賞罰，所以為仁也。」「汎愛群生」表示君王的德行修養超越自身本然的情欲，而將「愛」的對象推拓於「群生」上，君王治理國家的一切政教措施，皆應以「仁」為核心，「仁」的實踐，成為《春秋》褒獎的對象，〈竹林第三〉以司馬子反為典範，論曰：

> 「司馬子反為君使，廢君命，與敵情，從其所請，與宋平，是內專政，而外擅名也。專政則輕君，擅名則不臣，而春秋大之，奚由哉？」曰：
> 「為其有惨怛之恩，不忍餓一國之民，使之相食。推恩者遠之為大，為仁者自然為美。今子反出己之心，矜宋之民，無計其閒，故大之也。」

司馬子反之事載於《春秋公羊傳・宣公十五年》，在宋楚之戰中，宋國陷入絕糧的處境，易子而食。子反身為楚國司馬，違背君令而透露楚君僅餘糧七日的軍情，莊王因軍情洩漏而必須退兵談和，宋國絕糧之危亦解除。因此，在公羊學「仁」的觀點下，子反雖「廢君命，與敵情」卻因矜憫宋國百姓，而得到微言褒獎，這種推恩於天下萬民的「仁」之德行，成為君王道德修養與實踐的重要內涵，這就確認了董仲舒在漢代被認為是「純儒」之身分，〔註58〕亦可簡別出其與黃老思想與法家思想最關鍵性之不同處。

　　除了「仁」與「義」的實踐之外，董仲舒亦強調「智」的重要，以及君王對「智」的修為與實踐。在〈必仁且智第三十〉中，董氏認為「仁」的修為要與「智」相配合，「仁」才能成為澤被萬民、汎愛群生的「大仁」：

> 仁而不智，則愛而不別也；智而不仁，則知而不為也。故仁者所愛人類也，智者所以除其害也。

「愛而不別」表示人的愛是出於自身初生之性的本有情欲，這種情欲的發用沒有經過清明的判斷，「心」具有判斷的功能，「智」正是一種「判斷」的能力，〈必仁且智第三十〉定義「智」曰：

> 智者見禍福遠，其知利害蚤，物動而知其化，事興而知其歸，見始

〔註58〕「純儒」一詞可參見〔漢〕班固著、〔唐〕顏師古注《漢書・卷一百・敘傳下》：「抑抑仲舒，再相諸侯，身修國治，致仕縣車，下帷覃思，論道屬書，讜言訪對，為世純儒。」，頁4255。

而知其終，言之而無敢譁，立之而不可廢，取之而不可舍，前後不
相悖，終始有類，思之而有復，及之而不可厭。其言寡而足，約而
喻，簡而達，省而具，少而不可益，多而不可損，其動中倫，其言
當務。如是者，謂之智。

「智」的核心內涵在於「見禍福遠，其知利害蚤，物動而知其化，事興而知其
歸，見始而知其終」表示「智」的內涵是針對所發生的不同事件進行分析判斷，
並能預測、了解未來發展的趨向。在董氏理論中，這種由小見大、見微知著的
能力，是從「具體解悟」《春秋》得來的，如前文所言，君王閱讀《春秋》後，
應能將德行落實於政教措施上，使國家免受天降災異的警誡，此理論就從「智」
的修爲環合於「仁」之實踐，君王透過具體解悟《春秋》，使心能具備清明的判
斷能力，此判斷是以「汎愛群生」之「仁」爲前提，一切對事物的判斷與規劃
都能兼顧人民福祉與國家處境。要特別注意的是，董氏認爲「智」的能動與實
踐，重點在於判斷上天所降的「災異」，君王必須從災異中端正自身行爲，培養
美善的德行，改正政教缺失，董氏在〈二端第十五〉與〈必仁且智第三十〉中
皆強調君王必須以清明的判斷審辨災異，了解天之道德意志：

災異以見天意，天意有欲也、有不欲也，所欲、所不欲者，人內以
自省，宜有懲於心，外以觀其事，宜有驗於國，故見天意者之於災
異也，畏之而不惡也，以爲天欲振吾過，救吾失，故以此報我也。
（〈必仁且智第三十〉）

「有懲於心」、「觀其事」與「驗於國」背後皆有清明的判斷能力，即是「智」
的發用，而發用的目的在於了解天透過災異所表現的絕對道德意志，君王必
須順承此意志而修正自身行爲，才能使自身與國家免於災難，達致富強康樂
的境界。

四、由內至外「禮」的內涵與實踐

君王除了能透過具體解悟《春秋》作爲心性修養途徑之外，董氏亦架構
完整的「禮」之內涵修養與實踐方式。「禮」的理論一貫地以天道爲根源，並
與心性修養相互連結，構成董氏整全的德行修養理論。沈清松於〈德行倫理
學與儒家倫理學的現代意義〉一文中，提到德行倫理之「德行」具有二種意
義：其一爲「本有善性的實現。每一個人本有的能力可以自由發揮，得到全
面的實現，這是本有能力的卓越化，以追求卓越爲人生的目的」；其二則是「良

好關係的滿全。不管是朋友、夫婦、兄弟、長上、屬下，甚至陌生人，不管是否是同一家族或是同一族群，皆可以以仁相待，四海之內皆兄弟，這種良好關係得以滿全的結果，也是德行。」〔註59〕正可說明董仲舒以「仁義」爲核心的德行陶冶，彰顯人原初之性中本有的善質；「禮」的培養與實踐，則可以使人達到良好關係的滿全。

（一）以天道爲根源之「禮」的義理內涵

前章已論，董仲舒哲學理論以天道觀爲根源，其相關於「禮」的義理內涵亦奠基於天道觀之理論架構上：

> 天地者，萬物之本、先祖之所出也，廣大無極，其德昭明，歷年眾多，永永無疆。天出至明，眾知類也，其伏無不炤也；地出至晦，星日爲明不敢闇，君臣、父子、夫婦之道取之此。大禮之終也，臣子三年不敢當，雖當之，必稱先君，必稱先人，不敢貪至尊也。百禮之貴，皆編於月，月編於時，時編於君，君編於天，天之所棄，天下弗祐，桀紂是也；天子之所誅絕，臣子弗得立，蔡世子、逢丑父是也；王父父所絕，子孫不得屬，魯莊公之不得念母、衛輒之辭父命是也；故受命而海內順之，猶眾星之共北辰，流水之宗滄海也，況生天地之間，法太祖先人之容貌，則其至德，取象眾名尊貴，是以聖人爲貴也。（〈觀德第三十三〉）

> 禮者，繼天地、體陰陽，而愼主客、序尊卑、貴賤、大小之位，而差外內遠近、新故之級者也，以德多爲象，萬物以廣博眾多歷年久者爲象。其在天而象天者，莫大日月，繼天地之光明莫不照也……其得地體者，莫如山阜。人之得天得眾者，莫如受命之天子，下至公侯伯子男，海內之心，懸於天子，疆內之民，統於諸侯，日月食並告凶，不以其行。（〈奉本第三十四〉）

二段引文清楚論述董氏「禮」包含的二面向：其一，「禮」之核心作用在於貞定「人倫關係」；其二，「人倫關係」以天道秩序爲根源。首先，在貞定人倫關係的面向上，第二段引文提出禮的主要作用爲「繼天地、體陰陽，愼主客、序尊卑、貴賤、大小之位，而差外內遠近、新故之級」，蘇輿釋曰：「人者，

〔註59〕見沈清松著〈德行倫理學與儒家倫理思想的現代意義〉，收入《哲學與文化》第二十二卷11期（1995年11月），頁981。

天之繼也。人非禮無以立，故曰繼天地。君臣父子夫婦之道，取之陰陽，故曰『體陰陽』。施之人我，各有其處，昧之則逆於禮，故曰『愼主客』。」表示人有將天道理序具體表現於人間的責任，因此端正「君──臣、父──子、夫──婦」關係，爲「禮」最重要的作用。其二，在禮之天道根源面向上，首段引文認爲天地依照固定理序運作：「天出至明，眾知類也，其伏無不炤也；地出至晦，星日爲明不敢闇」，人間秩序亦應效法天道秩序，日月星體運行的理序應落實於人倫秩序中，故下文曰：「君臣、父子、夫婦之道取之此」，表示人倫關係應實踐出尊尊卑卑的理序，使人得到「良好關係的滿全」。

　　除了以天道爲根源而貞定人倫關係之外，董氏強調「禮」之德行的修養與實踐，並非僅是個人合宜的外在舉止、態度與衣著，以及參與國家、社會各種儀典時所表現出來的行爲禮節，而是以內在心志修養爲核心，所自然發用出的眞誠行爲，〈玉杯第二〉使用「文公喪取」的例證說：

> 《春秋》譏文公以喪取。難者曰：「喪之法，不過三年，三年之喪，二十五月。今按經：文公乃四十一月方取，取時無喪，出其法也久矣，何以謂之喪取？」曰：「《春秋》之論事，莫重於志。今取必納幣，納幣之月在喪分，故謂之喪取也。且文公秋祫祭，以冬納幣，皆失於太蚤，春秋不譏其前，而顧譏其後，必以三年之喪，肌膚之情也，雖從俗而不能終，猶宜未平於心，今全無悼遠之志，反思念取事，是《春秋》之所甚疾也，故譏不出三年，於首而已譏以喪取也，不別先後，賤其無人心也。緣此以論禮，禮之所重者，在其志，志敬而節具，則君子予之知禮；志和而音雅，則君子予之知樂；志哀而居約，則君子予之知喪。

依照《春秋公羊傳》的記載，魯僖公於西元前六百二十七年薨，公子興於公元前六百二十六年繼位，〔註60〕是爲魯文公。對文公而言，僖公具有「君」、「父」的雙重身分，文公應依古禮服斬衰之喪，《禮記・喪服四制》曰：「其恩厚者，其服重；故爲父斬衰三年，以恩制者也。……資於事父以事君，而敬同，貴貴尊尊，義之大者也。故爲君亦斬衰三年，以義制者也。」而三年之喪的時間與生活情態，《禮記・三年問》曰：「斬衰，苴杖居倚廬，食粥、寢苫、枕塊，所以爲至痛飾也。三年之喪，二十五月而畢，哀痛未盡，思慕

─────────────

〔註60〕 此處僖公卒年與文公繼位之年是根據李宗侗先生的考鏡，見氏著：《春秋公羊傳今注今譯》（台北：臺灣商務印書館，1973 年），頁 257。

未忘，然而服以是斷之者，豈不送死有已，復生有節也哉？」〔註61〕孝子應抱持無比哀思悲慟，為父服喪二十五月。

　　從此角度出發，根據《春秋》記載，自文公二年（B.C.625 年）起，其在處理喪事的過程中，就出現了三次違反禮節的道德瑕疵：其一為「丁丑，作僖公主」，《公羊傳》譏曰：「不時也。……欲久喪而後不能也。」其二為「八月丁卯，大事于大廟，躋僖公」，《公羊傳》論曰：「譏。何譏爾？逆祀也。其逆祀奈何？先禰而後祖也」。「不時」與「逆祀」已對文公的德性作出負面的評價，而第三項錯誤，即董仲舒藉以論「志」的事例：「公子遂如齊納幣。納幣不書，此何以書？譏。何譏爾？譏喪娶也。娶在三年之外，則何譏乎喪娶？三年之內不圖婚。」公子遂為僖公庶子，其在君王父喪未滿時，前往齊國下聘婦姜，這條經傳資料需與文公四年「夏，逆婦姜於齊」相對照，根據董仲舒的推算，從文公元年至文公四年迎娶婦姜，期間共四十一月，〔註62〕斬衰之喪二十五月，文公並非在服喪期間迎娶，故實無「喪取」之事，亦無在行為上的實際錯誤；而《春秋》以貶筆記載納幣之事，按照《春秋》文例，君王之婚僅書迎娶，之前諸禮皆不書，《公羊傳》以「譏」論之，理由為「三年之內不圖婚」，「圖」，《說文解字》釋為「畫計難也」，〔註63〕引申為動機及其行動落實，何休注曰：「僖公以十二月薨，至此未滿二十五月，又禮先納采、問名、納吉，乃納幣，此四者皆在三年之內，故云爾」，職是《春秋》批判的並非文公「喪取」，而是文公在理應哀痛欲絕的父喪期間，表現出「圖婚」之「志」，這種意圖違反禮真正的內涵，董氏認為：「禮之所重者，在其志，志敬而節具，則君子予之知禮」，亦即要從心志中發用出真誠無偽的「敬」，具體展現於外在的「節」上，心志之「敬」與外在之「節」相互配合，才是「禮」之修養與實踐的方式。〔註64〕

　　上文已論述六藝之修養以《春秋》為核心，同樣的，「禮」的修養與實踐

〔註61〕見〔漢〕鄭玄注、〔唐〕孔穎達疏《禮記正義・卷六十三・喪服四制》、〈卷五十八・三年問〉，頁 1032、961。

〔註62〕見〔清〕蘇輿校注《春秋繁露義證・玉杯第二》：「今按經，文公乃四十一月方取」，頁 25。

〔註63〕見（東漢）許慎著，〔清〕段玉裁注：《圈點段注說文解字》（台北：萬卷樓出版社，1997 年出版），頁 279。

〔註64〕關於此段論述與《春秋繁露》中「志」之意義，可參見筆者〈春秋公羊學之「貴志說」、「知志說」到聖王之「養志說」──論「春秋繁露・玉杯」中「志」之意涵〉，《思辨集》第十集，（2007 年 4 月），頁 115～130。

亦從具體解悟《春秋》而來：

> 《春秋》尊禮而重信，信重於地，禮尊於身。何以知其然也？宋伯姬
> 疑禮而死於火，齊桓公疑信而虧其地，《春秋》賢而舉之，以爲天下
> 法。曰：禮而信，禮無不答，施無不報，天之數也。（〈楚莊王第一〉）

> 《春秋》有經禮，有變禮。爲如安性平心者、經禮也；至有於性雖
> 不安，於心雖不平，於道無以易之，此變禮也。（〈玉英第四〉）

「尊禮而重信」、「經禮」、「變禮」等道德內涵，皆透過《春秋》所記載的史
事與人物典範彰顯出來，君王必須具體解悟，將禮之內涵內化於心，使自身
具備「禮」之德行，如此，發用出來即成爲「道德之志」，就能達成「志敬而
節具」、內外一如的「禮」之實踐。

（二）衣服有制、宮室有度──君王外在「禮」之實踐

「禮」的內涵既以「志敬而節具」爲核心，而其作用又在於貞定倫理關
係，君王在國家、社會與家庭的倫理關係中，應以何種外在生活模式，具體
彰顯其身爲君王的名與實呢？董氏強調透過「衣服」與「宮室」等起居方式
展現內在德行，實踐「志敬而節具」的禮之內涵。

首先，董氏透過「服制」的等差，架構出君王獨尊的地位，〈服制第二十
六〉曰：

> 率得十六萬國三分之，則各度爵而制服，量祿而用財，飲食有量，
> 衣服有制，宮室有度，畜產人徒有數，舟車甲器有禁；生有軒冕、（之）
> 服位、貴祿、田宅之分，死有棺槨、絞衾、壙襲之度。雖有賢才美
> 體，無其爵，不敢服其服；雖有富家多貲，無其祿，不敢用其財。
> 天子服有文章，不得以燕公以朝，將軍大夫不得以燕將軍大夫以朝
> 官吏，命士止於帶緣，散民不敢服雜采，百工商賈不敢服狐貉，刑
> 餘戮民不敢服絲玄纁乘馬，謂之服制。

引文的「服制」是從「爵位」出發而產生的外在規範，在親親、尊尊的倫理
關係下，君王與臣民衣食住行等各生活面向，皆應依循國家社會規範，使倫
理關係保持秩序井然的狀態。以君王爲例，前章已提及君王爲天所受命，故
其外顯的衣著起居，皆要效法天道法則，如〈服制像第十四〉以「青龍」、「白
虎」、「赤鳥」、「玄武」四者象徵君王外在服飾，曰：

> 天地之生萬物也以養人，故其可適者，以養身體；其可威者，以爲

容服；禮之所爲興也。劍之在左，青龍之象也；刀之在右，白虎之
象也；戟之在前，赤鳥之象也；冠之在首，玄武之象也；四者、人
之盛飾也。夫能通古今，別然不然，乃能服此也。……夫執介胄而
後能拒敵者，故非聖人之所貴也，君子顯之於服，而勇武者消其志
於貌也矣。故文德爲貴，而威武爲下，此天下之所以永全也。……
故武王克殷，裨冕而搢笏，虎賁之士說劍，安在勇猛必在武殺然後
威，是以君子所服爲上矣，故望之儼然者，亦已至矣，豈可不察乎！

在西漢初年的學術思想中，青龍、白虎、赤鳥（朱鳥、朱雀）與玄武四者皆
被賦予神聖意義，《淮南子·天文》曰：「東方，木也，其帝太皞，其佐句芒，
執規而治春。其神爲歲星，其獸蒼龍，其音角，其日甲乙。南方，火也，其
帝炎帝，其佐朱明，執衡而治夏，其神爲熒惑，其獸朱鳥，其音徵，其日丙
丁。……西方，金也，其帝少昊，其佐蓐收，執矩而治秋，其神爲太白，其
獸爲白虎，其音商，其日庚辛。北方，水也，其帝顓頊，其佐玄冥，執權而
治冬，其神爲辰星，其獸玄武，其音羽，其日壬癸。」〔註65〕此四者即作爲
佐掌四方的神獸；而《史記·天官書》則認爲除了「白虎」之外，其餘皆爲
四方星宿的總名：「中宮，天極星。……東宮，蒼龍。……南宮，朱鳥。……
西宮，咸池。……參爲白虎。……北宮，玄武。」〔註66〕引文雖然未明言四
者之具體意涵，但在當時的思想語境中，應皆被視爲神聖的物象，四者所分
別代表的劍、刀、戟、冠等均爲君王外在衣飾中的必要佩物，四者在與青龍、
白虎等四物象相結合後，則具有道德意涵，君王透過穿帶這些飾物，彰顯出
其美善的內在德行。

　　〈服制像第十四〉提到這些飾物具有體現內在之「威」的作用，所謂「威」，
顯示二重意義，其一爲「夫能通古今，別然不然」，其二爲「君子顯之於服，
而勇武者消其志於貌也矣」與「望之儼然」；「通古今，別然不然」，其實就是
前文所說的「義」與「智」，即君王具有清明判斷事物，直道而行的德行，〈服
制像第十四〉用「文德」一詞表示；這種內在的德行與外在衣著佩飾相結合，
就可以達到「使武勇者消其志於貌」與「望之儼然」的作用，此作用就是董

〔註65〕見〔漢〕劉安著、劉文典校注《淮南鴻烈集解（上）·天文》（收入《新編諸
　　　　子集成》），（北京：中華書局，2006年出版）頁88～89。

〔註66〕見〔漢〕司馬遷著、（南朝宋）裴駰集解、〔唐〕司馬貞索引、〔唐〕張守節正
　　　　義《史記·卷二十七·天官書》（收入楊家駱主編之《新校本二十五史》），（台
　　　　北：鼎文出版社，1977年出版），頁1295～1296。

氏所定義的「威」。因此，「威」對於君王衣著的意義，乃是君王的內在德行
彰顯於外在衣著，而使人生發敬畏與降服的心志。

除了衣著之外，君王居住的處所──「宮室」之建築亦應具體展現君王
仁、敬等各種德行。董氏認為「宮室」與「君王」相為表裡，〈天地之行第七
十八〉將宮室與君王的關係隱喻為人體結構：

> 一國之君，其猶一體之心也。隱居深宮，若心之藏於胸；至貴無與
> 敵，若心之神無與雙也。

在本章第一節，筆者已論述董氏理論中身體結構的理論與道德意涵，認為「心」
具有認知判斷外物，並掌管內在所有臟腑、官能的作用，「心」既藏於「胸」
中，代表「胸」為人體結構中最重要的腔體，董氏將此重要構造隱喻為「宮」，
即表示出「宮」在國家建築中居於重要的核心地位，此與明堂、社稷、宗廟
等舉行國家儀式的建築意義不同，卻能具體彰顯君王個人德行。

董氏之宮室理論與五行之運行概念相連結。在五行運作規律中，「中夏」
與土氣相配合，成就天道生化長養萬物的作用，若君王於此時大興土木、侈
營宮室，就違反天道以仁為核心的運行規則，天即降災異示警，而導致國家
禍敗亂亡。因此，董氏認為，宮室建築要能順承天道，具體展現君王「仁」
之德行，他說：

> 土者夏中，成熟百種，君之官。循宮室之制，謹夫婦之別，加親戚
> 之恩，恩及於土，則五穀成，而嘉禾興。恩及倮蟲，則百姓親附，
> 城郭充實，賢聖皆頡，仙人降。如人君好淫佚，妻妾過度，犯親戚，
> 侮父兄，欺罔百姓，大為臺榭，五色成光，雕文刻鏤，則民病心腹
> 宛黃，舌爛痛，咎及於土，則五穀不成，暴虐妄誅，咎及倮蟲，倮
> 蟲不為，百姓叛去，賢聖放亡。(〈五行順逆第六十〉)

> 五行變至，當救之以德，施之天下，則咎除；不救以德，不出三年，
> 天當雨石。……土有變，大風至，五穀傷，此不信仁賢，不敬父兄，
> 淫泆無度，宮室榮；救之者，省宮室，去雕文，舉孝悌，恤黎元。(〈五
> 行變救第六十三〉)

首段引文雖未明言「宮室之制」，然而從下文「省宮室，去雕文」可見君王必
須透過儉樸的宮室建築，彰顯內在的「敬志」。若從德行倫理的觀點來看，君
王必須先具備內在的「敬」與「仁」，才能自然而然節制宮室規模用度，順承
「天」之道德意志。

從「衣服有制」與「宮室有度」二者，可以見到董氏所論述的君王外在「禮」之實踐，皆期待君王能自然而然地具體展現內在心志的「敬」與「仁」等各種德行。董氏並非先架構一套完整的禮儀規範，強制君王遵循；而是從內在的德行出發，透過具體解悟《春秋》，培養內在美善德行，最後自然發用於外在服儀與宮室建築的面向上，內在心志的「敬」才是董氏「禮」之實踐的根源。

五、由內至外的德行修養與實踐

從以上的論述可知，董仲舒所提出的君王道德修養與實踐，並非強制性的外在道德與行為規範，而是以德行陶冶的方式，將道德內化於君王心性之中，使君王本身即具備完善的人格，而能自然實踐於國家政教措施上。董氏以五行的質性與運行法則為根源，提出一個君王整全的道德人格狀態，〈五行五事第六十四〉曰：

> 五事：一曰貌，二曰言，三曰視，四曰聽，五曰思，何謂也？夫五事者，人之所受命於天也，而王者所修而治民也，故王者為民，治則不可以不明，準繩不可以不正。王者貌曰恭，恭者，敬也；言曰從，從者，可從；視曰明，明者，知賢不肖，分明黑白也；聽曰聰，聰者，能聞事而審其意也；思曰容，容者，言無不容。恭作肅，從作乂，明作哲，聰作謀，容作聖。何謂也？恭作肅，言王者誠能內有恭敬之姿，而天下莫不肅矣。從作乂，言王者言可從，明正從行，而天下治矣。明作哲，哲者，知也，王者明，則賢者進，不肖者退，天下知善而勸之，知惡而恥之矣。聰作謀，謀者，謀事也，王者聰，則聞事與臣下謀之，故事無失謀矣。容作聖，聖者，設也，王者心寬大無不容，則聖能施設，事各得其宜也。

「貌、言、視、聽、思」五事，與「五行」的義理內涵與運作規律相配合，架構出一個經過德行培養與內化後的整全道德人格。此五事與內在心志所培養而成的多種德行相配合。「敬」為內在德行，而表現於外的具體狀態為「貌恭」；「可從」是「心」透過理性認知與判斷之後，所展現的「智」，具體表現於外在，就是可以使臣民順從的「言」；「知賢不肖」則是內在清明正直的判斷，此德行彰顯於外則能「明視」萬物；「聞事而審其義」亦為「智」之發用，體現於外在，即能「聽」事物。「言無不容」即下文所云「心寬大無不容」的

德行。君主若希望於外在容貌與各種國家政教措施上，表現出正直、寬厚、智慧、莊敬的解決方法與應變態度，就必須先培養自己內在各種美善的品德。

除了明言君王必須具備的內在各種德行之外，董氏亦用「摯」作類比，認為君王的德行與人格，應與其所持之「暢」（鬯）相對應，〈執贄第七十二〉曰：

> 暢有似於聖人者，純仁淳粹，而有知之貴也，擇於身者，盡為德音，發於事者，盡為潤澤，積美陽芳香以通之天，暢亦取百香之心獨未之，合之為一，而達其臭氣暢于天，其淳粹無擇，與聖人一也，故天子以為贄，而各以事上也。

《禮記·曲禮》曰：「摯，天子，鬯；諸侯，圭；卿，羔；大夫，鴈；士，雉；庶人之摯，匹，童子委摯而退。」鄭注曰：「摯之言至也，天子無客，禮以鬯為摯者，所以唯用告神為至也。」「摯」為奉與賓客的見面禮，「鬯」，孔穎達《正義》曰：「天子鬯者，釀黑黍為酒，其氣芬芳調暢，故因謂為鬯也。天子無客，禮必用鬯為摯者，天子弔臨適諸侯，必舍其祖廟，既至諸侯祖廟，仍以鬯禮於廟神，以表天子之至。」﹝註67﹞因此，在至少不晚於戰國時，黑黍所釀、質地芬芳的「鬯」，至少有二種用途，其一為天子用於祭禮之酒，其二為給予諸侯或賓客的見面禮，此二義僅彰顯出「鬯」的質地與用途。

然而引文將「鬯」與理想君王的人格相比附，賦予「暢」二種道德意涵。其一為本身完備的德行，「純仁淳粹」原形容鬯酒之質地，在此卻以其芬芳純美的質性，隱喻君王本身具備的德行，此德行發用於外，就會產生「有知之貴」、「擇於身者，盡為德音」、「發於事者，盡為潤澤」的行為與作用。因此，從德行倫理的觀點來看，君王並非僅是為了達成「盡為德音」、「盡為潤澤」的目的，才去做「德」與「知」之事，亦非為了完成本身道德的義務，而進行這些裨益政教的道德實踐，而是因為本身具備了「純仁」的德行，自然而然發用於外，就能實踐出合於道德的行為。其二為以「暢」隱喻君王之道德應合乎天道法則。「暢」之原本用途即為祭禮之酒，天子用之以「告神」；董氏將此義推拓為君王之德行應當合於天道，引文認為「暢」匯集「百香之心」，表示君王應當培養諸種美善德行，以此德之發用，順承天之絕對道德意志，而成為一個道德完備的聖人。

﹝註67﹞引文之內文、注與疏同見〔漢〕鄭玄注、〔唐〕孔穎達疏《禮記正義·卷五·曲禮》，頁101。

　　由是觀之，董氏心性的修養與道德實踐，是從人質樸之性本有的善質出發，認為透過以《春秋》為核心的六藝教育，並具體解悟《春秋》之微言大義，發用出人性本有的善之趨向，使內在具備各種美善德行；君王若能自然而然地將德行發用於個人外在言行體貌、衣著上，並落實於國家政教制度之中，則君王與國家皆能合於天道法則，而能保持太平和樂的狀態。

　　這種從「德行」修養出發的倫理學解釋方式，開拓了過去學界多以「國家體制」與「倫理關係」為主軸的董氏倫理思想研究角度，如實呈現董氏心性論與道德修養方式，強調君王外在的政教制度，並非僅在「大一統」的國家體制架構下，彰顯君王的絕對權力，而可說是君王完善內在德行之具體落實。

第三節　循天之道──形神相合之修養觀

　　除了內在的心性修養之外，《春秋繁露》中亦有以黃老思想為背景的「形──神」修養觀。「形神修養」的概念，接近於「養生」，王璟定義「養生」曰：

> 養生又稱攝生，其內涵簡而言之，即是在依順生命發展規律的前提下，採取積極的手段護養、保養生命，以達到預防疾病、維護健康、延年益壽的目的。〔註68〕

表示養生之目的在於依循自己生命的狀況，積極養護身體各項官能與結構的運作，而能達成健康的目標。《春秋繁露》提出「形」、「神」、「精」、「意」等概念，認為君王必須針對外在之「形」與內在之「神」進行修養，使自身健康長生，然而由於董氏所架構的思想體系與理論，皆以「外王」為目標，而「神形修養」亦不僅停留於健康長生的面向，而要能延伸並實踐於國家治道上。

　　值得注意的是，在心性修養的面向上，《春秋繁露》較為強調人必須藉由德行修養，效法天之「絕對道德意志」。而在養生之道上，則格外強調君王必須順承陰陽五行的運行所展現的固定理序，此天道秩序為黃老學理論的形上根源，陳師麗桂曾藉由〈經法‧論約〉一文，強調黃老思想重視天道運行規則的概念，說：

> 〈經法‧論約〉更列舉了天地自然間可信可法的質性與恆度，所謂

〔註68〕見王璟著《漢代養生思想研究──以黃老思想為主題》，（台灣師大國文研究所博士論文，2006年6月，指導教授：陳師麗桂），頁1。

「七法」、「八正」來做爲仁君主政遵循的依據。簡言之，就是藉著大自然四時、日月、星辰、晝夜運行之更迭有序，各守其度，來要求人君在任人治官上做到「任能毋過其所長」，使能各居其位，各盡其職，而不相干越，則天道自然偉大，政道也天經地義、愜理厭心。〔註69〕

上文從「任人治官」的角度進行解釋，說明效法天道秩序的義理內涵，這種觀點亦可以遍及於形神修養的理論上。〈循天之道第七十七〉篇首即曰：「循天之道以養身，謂之道也。」「道」爲「天」透過陰陽五行之氣的運行所彰顯出的固定理序，藉由遵循天道之運行規律，以修養形神。

一、形、神之義理內涵

《春秋繁露》中，相當重視「形」、「神」的概念與關聯，過去學界多從「修養」的角度論述其理論，較少就二者本質探究之，筆者因先從本質論述。首先，「形」爲「身體結構」（包含內在一切臟腑、官能），以迄外在體貌的具體展現。「神」則有二層次，第一層爲在氣化宇宙論的思想下，「體內」的陰陽二氣涵養到最靈妙的狀態謂之「神」，董氏又稱爲「神明」；第二層則是君王治理國家所表現的靈明之態度、智慧與策略。

（一）「神」之義理內涵

在「神」的第一層意義中，又可分成「本質」與「狀態」二種解釋。所謂「本質」，就是「神」構成的具體質素，而「狀態」則是從「心──神」關係中所展開的理論，即「神」爲「心」修養體內之氣到達最靈明的狀態。

首先，在本質的解釋中，〈循天之道第七十七〉曰：

> 故養生之大者，乃在愛氣，氣從神而成，神從意而出，心之所之謂意，意勞者神擾，神擾者氣少，氣少者難久矣；故君子閒欲止惡以平意，平意以靜神，靜神以養氣，氣多而治，則養身之大者得矣。古之道士有言曰：「將欲無陵，固守一德。」此言神無離形，而氣多內充，而忍饑寒也。和樂者，生之外泰也，精神者，生之內充也，外泰不若內充，而況外傷乎！忿恤憂恨者，生之傷也，和說勸善者，

〔註69〕 見陳師麗桂著《秦漢時期的黃老思想・董仲舒的黃老思想》，（台北：文津出版社，1997 年出版），頁 186。

> 生之養也，君子愼小物而無大敗也，行中正，聲嚮榮，氣意和平，
> 居處虞樂，可謂養生矣。

上文之「神」與「精神」，指體內陰陽之氣修養至最靈明的樣態，爲「生之內充」，代表靈明之氣充盈豐沛，周流不息地運行於體內。此爲黃老思想修養論中的重要概念，如《管子》將此靈明之氣以「精氣」形容之，並認爲人可透過存養擴充體內的「精氣」，而達到清明的聖人境界，〈內業〉曰：「精存自生，其外安榮，內藏以爲泉原，浩然和平，以爲氣淵。淵之不涸，四體乃固，泉之不竭，九竅遂通，乃能窮天地，被四海。中無惑意，外無邪菑。心全於中，形全於外，不逢天菑，不遇人害，謂之聖人。」〔註70〕同樣的概念被《淮南子》重視，前章已論，在《淮南子》中，「陽氣」賦予萬物精神，被陽氣施化而賦予的「精神」，使萬物具有靈明的智慧與勃然的生命力，人必須存養擴充之，才能清明地認識、處理外物。

「狀態」的描述，則奠基於「神」與「心」的關係上。前文提及在氣化宇宙論的前提下，「心」爲清明的陰陽之氣化生而成，能主宰體內一切官能、構造與氣血運行，「神」則是體內陰陽之氣修養至相當靈明的狀態，〈天地之行第七十八〉中，將「心──身體」與「君──國」相互比喻，曰：「一國之君，其猶一體之心也：隱居深宮，若心之藏於胸；至貴無與敵，若心之神無與雙也；……親聖近賢，若神明皆聚於心也。」「神」在人體中能彰顯出來，端賴「心」的修持與養護，因此「神」亦可描述爲「心」修養體內之氣臻至相當靈明的狀態，而展現出的樣貌。故上文說：「氣從神而成，神從意而出，心之所之謂意」，表示「神」的狀態，必須透過「意」的醞釀才能產生；「意」，上文已提及，其義爲「心之所指」，表示「神」的狀態必須推源至「心」的修養才能達成。陳師麗桂於〈「春秋繁露‧循天之道」所顯現的養生之理〉一文中，論「氣、神、意、心」的關係曰：

> 心、意、神、氣四者之間的先後牽制關係，依它的安排，是由心理到生理，由形上到形下，心影響意，意影響神，神影響氣，氣竟成了生命最後的根源，也是養生的最後目的。〔註71〕

〔註70〕見〔清〕黎翔鳳著《管子校注》（中），（收入《新編諸子集成》），（北京：中華書局，2006年出版），頁938、939。

〔註71〕見陳師麗桂著〈「春秋繁露‧循天之道」所顯現的養生之理〉，（中國學術年刊第十九期，1998年3月），頁8。

體內之氣若能透過「心」的修養，而達成靈明和順的「神」之狀態，人就能
康健長壽。

　　此外，「神」的二層意義則是君王治理國家深謀潛御的態度與策略，〈立
元神第十九〉曰：

> 爲人君者，其要貴神，神者，不可得而視也，不可得而聽也，是
> 故視而不見其形，聽而不聞其聲；聲之不聞，故莫得其響，不見
> 其形，故莫得其影；莫得其影，則無以曲直也，莫得其響，則無
> 以清瘺也；無以曲直，則其功不可得而敗，無以清瘺，則其名不
> 可得而度也。

這是從「刑——名」的角度所呈現出的「神」之作用，學界多認爲董氏的刑
名帝王之術援引自黃老思想，余明光評論董氏「因任以受官，集賢以用智」
的觀點曰：「董仲舒深通道家之要，故襲黃學之人主深藏而不用私智，選賢能
以爲百官，君主則『乘備具之官』以達無爲之治的目的……」〔註72〕「深藏
而不用私智」的治國方法，即上述之「神」，意指君王聲、形、思慮與計謀皆
不能讓臣子得而見之，反必須深藏收斂，才能潛御群臣。這種思想遍見於黃
老與法家典籍，如《管子‧心術上》：「是故有道之君，其處也若無之，其應
物也若有之，靜因之道也。」〔註73〕、《韓非子‧難三》亦曰：「術者，藏之
於胸中，以偶眾端，而潛御群臣者也」〔註74〕、《淮南子‧主術》：「人主之術，
處無爲之事，而行不言之教，清靜而不動，一度而不搖，因循而任下，責成
而不勞。」〔註75〕陳師麗桂於〈董仲舒與黃老思想〉一文中，援引〈立原神
第十九〉論曰：「這裡以『神』來繼承《管子》的靜因，申子的『獨斷』，與
韓非子『不欲見』的術，說君術要無聲、無響、無形、無影，知人而不爲人
所知。」〔註76〕因此，「神」的概念，不僅是指君王體內調和充旺之氣；亦指
在黃老思想下，表達出君王靜因深藏而靈妙的治國統馭之術。

〔註72〕見余明光著〈董仲舒與黃老之學——黃帝四經對董仲舒的影響〉，收入《道家
　　　　文化研究‧第二輯》，（上海：上海古籍出版社，1992年8月），頁216。
〔註73〕見〔清〕黎翔鳳著《管子校注（中）‧卷十三‧心術上》，頁764。
〔註74〕見〔清〕王先慎校注《韓非子集解‧卷十六‧難三》（收入《諸子集成》第五
　　　　冊），（北京：中華書局，1954年出版，2006年重印），頁290。
〔註75〕見〔漢〕劉安編、劉文典校注《淮南鴻烈集解（上）‧主術》（收入《新編諸
　　　　子集成》），（北京：中華書局，2006年出版），頁269。
〔註76〕見陳師麗桂著〈董仲舒與黃老思想〉，收入《紀念程旨雲先生百年誕辰學術研
　　　　討會論文集》（1994年5月），頁437。

（二）「形」之義理內涵與「形──神」關係

在《春秋繁露》中，「形」與「神」對舉，「神」代表體內陰陽之氣調暢靈明的狀態，「形」則是指身體的內在構造，以及表現於外的體貌。本章第一節已提及人的身體結構以天道為根源，為一自足的小宇宙，一切臟腑、官能、骨肉皆有其神聖性。然而此神聖性必須透過「神」的修養，與「神」相合，才能呈現出來。〈通國身第二十二〉曰：

> 氣之清者為精，人之清者為賢，治身者以積精為寶，治國者以積賢為道。身以心為本，國以君為主；精積於其本，則血氣相承受；賢積於其主，則上下相制使；血氣相承受，則形體無所苦；上下相制使，則百官各得其所；形體無所苦，然後身可得而安也；百官各得其所，然後國可得而守也。夫欲致精者，必虛靜其形；欲致賢者，必卑謙其身，形靜志虛者，精氣之所趣也；謙尊自卑者，仁賢之所事也。故治身者，務執虛靜以致精；治國者，務盡卑謙以致賢；能致精，則合明而壽；能致賢，則德澤洽而國太平。

上文提出「精」與「形」二概念，並將「君──國」與「心──身」二者相互比喻。

茲先擱置「君──國」面向，而從「精」的角度論述「形」之概念。「精為氣之清者」同見於《後漢書・李杜傳》：「臣聞氣之清者為神，人之清者為賢。養身者以練神為寶，安國者以積賢為道。」〔註77〕不論「精」或「神」，皆可用於指涉體內之氣調暢和順的狀態，當體內之氣和順清明，臟腑官能自然能「無所苦」，其所表現於外的身形體貌就能「得而安」，具體彰顯出以天道為根源之身體構造的神聖性。

「形」除了指內在臟腑與體貌之外，此理論的重點仍為回應《春秋繁露》以「君王觀」為核心的基源問題。故其關心君王必須在治國時呈現何種身形體貌，才符合君王之名與實。此身形體貌亦與「神」靜因深藏的內涵相對應，表示君王所彰顯的「形」應虛靜沉潛，方能合應天道「神」的作用。

> 天高其位而下其施，藏其形而見其光；高其位，所以為尊也，下其施，所以為仁也，藏其形，所以為神，見其光，所以為明；故位尊而施仁，藏神而見光者，天之行也。故為人主者，法天之行，是故

〔註77〕見〔劉宋〕范曄著、〔唐〕李賢等注《後漢書・卷六十三・李杜傳》，（收入楊家駱主編之《新校本二十五史》），（台北：鼎文出版社，1977年出版），頁2080。

內深藏，所以爲神，外博觀，所以爲明也，任群賢，所以爲受成，
乃不自勞於事，所以爲尊也，汎愛群生，不以喜怒賞罰，所以爲仁
也。（〈離合根第十八〉）

君人者，國之元，發言動作，萬物之樞機，樞機之發，榮辱之端也。
失之豪釐，駟不及追。故爲人君者，謹本詳始，敬小慎微，志如死
灰，形如委衣，安精養神，寂寞無爲，休形無見影，揜聲無出響，
虛心下士，觀來察往，謀於眾賢，考求眾人，得其心，遍見其情，
察其好惡，以參忠佞，考其往行，驗之於今，計其蓄積，受於先賢，
釋其讎怨，視其所爭，差其黨族，所依爲臬，據位治人，用何爲名，
累日積久，何功不成？（〈立原神第十九〉）

首段引文論述天道運行的特質與法則，「藏其形，所以爲神」表示天道並未將
生生化育萬物的過程特別彰顯於外，而是以隱藏的方式，顯出天道的靈妙作
用。這種「藏其形而見其光」的方式，應該同樣表現於君王領導統御上。在
「形體」的表現上，第二段引文提到「形如委衣」、「休形無見影」，表示君王
呈現於臣民面前的樣貌，應當虛靜無爲，不可讓人察識到其行止與意態，在
休形無影的狀態下，深察並稽核臣下的作爲，而不能直接將其言語行爲及外
貌意象表露於外，此皆爲君王因任虛靜的君術，應與「神」合觀才能架構出
完整的「形──神」理論。

由上所論，「形」意指身體內在構造與身形體貌，而「神」則指靈明的精
神狀態。「形」之康健安泰，懸繫於「神」的調養，而「神」的靈明，則端賴
「心」之修持；心若能虛靜節制，則「神」自然能靈明調暢，「氣」自然充沛
飽滿，而「形」就能健康安泰；如此，君王就能達到長生的目的。

二、「形──神」修養方式

《春秋繁露》中，「形──神」修養有二種重要方式，其一爲「情緒修養」，
其二則爲「節欲修養」，二者相互連結，目的在於架構出使君王精神清明、形
體康強的修養理論。

（一）情緒修養

此爲《春秋繁露》中最重要的形神修養方式，過去學界較少探究董氏對
此論題的理論，而較常使用《淮南子》、《黃帝內經》等典籍，以及桓譚、王

充等思想家作爲探討情緒修養與醫療的文本。〔註78〕本章第一節說過，董氏「情」之理論，有「自然情感」與「道德情感」二類，在以公羊學爲核心的儒家修養觀中，如何透過德行培養，將自然情感昇華爲道德情感是探討的重心；然而，黃老思想則關懷君王如何透過情緒修養，達到形神一如、長生健康之目的，並用之於「刑——德」的治國措施中。在情緒修養的論題中，董氏以黃老思想的角度，結合儒家思想，使君王成爲長生而有德的聖王。

在董氏以天道推闡人事的方法論下，四時的質性與人的情緒相互配合，陰陽二氣流布運作於四時，亦同樣運作於人體中，成爲情緒的形上根源，如前章所論，春、夏、秋、多四時分別與喜、怒、哀、樂等情緒相互配合，皆以天道

〔註78〕 過去學界對於兩漢「形——神」理論的研究，多將焦點置於《淮南子》與《黃帝內經》上，以陳師麗桂所編錄之《兩漢諸子研究論著目錄》爲例，討論「形神觀」的文章共有二十八篇，而以《淮南子》爲探討主題的文章有二篇：高漢聲著〈論淮南子關於形神知行的心理思想〉，（收入《南京大學學報》1983年第4期），頁103～112、呂凱著〈淮南子形神論〉，（收入國立政治大學中文系〈第三屆漢代文學與思想學術研討會〉論文集），（2000年5月），頁1～23。以《黃帝內經》爲主題的文章則有七篇：楊安時著〈從內經中來探討中醫論「天人合一」與「形神合一」的觀點和應用〉，（收入《新中醫藥》1958年第9卷3期）、劉長林著〈論內經唯物主義形神觀〉，（收入《文史哲》1978年第3期），頁45～51、劉光華著〈談談內經的形神關係〉，（收入《成都中醫學院學報》1979年第3期）、鄭如心著〈黃帝內經的形神論〉，（收入《東北師大學報》，1981年第1期，1981年1月），頁92～97、劉程材著〈內經的形神唯物觀及其對醫療實踐的意義〉，（收入《山東中醫學院學報》1981年第3期）、林怡玲著〈「黃帝內經素問」形神觀初探〉，（收入《中正高工學報》第1期，2001年4月），頁190～197、劉見成著〈黃帝內經的形神論思想〉，（收入《中國文化月刊》206期，1997年），頁30～41。其餘則多爲王充與桓譚形神問題之研究。而台灣國家圖書館〈中文期刊論文索引資料庫〉則收入兩漢「形——神觀」研究三篇：陳師麗桂〈淮南子論修養〉，（收入《國立中央圖書館刊》新20卷1期，1987年6月），頁45～64、李美燕著〈「淮南子」的形神觀與養生論〉，（收入《中華學苑》第56期，2003年2月），頁175～199、鄭基良著〈桓譚對形神關係的思想論證〉（上）、（下），收入（《空中大學學報》317期，2003年11月，頁106～110），可知近代學界對兩漢「形神觀」的討論，多以《淮南子》、《黃帝內經》與桓譚、王充四者爲討論主軸，而《春秋繁露》的討論則較少觸及，唯陳師麗桂《〈春秋繁露·循天之道〉所顯現的養生之理》《中國學術年刊》19期，1998年3月，頁161～175。2000年以來，汪劍等著〈董仲舒對內經的影響〉《醫學與哲學》（人文社會醫學版）第二十八卷第四期，2007年4月，頁57～59、高中祖〈儒與醫之緣者——董仲舒和他的「春秋繁露」〉《中國民族民間醫藥雜誌》2007年（總75期），頁198～205，與郭延信所著〈董仲舒養生思想的文化研究〉，《吉林體育學院學報》2008年2月，頁58～61等論文中有詳細闡釋。

陰陽二氣為其根源。〔註79〕《春秋繁露》肯定「情緒」為人初生即有的面對外物之如實反應，而不從「善」、「惡」等價值判斷立論，故〈如天之為〉曰：

> 人有喜怒哀樂，猶天之有春夏秋冬也，喜怒哀樂之至其時而欲發也，若春夏秋冬之至其時而欲出也，皆天氣之然也，其宜直行而無鬱滯一也，天終歲乃一遍此四者，而人主終日不知過此四之數，其理故不可以相待。

人情緒之發用，可類比效法於天之四時運行，不能凝滯於內心，但其所謂「宜直行而無鬱滯」並非「直接宣洩」各種情緒，而是情緒的發用必須合應於天道四時之運行，〈循天之道第七十七〉提出「中和」的概念，用於修養情緒與節制生理本然之欲曰：

> 天有兩和以成二中，歲立其中，用之無窮。是北方之中用合陰，而物始動於下，南方之中用合陽，而養始於上。其動於下者，不得東方之和不能生，中春是也；其養於上者，不得西方之和不能成，中秋是也。然則天地之美惡在？兩和之處，二中之所來歸，而遂其為也。是故東方生而西方成，東方和生，北方之所起；西方和成，南方之所養長；起之，不至於和之所不能生；養長之，不至於和之所不能成；成於和，生必和也；始於中，止必中也；中者，天地之所終始也，而和者，天地之所生成也。夫德莫大於和，而道莫正於中，中者，天地之美達理也，聖人之所保守也。詩云：「不剛不柔，布政優優。」此非中和之謂與！是故能以中和理天下者，其德大盛，能以中和養其身者，其壽極命。

第三章筆者已論及四時與陰陽相配之天道運行法則，《春秋繁露》以陰陽消長解釋二分二至的曆法規則，「二分」即「春分、秋分」，此時陰陽對半，勢力均勻。而「二至」則是「夏至」與「冬至」，「夏至」時陽氣大盛，陰氣潛藏；「冬至」時陰氣旺盛，陽氣消弱，故此四者為一歲中陰陽之氣變化最為重要而明顯的四節氣。引文所謂「天有兩和以成二中」，蘇輿《義證》於該文下引黃震之論曰：「兩和謂中春、中秋」；又引余樾之言曰：「兩和謂春分、秋分，二中謂冬至、夏至。」〔註80〕「中和」即為「二分」與「二至」四節氣，《繁

〔註79〕關於天道四時與人情緒的對應討論，可參見本論文〈第三章・第二節・陰陽二氣之質性與運行規則〉，頁76～85。

〔註80〕見〔清〕蘇輿校注《春秋繁露義證・循天之道第七十七》，頁444。

露》曰：「北方之中用合陰，而物始動於下，南方之中用合陽，而養始於上。
其動於下者，不得東方之和不能生，中春是也；其養於上者，不得西方之和
不能成，中秋是也」北方之中與南方之中各代表冬至與夏至，二至分別與陰
陽二氣相配，冬至時萬物的生命力潛藏運作於地下；夏至時萬物長養於地上；
二至分別需要與「東方之和」（春分）與「西方之和」（秋分）相互配合，才
能成就天道生生化育的作用。這種理論賦予「中和」與先秦傳世文獻不同的
意義，在先秦典籍中，使用「中和」概念的有《荀子》、《莊子》、《管子》與
《禮記》，〔註81〕除了〈中庸〉之「中」代表「喜怒哀樂之未發」的意涵外，
「中和」多為「中正平和」之義。但引文在黃老的思維下，被賦予「宇宙運
行規律」的意涵，高中祖於〈儒者醫之緣——董仲舒與他的春秋繁露〉一文
中，定義「中和」曰：「中與和合而言之，則是指宇宙間萬事萬物（包括人類）
發生、發展存在和變化的客觀規律和衡量標準」，〔註82〕而「聖人所保守」即
聖人在養生的面向上，應具體實踐「中和」的秩序，使情緒與生理本然之欲，
能依照天道規律進行修養與調節。

〈循天之道第七十七〉引公孫尼子之言曰：

公孫之養氣曰：「裹藏泰實則氣不通，泰虛則氣不足，熱勝則氣□，
寒勝則氣□，泰勞則氣不入，泰佚則氣宛至，怒則氣高，喜則氣

〔註81〕先秦典籍已出現「中和」的概念，《荀子‧勸學》：「《禮》之敬文也，《樂》
之中和也，《詩》、《書》之博也，《春秋》之微也，在天地之間者畢矣。」
代表「樂」有使內在保持中正平和的作用。〈致士〉：「臨事接民，而以義變
應，寬裕而多容，恭敬以先之，政之始也；然後中和察斷以輔之，政之隆
也；然後進退誅賞之，政之終也。」、〈樂論〉：「故樂者，天下之大齊也，
中和之紀也，人情之所必不免也。是先王立樂之術也，而墨子非之奈何！」
與〈王制〉：「故公平者，聽之衡也；中和者，聽之繩也。」之「中和」皆
有中正平和之義，見王先謙校注《荀子集解》，頁 7、174、253，96。而《管
子‧正》：「中和慎敬，能日新乎？」黎翔鳳注曰：「茍能和敬，則其德日新
也」，代表君王平和敬慎的態度，見黎鳳翔校注《管子校注》（中），（收入
《新編諸子集成》），（北京：中華書局，2006 年出版），頁 896。〔漢〕鄭玄
注、〔唐〕孔穎達疏《禮記正義‧卷三十九‧樂記》曰：「故樂者天地之命，
中和之紀，人情之所不能免也。」、〈卷五十二‧中庸〉：「喜怒哀樂之未發，
謂之中；發而皆中節，謂之和；中也者，天下之大本也；和也者，天下之
達道也。致中和，天地位焉，萬物育焉。」，頁 701、879。〈樂記〉之「中
和」意指「樂」有使人中正平和的作用，〈中庸〉則以「喜怒哀樂涵藏於中」
釋「中和」，較為特殊。

〔註82〕高中祖〈儒與醫之緣者——董仲舒和他的「春秋繁露」〉《中國民族民間醫藥
雜誌》2007 年（總 75 期），頁 203。

散，憂則氣狂，懼則氣懾，凡此十者，氣之害也，而皆生於不中
和。故君子怒則反中，而自說以和；喜則反中，而收之以正；憂
則反中，而舒之以意；懼則反中，而實之以精。」夫中和之不可
不反如此。

前文說過，人必須將體內陰陽之氣修養至最純粹靈明的境界，才能使「神」
彰顯出來，此處則論述不合乎「中和」的各種情緒，包括怒、喜、憂、懼等
情之生發，都會使體內陰陽之氣偏斜而違反天道，而最合宜的解決方式是以
天道秩序收斂情緒，使之回歸中和，達成「多壽」之目的，因此〈循天之道
第七十七〉曰：「故仁人之所以多壽者，外無貪而內清淨，心和平而不失中正，
取天地之美，以養其身，是其且多且治。」「心平和而不失中正」即以天道之
中和，作爲調養情緒的方法。

除了使君王長生之外，以中和調養情緒亦與「形——神」觀相同，皆可
實踐於治國策略中，〈威德所生第七十九〉將合於天道中和的情緒與《春秋公
羊傳》的褒貶相互結合，認爲君王的情緒應當應物而動、持守中和：

我雖有所愉而喜，必先和心以求其當，然後發慶賞以立其德；雖有
所忿而怒，必先平心以求其政，然後發刑罰以立其威，能常若是者，
謂之天德，行天德者，謂之聖人。爲人主者，居至德之位，操殺生
之勢，以變化民，民之從主也，如草木之應四時也，喜怒當寒暑，
威德當冬夏，冬夏者，威德之合也，寒暑者，喜怒之偶也，喜怒之
有時而當發，寒暑亦有時而當出，其理一也。當喜而不喜，猶當暑
而不暑；當怒而不怒，猶當寒而不寒；當德而不德，猶當夏而不夏；
當威而不威，猶當冬而不冬也；喜怒威德之不可以不直處而發也，
如寒暑冬夏之不可不當其時而出也。故謹善惡之端，何以效其然也？
《春秋》采善不遺小，掇惡不遺大，諱而不隱，罪而不忽，□□以
是非，正理以褒貶，喜怒之發，威德之處，無不皆中，其應可以參
寒暑冬夏之不失其時已，故曰聖人配天。

首先，引文強調各種情緒都應「和其心以求其當」，此處特別強調情緒需遇事
而動的合宜性，第一節已論及「情」爲本然之性受外物牽引而激發的如實反
應，此處更強調君王應當依照所發生之事，產生合宜的情緒反應，「喜而不喜，
猶當暑而不暑；當怒而不怒，猶當寒而不寒；當德而不德，猶當夏而不夏；
當威而不威，猶當冬而不冬也」它將情緒大致分爲「德」、「威」二種樣態，「德」

與「喜」相連結，展示君王之恩仁；「威」則與「怒」相對應，表現君王的「刑殺」，若君王有「德」無「威」，國家會失去理序法度；若君王僅展現「威」，治國會失之嚴苛。因此，君王應當依照情勢而產生合宜的情緒，以順應天道四時的秩序，此種從君王情緒論述「刑——德」二柄的理論，本爲黃老思想的重要概念。然而《繁露》將此以黃老思想爲核心的理論與春秋公羊學相互結合，認爲《春秋》的微言褒貶皆合於天道中和的法則，若君王不以中和之道修養情緒，就成爲《春秋》所貶責的無道君王，在《春秋》事例中，這種失德的君王會導致國家禍敗亂亡。

從以上所論可知，在「情緒修養」的理論中，《春秋繁露》認爲應當使用中和之道修養本然情緒，使君王體內陰陽之氣相互調和，而達道長生康泰的目的。君王亦須將此合於中和的情緒，實踐於國家治理中，使自身依循天道四時的規律應物而動，成爲合於《春秋》法則且能「配天」的聖人。

（二）節欲修養

在《春秋繁露》中，「欲」之概念有二層次，其一爲初生的質樸之性所生發的本然需求，〈保位權第二十〉論曰：「故聖人之制民，使之有欲，不得過節；使之敦朴，不得無欲；無欲有欲，各得以足，而君道得矣。」對此，蘇輿有極精當的解釋，曰：「此欲字與嗜欲之欲微別。……欲者聖人所不能無，但有節以制之。」〔註83〕此「欲」是人生來即有，不能以「惡」的價值判論述，只是肯定人皆有本然之生理需求。

第二層「欲」的解釋，立足於第一層「欲」的意義上，乃是指生理本然需求放任、不加節制的狀態曰：

> （天地人）三者皆亡，則民如麋鹿，各從其欲，家自爲俗，父不能使子，君不能使臣，雖有城郭，名曰虛邑，如此，其君河塊而僵，莫之危而自危，莫之喪而自亡，是謂自然之罰。（〈立元神第十九〉）

> 今世棄其度制，而各從其欲，欲無所窮，而俗得自恣，其勢無極。（〈度制第二十七〉）

> 嗜欲之物無限，其勢不能相足，故苦貧也。今欲以亂爲治，以貧爲富，非反之制度不可。（〈度制第二十七〉）

> 民之情不能制其欲，使之度禮，目視正色，耳聽正聲，口食正味，

〔註83〕見〔清〕蘇輿校注《春秋繁露義證》，頁174。

身行正道，非奪之情也，所以安其情也。（〈天道施第八十二〉）

四條引文之「欲」皆爲放任本然需求所造成的「嗜欲」之「欲」，《春秋繁露》認爲，此「欲」之質性爲惡。而「節欲修養」有二目的，其一爲調和形神，達到長生健康的目的，其二則是國家政教的面向，君王與人民以「節欲」爲道德實踐的方式，使社會秩序井然，倫理和諧。

首先，在「調和神形」的目的上，《春秋繁露》特別重視「食」、「聲」、「色」等節制與修養，此三者與身體結構、各種官能的運作最爲息息相關，而此節制的方法亦以天道爲根源。〈循天之道第七十七〉論「食」之修養曰：

四時不同氣，氣各有所宜，宜之所在，其物代美，視代美而代養之，同時美者雜食之，是皆其所宜也。故薺以冬美，而荼以夏成，此可以見冬夏之所宜服矣。冬，水氣也，薺，甘味也，乘於水氣而美者，甘勝寒也，薺之爲言濟與，濟，大水也；夏，火氣也，荼，苦味也，乘於火氣而成者，苦勝暑也。天無所言，而意以物，物不與群物同時而生死者，必深察之，是天之所以告人也。故薺成告之甘，荼成告之苦也，君子察物而成告謹，是以至薺不可食之時，而盡遠甘物，至荼成就也。天所獨代之成者，君子獨代之，是冬夏之所宜也。春秋雜物其和，而冬夏代服其宜，則當得天地之美，四時和矣。

上文提出四時皆有合於節氣生長的「所宜之物」，這些「宜時之物」與所對應的節氣質性相反，以五行相勝的概念，達到天道中和的狀態。如冬日所宜之物爲薺，冬之質性爲寒，薺之質性爲甘，甘勝於寒而相互調和，使人體不受冬寒之害。而夏日所宜之物爲「荼」，夏與火相應，荼味以苦勝火，使身體不受暑氣之害。因此，「食」的節制與修養，重視服食四時的所宜之物，不可過於飢飽，使體內陰陽之氣調和，使神達到靈明清楚的狀態。

而「聲」的節制則是建立於「五行與五聲」相對應的理論上，使用符合天道秩序的五聲所構成的雅音，引導心性，以發用人性原初善之趨向，臻至平和的狀態。此理論將黃老思想與儒學思想相配合，基本上是依循《荀子・樂論》、《禮記・樂記》等先秦樂教理論的模式，將之與黃老思想相結合，達到內心清靜，其壽極命（〈循天之道第七十七〉曰：「能以中和養其身者，其壽極命」）之目的。〈五行五事第六十四〉曰：

王者與臣無禮，貌不肅敬，則木不曲直，而夏多暴風，風者，木之氣也，其音角也，故應之以暴風。王者言不從，則金不從革，而秋

多霹靂，霹靂者，金氣也，其音商也，故應之以霹靂。王者視不明，
則火不炎上，而秋多電，電者，火氣也，其音徵也，故應之以電。
王者聽不聰，則水不潤下，而春夏多暴雨，雨者，水氣也，其音羽
也，故應之以暴雨。王者心不能容，則稼穡不成，而秋多雷，雷者，
土氣也，其音宮也，故應之以雷。

引文所言，為《春秋繁露》中唯一出現之五行與五音相配的理論。春與木相
配，其音為角；秋與金相配，其音為商；夏與火相配，其音為徵；冬與水相
配，其音為羽，季夏與土相配，其音為宮，五音皆以天道為根源。在《春秋
繁露》的音樂理論中，君王應使用以天道為根源之五音所構成的雅樂，可引
導臣民本性之為善趨向，〈保位權第二十〉曰：

故聖人之治國也，因天地之性情、孔竅之所利，以立尊卑之制，以
等貴賤之差，設官府爵祿，利五味，盛五色，調五聲，以誘其耳目；
自令清濁昭然殊體，榮辱踔然相駿，以感動其心；務致民令有所好，
有所好，然後可得而勸也。

這是從儒學的角度，對人民施以雅樂修養，使之培養德行而能為善。〈循天之道
第七十七〉則認為，使用雅樂，使心性情與精神平和，能合應天道秩序，它說：

是故君子養而和之，節而法之，去其群泰，取其眾和，高臺多陽，
廣室多陰，遠天地之和也，故聖人弗為，適中而已矣。法人八尺，
四尺，其中也，宮者，中央之音也，甘者，中央之味也，四尺者，
中央之制也；是故三王之禮，味皆尚甘，聲皆尚和，處其身，所以
常自漸於天地之道，其道同類，一氣之辨也，法天者，乃法人之辨。

引文強調「適中」，認為聲與味以及一切生活方式，皆須以天道規律為根源，
「聲皆尚和」，表示使用五聲所構成的雅樂，可以使內在之心、性、情、神與
外在形貌體態，皆能和諧靜定。

除了「食」與「聲」的節制修養之外，董氏更強調合應天道的房中理論，
〈循天之道第七十七〉曰：

男女之法，法陰與陽，陽氣起於北方，至南方而盛，盛極而合乎陰；
陰氣起乎中夏，至中冬而盛，盛極而合乎陽；不盛不合。是故十月
而壹俱盛，終歲而乃再合，天地久節，以此為常，是故先法之內矣，
養身以全，使男子不堅牡，不家室，陰不極盛，不相接，是故身精
明難衰而堅固，壽考無忒，此天地之道也。天氣先盛牡而後施精，

故其精固，地氣盛牝而後化，故其化良。

天地之氣，不致盛滿，不交陰陽；是故君子甚愛氣而游於房，以體
天也。氣不傷於以盛通，而傷於不時天并；不與陰陽俱往來，謂之
不時；恣其欲而不顧天數，謂之天并。君子治身不敢違天，是故新
牡十日而一遊於房，中年者倍新牡，始衰者倍中年，中衰者倍始衰，
大衰者以月當新牡之日，而上與天地同節矣，此其大略也。

它強調「游於房」應依循天道之運行規律。在第一段引文中，提出陰陽二氣
運行軌則，陽氣在中夏大盛而陰氣會合；陰氣則在中冬大盛而與陽氣會合；
此規律對應於男女房中的規則，男女必須在身體壯實飽滿、生殖器發展（即
上引文所言男子「堅牡」，女子「陰盛」）之後，才能交合。而在第二段引文
中，則強調「君子愛氣而游於房」，表示男女交合應慎重，不可依照人性本有
之欲而任意妄為，其提出房中律則，認為隨著年紀增長，交合次數亦應減少，
「新牡十日而一遊於房，中年者倍新牡，始衰者倍中年，中衰者倍始衰，大
衰者以月當新牡之日」，這些規範與節制，背後皆有「天地之節」為其根源，
若違背之，則會體弱危怠，減損壽命。

根據以上所論，董氏所提出的節欲修養，並非針對食、色或聲、宮室等
個別欲望所進行的節制，而是提出一個合於天道規範的生活方式，〈循天之道
第七十七〉曰：

是故男女體其盛，臭味取其勝，居處就其和，勞佚居其中，寒煖無
失適，饑飽無過平，欲惡度理，動靜順性，喜怒止於中，憂懼反之
正，此中和常在乎其身，謂之得天地泰，得天地泰者，其壽引而長，
不得天地泰者，其壽傷而短，短長之質，人之所由受於天也

情緒修養與節欲修養聯合成一個完備的內在修養理論，使君王從內在精神到
外在形體，都能安定和諧，合乎天道規範，而達到長生的目的。這個目的與
道德性相連，為君王道德實踐的一部分，若君王僅以六藝修養心性，使性中
本有的善質顯發出來，實踐於政教措施上；卻不知安精養神，達到情緒與欲
望之中和，則其生活方式即未合於天道運行之秩序；董氏理論中，不合天道
理序的君王，就不能承受意志天的降福，而會導致國家禍敗亂亡，此種君王，
即非董氏所強調的聖王。

從以上所論可知，《春秋繁露》除了強調君王以《春秋》為核心的六藝之
學外，亦提出縝密的形神修養理論，透過節欲與情緒修養的方式，建構出合

於天道的生活方式，使體內陰陽之氣靈妙充旺，精神清明和諧，外顯的形貌
則能健康強壯，達到自身命壽之極的功效。

第五章 外王治道──國家政教制度與社會規範

　　第三章的主題爲《春秋繁露》中以天道觀爲君王受命根據之理論，第四章則討論君王臻至聖人之修養觀，本章則欲論述在以君王觀爲基源問題的脈絡下，君王之政教實踐方式。「政教」一詞最早出現於先秦《禮記》、《周禮》、《荀子》、《呂氏春秋》與《管子》等典籍中，並列表如下：

表五之 1

典　籍	篇　名	文　本　內　容	版本、頁數
《禮記》	〈鄉飲酒義〉	古之制禮也，經之以天地，紀之以日月，參之以三光，政教之本也。	〔漢〕鄭玄注、〔唐〕孔穎達正義《禮記正義》（〔清〕阮元校，嘉慶二十年江西南昌府學開本），（台北：藝文印書館，1989 年出版），頁129。
		三賓者，政教之本，禮之大參也。	同前，頁 130。
《周禮》	〈地官司徒〉	乃頒比法于六鄉之大夫，使各登其鄉之眾寡、六畜、車輦，辨其物，以歲時入其數，以施政教，行徵令。	〔漢〕鄭玄注、〔唐〕賈公彥疏《周禮注疏》（〔清〕阮元校，嘉慶二十年江西南昌府學開本），（台北：藝文印書館，1989 年出版），頁 17。
		凡用眾庶，則掌其政教，與其戒禁，聽其辭訟，施其賞罰，誅其犯命者。	同前，頁 17。

		大喪，帥邦役，治其政教。	同前，頁 17。
		鄉大夫之職，各掌其鄉之政教禁令。	同前，頁 18。
	〈夏官司馬〉	廋人：掌十有二閑之政教，以阜馬、佚特、教駣、攻駒，及祭馬祖、祭閑之先牧，及執駒、散馬耳、圉馬。	同前，頁 51。
《荀子》	〈仲尼〉	彼非本政教也，非致隆高也，非綦文理也，非服人之心也。	〔清〕王先謙著《荀子集解》（收入《諸子集成》），（北京：中華書局，1954 年初版，2006 年重印），頁 68。
	〈王制〉	本政教，正法則，兼聽而時稽之，度其功勞，論其慶賞，以時慎脩，使百吏免盡，而眾庶不偷，冢宰之事也。	同前，頁 108。
		案平政教，審節奏，砥礪百姓，為是之日，而兵剸天下勁矣。	同前，頁 109。
	〈王霸〉	非本政教也，非致隆高也，非綦文理也，非服人之心也，鄉方略，審勞佚，謹畜積，脩戰備，齺然上下相信，而天下莫之敢當。	同前，頁 133。
		故用彊齊，非以修禮義也，非以本政教也，非以一天下也，綿綿常以結引馳外為務。	同前，頁 134。
	〈君道〉	百姓易俗，小人變心，姦怪之屬莫不反愨，夫是之謂政教之極。	同前，頁 158。
	〈彊國〉	財物貨寶以大為重，政教功名反是，能積微者速成。	同前，頁 203。
	〈大略〉	慶賞刑罰，通類而後應；政教習俗，相順而後行。	同前，頁 329。

《晏子春秋》	〈卷一·內偏諫上·景公愛妾隨其所欲晏子諫〉	昔者先君桓公之地狹于今，修法治，廣政教，以霸諸侯。	〔清〕吳則虞《晏子春秋集釋》（收入《新編諸子集成》），（北京：中華書局，1962 年出版），頁 33。
	〈卷四·內篇問下·叔向問傲世樂業能行道乎晏子對以狂惑也〉	今以不事上爲道，反天地之衰矣；以不顧家爲行，倍先聖之道矣；以枯槁爲名，則世塞政教之途矣。	同前，頁 286。
《管子》	〈七法〉	存乎政教，而政教無敵。〔註1〕	黎翔鳳著《管子校注》（上），（收入《新編諸子集成》），（北京：中華書局，2006 出版），頁 116。
	〈法法〉	國無以大與幸而有功名者，必主與大臣之德行得於身也，官職、法制、政教得於國也，諸侯之謀慮得於外也，然後功立而名成。	同前，頁 304。
	〈侈靡〉	夫政教相似而殊方。	《管子校注》（中），頁 636。

上表明列先秦典籍中所有「政教」之載述與用法，而其義皆與國家之政治、宗教、禮制、法律、教育、軍事等面向相關，例如《禮記·鄉飲酒義》之「政教」即指「禮制」，而《周禮》所使用的「政教」，就是國家官員各自執掌的工作內容，如「執掌十二閑之政教」就是「廋人」之權責。而《荀子》、《管子》、《晏子春秋》中之「政教」則指各種國家制度，表示在先秦典籍中，「政教」可指涉一切國家制度與君王的治國措施，而筆者於本節中所設定的「政教」一詞，「政」爲國家政治制度，而「教」則含具「教育」與「宗教」之義，這是爲了依循《春秋繁露》中對應君王觀之國家制度與君王實際的治國措施，筆者期待能如實呈現並建構《春秋繁露》中以君工觀爲基礎的政教理論。

在如實呈現《春秋繁露》理論的前提下，筆者本節所設定的「政教」一詞應涵括三部分，其一爲以君王「受命改制」爲核心所架構的國家體制，其二爲君王需實踐的祭祀制度與倫理規範，其三則是君王所建立的教育、經濟等社會制度。在社會制度的討論中，筆者並未置入「法律」的面向，乃因「春

〔註1〕 此文出自〈七法〉之「爲軍之數」，黎翔鳳釋「政教」爲「軍中號令」。

秋決獄」的理論較少見於《春秋繁露》中，而多爲清代學者輯佚之作，如黃奭《公羊治獄》一卷（收入《黃氏佚書考》）、洪頤煊《春秋決獄》一卷（收入《問經堂叢書》）、王謨《春秋決事》一卷（收入《漢魏遺書鈔·經翼第三冊》）、馬國翰《春秋決事》一卷（收入《玉函山房輯佚書》），故筆者於本論文並不著重討論之。

在「政教」所涵括的三面向中，兩岸學界的研究成果相當豐碩，依據陳師麗桂所編纂之《兩漢諸子研究論著目錄》與林慶彰先生編纂之《經學研究論著目錄》之著錄，1912 至 2001 年董氏相關研究共有九百餘筆資料，除去意識形態過於明顯的論述之外，〔註2〕共有筆資料直接討論董仲舒《春秋繁露》所呈現的政教理論，爲將近十分之一的比例（見附表二）。而在兩岸學位論文中，近三十年的台灣學位論文，與近十年的大陸學位論文共有十四篇（見第一章第一節），這十四篇論文，除了周紹華以「君王觀」爲主軸之外，其他多以政治哲學、教育理論與倫理學等角度出發。然而周氏除了〈第四章·董仲舒的臣民觀〉對官制稍作論述外，於其他政教理論較少涉及。因此，筆者將以「君王」的名位與內在德行出發，探討君王如何藉著國家體制、祭祀禮制、教育與經濟等各項制度，實踐其身爲「君王」的名與實，並與天道觀、修養論相結合，如實呈現董氏整全之君王觀理論。

第一節 「三統說」——歷史法則下君王受命改制理論

《春秋繁露》以天道觀爲根源，架構出君王受命改制的理論，並解釋歷史發展的原則，亦爲西漢當代設立具體的國家體制。此理論主要載於〈三代改制質文第二十三〉中，歷來學者多認爲此文乃是對古史進行系統性的歷史解釋，如馮友蘭論曰：「此說吾人雖明知其爲不眞，要之在哲學史上不失爲一有系統的歷史哲學也。」〔註3〕張端穗於亦論曰：「三代改制質文的內容在說明及證明古代正統王朝興起及更迭的歷史規律。」〔註4〕表示此文架構出縝密

〔註2〕 指某些大陸論文以馬克思理論爲主要角度的探討，筆者於本論文暫時擱置此類論述，希望如實呈現董仲舒哲學之義理內涵。
〔註3〕 見馮友蘭著《中國哲學史增定本（下冊）·董仲舒與今文經學》（台北市：臺灣商務印書館，1993 年出版），頁 537。
〔註4〕 見張端穗著〈董仲舒思想中三統說的內涵、緣起及意義〉，《東海中文學報》第 16 期（2004 年 7 月），頁 58。

的歷史解釋體系，而這個體系並不單純使用於解釋歷史法則，而是希冀爲漢帝國架構出完整國家體制的理論。學界多將此受命改制的理論稱爲「三統說」。然「三統說」確切定義爲何？內涵爲何？綰合其他理論所架構出的歷史法則爲何？而「君王」在三統說中地位爲何？此理論又表現出何種時代意義？針對這些重要論題，筆者一一分述如下。

一、「三統說」之定義

「三統」一詞在《春秋繁露》中出現四次，皆出自〈三代改制質文第二十三〉：

> 改正之義，奉元而起，古之王者受命而王，改制稱號正月，服色定，然後郊告天地及群神，遠追祖禰，然後布天下，諸侯廟受，以告社稷宗廟山川，然後感應一其司，三統之變，近夷遐方無有生煞者，獨中國，然而三代改正，必以三統天下，曰：三統五端，化四方之本也，天始廢始施，地必待中，是故三代必居中國，法天奉本，執端要以統天下，朝諸侯也。

> 《春秋》上絀夏，下存周，以春秋當新王。春秋當新王者奈何？曰：王者之法必正號，絀王謂之帝，封其後以小國，使奉祀之；下存二王之後以大國，使服其服，行其禮樂，稱客而朝；故同時稱帝者五，稱王者三，所以昭五端，通三統也。

由上下文合而觀之，則知「三統」爲「白統」、「赤統」、「黑統」所構成的歷史遞嬗法則，當今學界循此義進行論述與研究，如陳其泰〈董仲舒與今文公羊學說體系的形成〉定義「三統」曰：「通三統的理論外衣有神秘色彩……董仲舒講夏、殷、周各是黑、白、赤統。」〔註5〕、馬育良〈董仲舒的政治歷史觀及質文觀〉：「神秘主義的三統說正是在上述種種歷史發展觀啓迪之下產生的。在董仲舒看來，古代各朝的遞嬗源於黑、白、赤三統的循環遞嬗……」〔註6〕賴慶鴻亦曰：「仲舒之三統說是將朝代之遞嬗分爲三統循環，王者一繼

〔註5〕 見陳其泰著〈董仲舒與今文學說體系的形成〉，《孔子研究》1998年第一期，頁58。

〔註6〕 見馬育良著〈董仲舒的政治歷史觀及質文觀〉，《孔子研究》1996年第一期，頁40。

位，必須改制以應天命，由前一統進入另一統，整個定制須予更改。」〔註7〕皆認為所謂「三統」即〈三代改制質文第二十三〉中所論「白統、赤統、黑統」的歷史演變理論。

但這並非「三統」唯一定義，另一個重要定義為「新周、故宋、以春秋當新王」，此為東漢末年春秋公羊學者何休《春秋文謚例》所提出的「三科九旨」中之重要理論。《春秋文謚例》一書已佚，今可於徐彥《公羊疏》之載錄，見何氏三科九旨之內容曰：

> 問曰：「《春秋說》云：春秋設三科九旨，其義如何？」答曰：「何氏之意以為三科九旨，正是一物，若總言之，謂之三科；科者，段也。若析而言之，謂之九旨；旨者，意也。言三个科段之內，有此九種之意，故何氏作《文謚例》〔註8〕云三科九旨者，新周、故宋、以春秋當新王，此一科三旨也。又云所見異辭、所聞異辭、所傳聞異辭，二科六旨也。又內其國而外諸夏，內諸夏而外夷狄，是三科九旨也。」〔註9〕

徐彥認為「新周、故宋、以春秋當新王」、「所見異辭、所聞異辭、所傳聞異辭」、「內其國而外諸夏，內諸夏而外夷狄」三者乃是組成三科九旨的三個部分，然而這並非「三科九旨」唯一的解釋，徐彥於《公羊疏》下文引「宋氏」〔註10〕之言曰：

〔註7〕 見賴慶鴻著《董仲舒政治思想之研究》，（台北：文史哲出版社，1980年出版），頁120。

〔註8〕 《隋書·經籍志》載何休撰《春秋公羊謚例》一卷，見〔唐〕魏徵等著《隋書》（收入楊家駱主編之《新校本二十五史》），頁931。孫啓治等則依循徐彥《公羊疏》之引用，將隋志所載《公羊謚例》一書稱為《春秋文謚例》，見氏編《古佚書輯本目錄》，（北京：中華書局，1997年出版），頁61。筆者因引徐《疏》而亦稱何氏之書為《春秋文謚例》。

〔註9〕 見〔漢〕何休注、〔唐〕徐彥疏《春秋公羊傳注疏》，（清〕阮元校，嘉慶二十年江西南昌府學開本），（台北：藝文印書館，1989年出版），頁6。

〔註10〕 筆者按：「宋氏」之說於《公羊疏》中出現八次，徐彥曰其為「注春秋說者」。在〔劉宋〕范曄著、〔唐〕李賢等注《後漢書·鍾離宋寒列傳第三十一》載曰：「宋均字叔庠，河陽安眾人，父伯，建武初為五官中郎將。」建武為光武帝年號，此宋均生於東漢初年，應非注春秋緯之宋均。《隋書·經籍志·注》載春秋緯的注者為「魏博士宋均」，而此人不見於《三國志》中。又，宋衷確為注春秋緯者，據《文選·六臣注》引，然《三國志》中不見宋衷其人，僅可見「宋忠」，教授王肅《太玄》（見《三國志·魏志·卷十三》），亦作《世本》，今《四庫全書總目提要·春秋世族譜》曰：「漢宋衷有《世本

問曰：「案：宋氏之注《春秋說》三科者，一曰張三世、二曰存三統、三曰異外內，是三科也。九旨者，一曰時、二曰月、三曰日、四曰王、五曰天王、六曰天子、七曰譏、八曰貶、九曰絕。時與日月詳略之旨也；王與天王天子，是錄遠近親疏之旨也；譏與貶絕，則輕重之旨也。如是三科九旨聊不相干，何故然乎？」答曰：「春秋之內，具斯二種理。故宋氏又有此說，賢者擇之。」〔註11〕

何休將九旨涵蓋於三科之中，宋氏則將三科和九旨分開，張廣慶先生於《何休「春秋公羊解詁」研究》一書中，認為宋氏之「張三世」，實即何休的「所見異辭、所聞異辭、所傳聞異辭」，「存三統」即何休之「新周、故宋、以春秋當新王」，而「異內外」則是「內其國而外諸夏，內諸夏而外夷狄」，〔註12〕因此宋氏之「三科」即已包含何休之「三科九旨」，而所謂「三統」之內涵為就是何休一科三旨所提出的「新周、故宋、以春秋當新王」，此義較前文「白統──赤統──黑統」所架構的歷史演變方式內涵縮減，是將「三統」的義理內涵懸繫於孔子受命做《春秋》的理論架構下。

　　根據以上討論，筆者認為此二義皆為「三統說」的內涵之一，即「白統──赤統──黑統」落實於君王改制的理論，是透過《春秋》對史事的微言褒貶而彰顯的，第一義強調三統的義理內涵，第二義則提點出孔子《春秋》在歷史運行法則中的核心地位。合而觀之，筆者較同意張端穗於〈董仲舒思想中三統說的內涵、緣起及意義·提要〉所提出的定義：

　　西漢大儒董仲舒在〈三代改制質文〉一篇文字中提出了一個內容豐富、系統嚴密的古代歷史發展理論。這個理論簡稱為三統說，據學者考證是模倣戰國時期驪衍的五德終始說而建立的。〔註13〕

三統說的義理內涵，是以春秋公羊學為核心，結合五德終始與當代天文曆法知識所架構出的歷史解釋體系，用於為西漢當代建構具體可行的國家制度。正如王健文於《奉天承運──古代中國的「國家」概念其正當性基礎·第七

四卷，唐代尚傳，今惟孔氏《正義》中偶載其文，而書則久佚。」此宋衷即為「宋衷」，故宋衷與宋均同為漢末三國人，皆有注春秋緯的紀錄，此二人之關係，尚待學界考證。

〔註11〕見〔漢〕何休注、〔唐〕徐彥疏《春秋公羊傳注疏》，頁7。
〔註12〕見張廣慶著《何休春秋公羊解詁研究》，（國立台灣師範大學國文研究所碩士論文，1989年5月，指導教授：沈秋雄先生），頁52。
〔註13〕見張端穗著〈董仲舒思想中三統說的內涵、緣起及意義〉，頁55。

章‧國家正當性的消逝與轉移》一文所論：

> 在戰國秦漢之際，五德終始說往往還搭配著三統說及質文相救說，
> 三者基本上都是肯定在時間的流轉當中，存在著一種宇宙力量或是
> 人事遷變的終始循環系統，這個系統由幾個相關而可以一定次序相
> 互替代的部分共同組成（或二或三或五），但同一個時間範疇內，只
> 展現出其中的一個部分，時久則弊，改由另一部分取代。〔註14〕

王氏所論之完整受命改制理論，乃是戰國末年至漢初多種學術理論的匯集，
表現「三統說」為當代對歷史循環規律的合理解釋，這種解釋以天道運轉的
法則為根源，受命的君王必須實踐其中規律。

二、「三統說」之理論基礎──君王受命與孔子王魯

從文章結構觀之，〈三代改制質文第二十三〉約可分成二部分，其一為文
首所論之「三統說」的理論基礎，其二則為下文「三統說」改制的具體內涵。
第一部分是從文首「《春秋》曰：『王正月』」至「王者改制作科奈何」之前；
第二部分則是「當十二色」至文末「夏商質文」之理論為止。

第一部分較第二部分篇幅短少許多，然而卻將三統說之理論基礎交代甚詳：

> 春秋曰：「王正月。」傳曰：「王者庸謂？謂文王也。曷為先言王而
> 後言正月？王正月也。何以謂之王正月？曰：王者必受命而後王，
> 王者必改正朔，易服色，制禮樂，一統於天下，所以明易姓非繼人，
> 通以己受之天也。王者受命而王，制此月以應變，故作科以奉天地，
> 故謂之王正月也。

第三章已論述「王正月」具有「天道為人道本源」的意義，〔註15〕此處「正
月」除了具有此義之外，更被賦予君王受命後具體改變的「制度」內容，引
文題到「制此月以應變」，表示「月」此處有曆法上正朔的意義，當君王以德
行或血緣受命之後，就應具體實踐「改正朔、易服色、制禮樂」等政教作為，
引文所言「明易姓非繼人，通以己受之天也」表示這些政教改變乃是以天道
秩序為根源，君王藉由實踐改制的制度而順承天道意志，而下文（即筆者所

〔註14〕見王健文著《奉天承運──古代中國的「國家」概念其正當性基礎》，（台北：
東大圖書公司 1995 年出版），頁 232。

〔註15〕張端穗著〈董仲舒思想中三統說的內涵、緣起及意義〉，頁 55。關於董仲舒天
道觀論題可參見本論文第三章〈春秋繁露以意志天為核心之本體論〉，頁 64
～70。

言之「第二部分」），以「王者改制作科奈何」開始，論述三統說所呈現的古聖王改制內涵，表示三統說的內容，以夏商周等開國聖王改制應天的政教實踐爲核心而展開，其強調「三統說」理論乃是以君王受命爲基礎而建立的改制法則，董氏認爲，這種符合天道的君王受命改制法則透過《春秋》而透顯其意義，這是從春秋公羊學的角度所架構的理論，〈符瑞第十六〉論曰：

> 有非力之所能致而自至者，西狩獲麟，受命之符是也，然後託乎《春
> 秋》正不正之間，而明改制之義，一統乎天子，而加憂於天下之憂
> 也，務除天下所患，而欲以上通五帝，下極三王，以通百王之道，
> 而隨天之終始，博得失之效，而考命象之爲，極理以盡情性之宜，
> 則天容矣。

「托乎《春秋》正不正之間，而明改制之義」表示孔子依循天道將「君王受命改制」的歷史法則記載於《春秋》中。〈三代改制質文第二十三〉論述「孔子作《春秋》」曰：「《春秋》應天作新王之事，時正黑統，王魯，尚黑，絀夏、親周、故宋。」「新王之事」蘇輿引由昉之言曰：「《春秋》爲漢制作說之說」，〔註16〕表示《春秋》爲孔子受天命而作的聖典，爲漢代受命的君王設立可依循之制度，因此「君王受命」爲三統說之重要的理論基礎。

　　除了以君王受命爲理論基礎外，董氏將「孔子王魯」做爲《春秋》爲漢立法的理論基礎。「王魯」一詞出於〈三代改制質文第二十三〉：「故春秋應天作新王之事，時正黑統，王魯，尚黑，絀夏、親周、故宋。」「王魯」的概念，何休於《春秋公羊解詁·隱公元年》以義例解釋曰：「春秋王魯，記隱公以爲始受命王。」〔註17〕陳立《公羊義疏》釋曰：

> 《繁露·王道》云：諸侯來朝者得褒，邾婁儀父稱字，滕薛稱侯，
> 荊稱人，介葛盧得名，內出言如諸侯來曰朝，大夫來曰聘，王道之
> 意也。是皆託王於魯，故別內外，以立王道。褒賞之法，託隱公爲
> 始受命王，儀父先與盟，故假以爲賞有功。〔註18〕

從何休與陳立的論述可知，公羊學所謂的「王魯」可釋爲「託王於魯」，魯本爲諸侯國之一，在周代親親尊尊的分封制度下，受周天子掌管；然而孔子依託魯

〔註16〕見蘇輿校釋《春秋繁露義證》，頁187。

〔註17〕見〔漢〕何休注、〔唐〕徐彥疏《春秋公羊傳注疏》，頁12。

〔註18〕見〔清〕陳立著《公羊義疏（第一冊）·卷二·隱公元年》，（台北：台灣商務印書館，1982年出版），頁44。

史，透過微言褒貶，表達以天道爲根源之「王道」實踐的樣貌；〈奉本第三十四〉亦論曰：「今春秋緣魯以言王義，殺隱、桓以爲遠祖，宗定、哀以爲考妣，至尊且高，至顯且明，其基壤之所加，潤澤之所被，條條無疆。」〔註19〕董氏將「王魯」解釋爲「緣魯以言王義」，即「憑藉」魯史陳述新王受命改制與褒貶大義；康有爲於《春秋董氏學》「王魯」條中釋曰：「緣魯以言王義，孔子之義，專明王者之義，不過託緣於魯，以立文字。」〔註20〕表示在董氏的論述中，魯史乃是孔子垂示天道的工具，上引文所論之「諸侯來曰朝」、「大夫來曰聘」、「別內外」與各種褒貶義法，皆爲孔子在《春秋》中託王於魯以實踐王道的闡釋方式；在此角度下，孔子受天命作《春秋》，依託魯史以陳述王道實踐的法則，使後代君王有以天道爲根源之王道可以效法，董氏所提出「改正朔、易服色」的三統說，就是建立在孔子王魯以爲漢制法的基礎上。

三、「三統說」之義理內涵與君王位份

董仲舒「三統說」之義理內涵，民國以來學界多所討論，以陳師麗桂所主編之《兩漢諸子研究論著目錄》與林慶彰先生所編纂之《經學研究論著目錄》、國家圖書館所收錄之《期刊篇目索引系統》，以及《中國期刊全文數據庫》四者觀之，1912 年迄 2007 年，觀於董氏「三統說」義理內涵之單篇論文共有七篇，〔註 21〕這些文章多深入探究董仲舒三統說之外緣背景與義理內涵，以及其在公羊學中之地位與價值，而較少論述君王在其中之名位與實踐

〔註19〕 見鍾肇鵬等編《春秋繁露校釋・三代改制質文第二十三》，（河北：河北人民出版社，2005 年 5 月），頁 639。

〔註20〕 見〔清〕康有爲著《春秋董氏學・卷二・春秋例》，（台北：臺灣商務印書館，1969 年出版），頁 2。

〔註21〕 七篇論文分別爲（1）顧頡剛著〈春秋繁露〉收入《中國上古史研究講義》，（1930 年原作），（北京：中華書局，2002 年重新出版）。（2）方立天著〈董仲舒的三統、三正說〉收入《中國古代哲學問題發展史・下》，（北京：中華書局，1990 年 3 月出版）。（3）許殿才著〈董仲舒的三統循環說〉史學史研究》（1996 年第 3 期，1996 年 9 月）。（4）鄭卜五著〈董仲舒與何休對三統、三世、內外說之比較析論〉《第二屆漢代文學與思想學術研討會論文集》，1999 年 7 月。（5）鐘來全著〈董仲舒「三統」歷史循環論質疑〉《廣西梧州師范高等專科學校學報》，2002 年 1 月。（6）喬家駿著〈論董仲舒三統說──以「春秋繁露・三代改制文」爲探討中心〉《問學》第七期，2004 年 12 月。張端穗〈董仲舒思想中三統說的內涵、緣起及意義〉《東海中文學報》第 16 期，2004 年 7 月。

方式，故筆者將從此角度切入，論述三統說中「君王」的意義與作用。在董
氏理論中，「三統說」的概念以「三正月」爲核心，其使用三正月之曆法與制
度，詮釋三代至春秋的歷史，因此，筆者先論述三正月的循環理序，再探究
其古史解釋模式，並討論「君王」在其中之地位與作用。

（一）「三正」循環

前文已提到，此理論是建立在「君王受名即位」的理論基礎上，君王受
命之後，必須依循天道規律而實踐改制，〈三代改制質文第二十三〉論改制之
法則曰：

> 王者改制作科奈何？曰：當十二色，歷各法而正色，逆數三而復，
> 紐三之前，曰五帝，帝迭首一色，順數五而相復，禮樂各以其法象
> 其宜，順數四而相復，咸作國號，頡宮邑，易官名，制禮作樂。

所謂「當十二色」，蘇輿釋曰：「年十二月，故原十二色，每月物色不同」，而
「各曆法而正色」，蘇輿則釋曰：「於十二色中，取三微之月，各法其一，以
爲正色，而改曆也。」可知所謂「正色」，爲十二月之物色中，取三正色作爲
制定曆法之正朔，而一切官制、服飾、禮樂制度，皆依循正朔而來，此正朔
即爲「白統」、「赤統」、「黑統」三者，〈三代改制質文第二十三〉論曰：

> 三正以黑統初，正日月朔於營室，斗建寅，天統氣始通化物，物見
> 萌達，其色黑，故朝正服黑，首服藻黑，正路輿質黑，馬黑，大節
> 綬幘尚黑，旗黑，大寶玉黑，郊牲黑，犧牲角卵，冠于阼，昏禮逆
> 于庭，喪禮殯於東階之上，祭牲黑牡，薦尚肝，樂器黑質，法不刑
> 有懷任新產，是月不殺，聽朔廢刑發德，具存二王之後也，親赤統，
> 故日分平明，平明朝正。正白統奈何？曰：正白統者，歷正日月朔
> 于虛，斗建丑，天統氣始蛻化物，物初芽，其色白，故朝正服白，
> 首服藻白，正路輿質白，馬白，大節綬幘尚白，旗白，大寶玉白，
> 郊牲白，犧牲角繭，冠于堂，昏禮逆于堂，喪事殯于楹柱之間，祭
> 牲白牡，薦尚肺，樂器白質，法不刑有身懷任，是月不殺，聽朔廢
> 刑發德，具存二王之後也，親黑統，故日分鳴晨，鳴晨朝正。正赤
> 統奈何？曰：正赤統者，歷正日月朔牽牛，斗建子，天統氣始施化
> 物，物始動，其色赤，故朝正服赤，首服藻赤，正路輿質赤，馬赤，
> 大節綬幘尚赤，旗赤，大寶玉赤，郊牲騂，犧牲角栗，冠于房，昏
> 禮逆于戶，喪禮殯于西階之上，祭牲騂牡，薦尚心，樂器赤質，法

不刑有身，重懷藏以養微，是月不殺，聽朔廢刑發德，具存二王之
後也，親白統，故日分夜半，夜半朝正。

引文詳論「三正」的運轉規則，其敘述方式爲先論述三正月的天文曆法概念，
而後詳論服色與國家制度。首先，黑統之曆法以寅月（一月）爲首月，日月
所在之星位爲二十八宿之「營室」，〔註22〕此月爲生物萌發之時，萬物色尚黑，
國家冠服、祭祀禮器與祭物，以及各項器物之色皆法天道之色黑而爲黑；下
文「法不刑有懷任新產，是月不殺，聽朔廢刑發德，具存二王之後也。親赤
統，故日分平明，平明朝正。」則是黑統所落實之政教制度。「是月」一詞，
蘇輿釋曰：「是月，經傳有兩訓，讀如字者謂此月，讀如提者謂月盡……此仍
當讀如字，是月建正之月也。」依循蘇輿之解釋，當釋之爲「當月」，代表正
黑統者，寅月當實踐仁道，寬減刑罰；存留前二朝的後嗣，分封土地，使之
得以祭祀宗廟；所謂「聽朔」，即《禮記・玉藻》所載：「天子玉藻，十有二
旒，前後邃延龍卷以祭，玄端而朝日於東門之外，聽朔於南門之外。」〔註23〕
意爲天子於每月朔日（初一）所舉行之聽朔禮，目的爲聽一月之政事，此處
代表天子在寅月聽朔時，必須廢刑發德，具體落實寬仁之政。「親赤統，故日
分平明，平明朝正」乃因三正月是按照「黑→白→赤」的順序循環，黑統繼
承赤統而來，故親赤統，以「平旦」爲一日起點，《白虎通・三正》論黑統曰：
「夏以十三月爲正，色尚黑，以平旦爲朔。」〔註24〕而何休《春秋公羊解詁・
隱公元年》則釋曰：「夏以斗建寅之月爲正，平旦爲朔，法物皆見，色尚黑。」
〔註25〕皆表示正黑統之夏曆以「平旦」爲一日之首，故「平明朝正」即是在
平旦時舉行天子朝正之禮。

正白統與正赤統亦依循相同的論述模式，先陳述該正月天文曆法之運轉規
律，再深論其具體國家制度，正白統以丑月（十二月）爲正月，日月之星位爲
二十八宿之「虛」宿，該月爲萬物初芽之時，色尚白，《白虎通・三正》論曰：
「十二月之時，萬物始芽而白，白者陰氣，故殷爲地正，色尚白」〔註26〕表示

〔註22〕 筆者已於第三章第一節論述以星位觀測太陽位置的方法，見本論文頁53。
〔註23〕 見〔漢〕鄭玄注、〔唐〕孔穎達疏《禮記正義・卷二十九・玉藻》，（清）阮元校，
　　　　嘉慶二十年江西南昌府學開本），（台北：藝文印書館，1989年出版），頁543。
〔註24〕 見〔漢〕班固著、〔清〕陳立疏《白虎通疏證（上）・卷八・三正》，（收入《新
　　　　編諸子集成》），（北京：中華書局，1997年出版），頁363。
〔註25〕 見〔漢〕何休注、〔唐〕徐彥疏《春秋公羊傳注疏》，頁9。
〔註26〕 見〔漢〕班固著、〔清〕陳立疏《白虎通疏證（上）・卷八・三正》，頁363。

建丑之月以白色爲正，故國家器物服色皆法天而爲白，該月同樣彰顯君王仁之
德行，減輕刑罰以實踐寬仁治道，白統上承黑統而來，故親黑統，一日之首爲
雞鳴之時，該時舉行天子朝正之禮。正赤統則以子月（十一月）爲正月，日月
所在星位爲牽牛之宿，該月爲萬物始動時，色尚赤，故國家器物服色皆法天道
而爲赤；赤統者，子月亦應寡少刑罰，推行仁政，其承白統而來，以夜半爲一
日之首，天子於該時舉行朝正之禮。

　　從以上所論可知，三正月以天道秩序爲根源，黑、白、赤三正色皆天道
化生萬物，依時而動所自然呈現之物色；在三正月之下，國家器物與服色皆
效法天道秩序，這與本論文第三章所論董氏天道觀「人道以天道爲本」之槪
念意義相同。在天道循環的法則下，「受命的君王」成爲實踐正朔與制度的主
體，其中所強調的「是月不殺」、「聽朔廢刑發德」與「朝正」等儀節政令，
皆爲君王方能落實的政教制度，而君王必須體察天道運行的法則，具體發用
性中之爲善趨向，實踐自身德行，施行寬仁之政以合應於天道法則，故〈三
代改制質文第二十三〉下文曰：「改正之義，奉元而起，古之王者受命而王，
改制稱號正月，服色定，然後郊告天地及群神，遠追祖禰，然後布天下，諸
侯廟受，以告社稷宗廟山川，然後感應一其司。」表示受命之君，應當體察
天道運行法則，改正朔，易服色，使諸侯、臣民皆一體遵行此國家曆法與制
度，成就大一統之國家體制；蘇輿解釋「然後感應一其司」一句極其精當：「天
下同秉正朔，然後授時有定序，氣候有常推」表示董氏三正循環之論，具有
「一統國家體制」之目的，其依循天道法則，透過曆法、服色與政教制度之
確立，使天下臣民「同秉正朔」以歸服。

（二）三正循環下之古史詮釋與改制法則

　　董氏三正月之循環，以確立君王治道與大一統國家體制爲重要目的，其
透過上古三代聖王改制之模式，張顯出理想君王改制應天的典範。在三正循
環的法則下，〈三代改治質文第二十三〉論述改制具體方式與歷代聖王改制之
實踐曰：

　　　當十二色，歷各法而正色，逆數三而復。紲三之前，曰五帝，帝迭首
　　一色，順數五而相復，禮樂各以其法象其宜，順數四而相復，咸作國
　　號，頡宮邑，易官名，制禮作樂。故湯受命而王，應天變夏，作殷號，
　　時正白統，親夏、故虞，紲唐，謂之帝堯，以神農爲赤帝，作宮邑於
　　下洛之陽，名相官曰尹，作濩樂、制質禮以奉天。文王受命而王，應

天變殷，作周號，時正赤統，親殷、故夏，絀虞，謂之帝舜，以軒轅為黃帝，推神農以為九皇，作宮邑於豐，名相官曰宰，作武樂、制文禮以奉天。武王受命，作宮邑於鄗，制爵五等，作象樂，繼文以奉天。周公輔成王受命，作宮邑於洛陽，成文武之制，作汋樂以奉天。殷湯之後稱邑，示天之變反命，故天子命無常，唯命是德慶。故春秋應天作新王之事，時正黑統，王魯，尚黑，絀夏、親周、故宋，樂宜親招武，故以虞錄親，樂制宜商，合伯子男為一等。

顧頡剛曾論述此改制方式具有三種模式：「第一為三統，是逆數三而相復的（以寅、丑、子為序，故曰相復）；第二為五帝和九皇，是順數五和九而相復的；第三為四法，是順數四而相復的。」〔註27〕「寅月（黑統）→丑月（白統）→子月（赤統）」之循環筆者已於上文論述過，此為三統說之理論核心，而「五帝」、「九皇」與「四法」皆為三統說中之古史解釋概念。

　　首先，「五帝」與「九皇」皆為古史詮釋理論中之追尊對象，必須置放於三統說對古史的詮釋體系下才能彰顯其意義。「絀三之前，曰五帝」表示受命之新王建朝，必須分封土地給前二代的後人，讓他們保留原制度，新王必須稱當代與前二代（合而為三代）以前的五代君王為「五帝」，而受命新王必須依循三統之正色，制定宮室、禮樂與國家各項法度。以商為例，商湯受天命而王天下，依循「白統」之制，以丑月為正朔，「親夏、故虞，絀唐」表示其繼承夏代，應分封夏朝之後，並追尊虞舜，使夏虞二代的後嗣得以奉祀祖廟；而商王應稱商、夏、虞三代之前的五代君王為「帝」，故應稱唐堯為「帝堯」。同樣地，文王受命之後，則依循赤統的法則，「親殷、故夏，絀虞，謂之帝舜，以軒轅為黃帝，推神農以為九皇」代表其分封殷與夏二朝，推尊虞舜為五帝之「帝舜」，上推五代以前的九代君王為九皇，至於這九位君王是誰，除了神農氏之外，董仲舒並未說明，也成為董氏春秋學中待考的問題。然而無論九皇名號為何，三代、五帝到九皇之推尊與奉祀，構成董仲舒三統說之義理內涵，〈三代改制質文第二十三〉曰：「故聖王生則稱天子，崩頡則存為三王，絀滅則為五帝，下至附庸，絀為九皇，下極其為民，有一謂之三代，故雖絕地，廟位祝牲，猶列于郊號，宗于代宗。」清代學者錢塘論此制度曰：「按董

〔註27〕 見顧頡剛《中國上古史研究講義‧春秋繁露》，（北京：中華書局，2002 年出版），頁 106。（筆者案：本書為顧氏 1930 年完成於燕京大學之論著，本論文所使用的版本為中華書局重出版本。）

子法，以三代定三統，追前五代爲五帝，又追前一代爲九皇。凡九代統移於下，則九皇五帝遷於上。商爲白統，併夏虞爲三代。」〔註28〕而顧頡剛更清楚論述五帝與九皇推尊的法則曰：「有一個新王起來，他要封前二代之王的後人爲公，連自己的一代合成三王，又改號這三王前的五代之王爲帝，是爲五帝，封他們的子孫以小國；再把這五帝的前一帶之王去了帝號，改號爲九皇，封他的後裔爲附庸，朝代愈古則先王的名號愈尊，而其子孫的勢力愈縮小，這是如家的親疏和尊卑之義。」〔註29〕依循二者之論，可將新王受命後推尊之法圖示如下：

圖 5-1

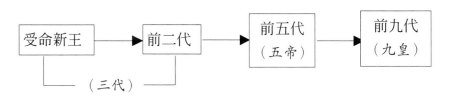

此古史詮釋體系，不僅呈現出改制法則，更彰顯出董氏君王觀中之重要意義，即天子以德受命，若不修養發用德行，則意志天會揀選他人成爲新王，因此〈三代改制質文第二十三〉曰：「故天子命無常，唯命是德慶。」表示若受命之君未依天道法則改制應天，又未以德治民，則其他有德者會繼而代之，新王就會分封前二代君王之後，並將三代以前之君王稱爲五帝，五帝前九代君王則稱爲九皇。在董仲舒三統說的理論中，歷史的流演彰顯出天道不易的道德法則，唯有持續修養並發用內在德行，而以仁治民的君王才能得到意志天之降福，使國祚綿延不絕。

除了張顯君王應以德治國之外，董仲舒亦從改制推尊之法則中，確立孔子以《春秋》爲漢制法的重要性，引文曰：「故《春秋》應天作新王之事，時正黑統，王魯，尚黑，絀夏、親周、故宋。」代表孔子繼承周之赤統而爲黑統，「絀夏」即將「夏」上推入「五帝」之中，「親周」爲向上追認的第一代，「宋」即殷商之後，《史記‧孔子世家》記孔子作春秋曰：「乃因史記作春秋，上至隱公，

〔註28〕〔清〕錢塘之論，摘引自蘇輿校釋《春秋繁露義證‧三代改制質文第二十三》，頁186。
〔註29〕見顧頡剛著《中國上古史研究講義》，頁113。

下訖哀公十四年，十二公‧據魯，親周，故殷，運之三代。」〔註30〕「故宋」作「故殷」，此乃春秋當新王後，向上追認的第二代，表示孔子以《春秋》之微言褒貶作為改制的實踐，董氏舉「杞伯來朝。」之例論曰：

> 春秋曰：「杞伯來朝。」王者之後稱公，杞何以稱伯？春秋上紬夏，下存周，以春秋當新王。春秋當新王者奈何？曰：王者之法必正號，紬王謂之帝，封其後以小國，使奉祀之；下存二王之後以大國，使服其服，行其禮樂，稱客而朝；故同時稱帝者五，稱王者三，所以昭五端，通三統也。

「杞伯來朝」出自《春秋‧莊公二十七年》，《史記‧陳杞世家》曰：「東樓公者，夏后禹之後苗裔也。殷時或封或絕。周武王克殷紂，求禹之後，得東樓公，封之於杞，以奉夏后氏祀。」，〔註31〕「杞伯」是夏禹的後代，「王」的後代應該稱「公」，可是杞國國君卻稱為「伯」，董仲舒認為這是《春秋》當新王後，原本應稱「杞公」，卻因「上紬夏」的實踐，而稱為「杞伯」，將夏禹上推列為「五帝」之一；「下存二國」即「新周」與「故宋」，此二者與新受命而作的《春秋》，為「稱王者三」，這是董氏透過《春秋》的解釋，而彰顯出「通三統」的大義，錢穆先生於〈孔子與春秋〉一文論曰：

> 《春秋》褒貶，乃是孔子心中一個理想的新王朝出現以後所應有的褒貶。所以他們說，孔子以春秋作新王，因為孔子《春秋》是當得一王之法的。換言之，孔子《春秋》也等於是為新王創法，所以董仲舒要說：「《春秋》貶天子，退諸侯，討大夫，以達王事而已矣」〔註32〕

此概念與筆者前文所論「王魯」之義互為表裡，在三統循環的理論之下，孔子繼承赤統而奉黑統之正朔，透過《春秋》緣魯以言王義的微言褒貶，建立新王受命改制的具體制度供後王效法；董氏將《春秋》視為聖典，提倡以《春秋》為主軸之六藝教育，正表示漢代君王受命於天，應繼承孔子在《春秋》中所立定的新法，實踐其中的改制之法。

〔註30〕 見〔漢〕司馬遷著、〔劉宋〕裴駰集解、〔唐〕司馬貞索隱、〔唐〕張守節正義《史記‧卷四十七‧孔子世家》（收入楊家駱主編之《新校本二十五史》），（台北：鼎文出版社，1977年出版），頁1943。
〔註31〕 見〔漢〕司馬遷著《史記‧卷三十六‧陳杞世家》，頁1583。
〔註32〕 見錢穆著《兩漢經學今古文平議》，（台北：東大圖書公司，1971年出版），頁242。

　　除了「五帝」與「九皇」之外，董仲舒亦提出「四法」的古史詮釋模式，將上古三代之歷史演變，歸納爲「夏、商、質、文」四種制度，此制度透過上古聖王的政教實踐而落實，〈三代改制質文第二十三〉論曰：

> 王者以制，一商一夏，一質一文，商質者主天，夏文者主地，春秋者主人，故三等也。主天法商而王，其道佚陽，親親而多仁樸；……主地法夏而王，其道進陰，尊尊而多義節；……主天法質而王，其道佚陽，親親而多質愛；……主地法文而王，其道進陰，尊尊而多禮文。

引文從「主天法商」、「主地法夏」、「主天法質」與「主地法文」四類制度解釋古史演變的法則，四類之中，主天法商與主天法質皆以「天」爲準則，質性相似；而主地法夏與主地法文皆以「地」爲軌範而質性接近，故四者又可分爲「天──商──質」與「地──夏──文」二組。顧頡剛論曰：「怎樣叫做四法呢？這是說制度有四類，一類叫做商，一類叫做夏，一類叫做質，一類叫做文，也是相次用事的。這夏和商並非代名，乃是一類制度的總名，這四類制度又歸屬於主天和主地兩項。」〔註33〕這四種制度的質性受到陰陽二氣發用之影響，「主天」者秉受陽氣質性而發用爲「仁」，「主地」者則秉受陰氣質性而發用爲「義」，仁與義的質性透過國家制度（如官制、明堂、封禪、刑法等）、各種儀典（婚、喪、冠禮等）與器物規範（車、服、祭器等）而發用呈現，董氏建立古聖王受命改制的典範，論述質文四法之改制實踐有其史事根據，〔註34〕〈三代改制質文第二十三〉曰：

> 四法修於所故，祖於先帝，故四法如四時然，終而復始，窮則反本，四法之天施符授聖人，王法則性命形乎先祖，大昭乎王君。故天將授舜，主天法商而王，祖錫姓爲姚氏，至舜形體，大上而員首，而明有二童子，性長於天文，純乎孝慈。天將授禹，主地法夏而王，祖錫姓爲姒氏，至禹生發於背，形體長，長足胅，疾行先左，隨以右，勞左佚右也，性長於行，習地明水。

〔註33〕見顧頡剛著《中國上古史研究講義》，頁109。
〔註34〕關於董仲舒將上古三代歷史與其改制理論相互結合，其義理內涵可參見大陸學者方立天著〈董仲舒的三統、三正說〉，收入《中國古代哲學問題發展史·下》，（北京：中華書局，1990年出版）、許殿才著〈董仲舒的三統循環說〉《史學史研究》1996年第3期，1996年9月、以及張端穗著〈董仲舒思想中三統說的內涵、緣起及意義〉等單篇論文。

四法是君王改制的循環法則，其根源在於天之意志與運行法則，「四法之天施符授聖人」，蘇輿以為「之」是「則」之誤，此句應作「四法則天施符授聖人」，表示天授予君王與四法內涵相合應之「符」（符瑞），而受命之君必須具體依循四法實踐改制治國之道。以舜為例，意志天揀選舜為君王，命其主天法商而王，則舜之身形體貌「大上而員首，而明有二童子，性長於天文，純乎孝慈。」此與主天法商中建築、器物尚圓（「明堂員、祭器員」）與「親親多仁樸」的質性相互合應。禹則是主地法夏，其外貌「形體長，長足胠」與此法尚長方的建築與器物（「制郊宮室明堂方、其屋卑污方、祭器方」）相互配合，表示受命君王必有與其改制之法相合應之符瑞。從君王觀的角度出發，受命之君必須依循天道法則進行改制，除了進行國家制度的更替之外，舜、禹、湯、文王等上古三代聖王，亦自然而然發用出「親親尚仁樸」、「純乎孝慈」等內在德行。

　　董氏推闡以質文循環改制之法，有為漢制法的作用，〈天人三策〉曰：「繇是觀之，繼治世者其道同，繼亂世者其道變。今漢繼大亂之後，若宜少損周之文致，用夏之忠者。」〔註35〕強調「道」的重要，天道重「仁」之生生化育，此為受命聖王不可違背的治國法則。質文四法皆以天道之仁為前提，漢代繼承孔子《春秋》而來，若依循「舜（主天法商）→禹（主地法夏）→湯（主天法質）→文王（主地法文）」之法則推演，則《春秋》應為「主天法商」，〔註36〕漢代是「主地法夏」，此與周之「主地法文」性質應相同，為何〈三策〉提到「損周之文，用夏之忠」呢？主地法夏之質性在於「尊尊多節義」，主地法文則是「尊尊多禮文」，董氏認為漢代繼秦之大亂，應減宮室、儀文、省賦稅繇役，以孝、義、忠等德行導民。張端穗認為：「董仲舒建議武帝『少損周之文致，用夏之忠者』其實也是要建立一種質樸的政教系統。」〔註37〕表示此理論具有回應並解決當代君王治道的作用。

四、小　結

　　從以上所論可知，董氏「三統說」主要包含「三正朔」以及「質文四法」二重要面向，其確立孔子《春秋》為漢立法的聖典地位，並為受命君王設立

〔註35〕見〔漢〕班固撰、〔唐〕顏師古注《漢書‧卷五十六‧董仲舒列傳》（收入楊家駱主編之《新校本二十五史》），（台北：鼎文出版社，1977年出版），頁2519。
〔註36〕見顧頡剛《中國上古史研究講義》，頁116。
〔註37〕見張端穗著〈董仲舒思想中三統說的內涵、緣起及意義〉，頁90。

以天道爲根源之「改正朔、易服色」的理論系統，透過曆法、服色與各種制度之建立，達到國家「大一統」之目的；而質文觀則強調受命君王有所主之法，必須依循此法建立完整的國家制度，以回應天道運行的法則。從此角度出發，三統說並不僅是受命君王必須實踐的改制法則，亦應體察天道之仁，以「親親多仁樸」、「孝慈」、「尊尊多節義」等美善的德行教化人民，使國家不僅制度一統，亦能達到秩序井然、民風淳樸的樣貌。

第二節　以君王爲核心之國家禮制與倫理秩序
──以「郊祀」與「三綱」爲主軸

　　由前文已知君王受天命即位後，應改變「正朔」、「服色」與「禮樂」等制度，董氏透過曆法與禮制、服色等制度的相互配合，架構出完整而以天道秩序爲根源的縝密國家制度。除此之外，《春秋繁露》強調君王受命後，應具體落實「郊祀」禮制，以及以「三綱」爲核心的社會規範，使國家尊卑有序，倫理協和。此國家禮制、倫理秩序與「改制」相同，皆以「君王受命」爲基礎，表示君王乃是郊祀之禮與三綱秩序的核心，君王可透過郊祀與三綱秩序的建立，彰顯出自身的德行與權術運用，成爲董仲舒理論中之理想君王。以下，筆者將從「郊祀」與「三綱」的角度，詳論《春秋繁露》中之宗教禮制與社會規範。

一、「郊祀」之禮

　　過去學界對於《春秋繁露》之「郊祀」制度討論較少，〔註38〕且大致從漢代國家祭祀的角度切入，強調「天人相應」，與董氏天道觀及宗教理論相結合的情況，較少探究董氏郊祀思想的義理與作用。但在董氏理論中，「郊祀」乃是君王敬事上天，下化人民的政教儀式，更爲君王觀中，落實君主政教之重要項目。

〔註38〕關於董仲舒祀禮研究之單篇文章，台灣國家圖書館之期刊論文網、與〈經學研究論著目錄〉皆未有相關論文，〈兩漢諸子研究論著目錄〉收錄一篇日人岩野忠昭著〈前漢郊祭考──以《春秋繁露》中心〉《東洋文化》第七十八號，1998 年 3 月，頁 2～15。大陸之中國期刊資料庫則收錄一篇周桂鈿著之〈董仲舒論祭祀──兼論儒家論天的宗教性〉《中國科學院研究生學報》2005 第 5 期，頁 90～93，其餘文章多從漢代郊祀的角度附論董氏理論。

（一）周秦「郊祀」之意義

《春秋繁露》之「郊祀」理論，對周秦郊祀傳統多有因革損益之處，若孤立處理此書之郊祀理論，無法看出其理論中之特殊；因此，以下先探討周秦時代之郊祀理論。

先秦傳世典籍關於「郊」之記載，多認為「郊」為祀奉上帝之禮。如《禮記・禮器》：「祀帝於郊，敬之至也。」、〈明堂位〉：「祀帝于郊，配以后稷。天子之禮也」、〈郊特牲〉：「郊之祭也，迎長日之至也，大報天而主日也。兆於南郊，就陽位也。……於郊，故謂之郊。牲用騂，尚赤也；用犢，貴誠也。郊之用辛也，周之始郊日以至。卜郊，受命于祖廟，作龜于禰宮，尊祖親考之義也。……萬物本乎天，人本乎祖，此所以配上帝也。郊之祭也，大報本反始也。」〔註39〕《荀子・禮論》亦曰：「郊者，并百王於上天而祭祀之也。」〔註40〕在先秦儒家思想中，「郊」即具有天子祭祀上天（上帝）的意義。學界闡論周代郊祀亦多循此發論，如楊伯峻於《春秋左傳・襄公七年》：「夏，四月，三卜郊，不從，乃免牲。」條下注曰：

> 據《孝經》：「昔者周公郊祀后稷以配天，宗祀文王於明堂以配上帝」，
> 《禮記・郊特牲》：「萬物本乎天，人本乎祖，此所以配上帝也。郊之祭也，大報本反始也。」，《公羊傳・宣・三年》：「郊則曷為必祭稷？王者必以其祖配。」云云，則郊本為祭天之禮。〔註41〕

而黎正甫於〈古代郊祀之禮〉中論曰：「郊祀天帝，唯天子之禮有之。」〔註42〕、張書豪於《漢武郊祀思想溯源・緒論》亦提到：「郊祀，晚周學者多以為是祭祀上帝的大典。」〔註43〕可見在周代，「郊祀」之義應為祭上帝之祀典。

戰國末期至秦代，受陰陽五行觀念影響，「郊祀」之義亦有所因革，《史記・封禪書》載秦之「畤」義與內涵：

〔註39〕見〔漢〕鄭玄注、〔唐〕孔穎達疏《禮記正義・卷十・禮器》、〈卷十四・明堂位〉〈卷二十六・郊特牲〉，頁 474、497、500。

〔註40〕見王先謙著《荀子集解・第十三卷・禮論》，（收入《諸子集成》），（北京：中華書局，1954 年出版，2006 年重印），頁 249。

〔註41〕見楊伯峻編《春秋左傳注（下）》（台北：復文圖書出版社，1991 年出版），頁 950。

〔註42〕見黎正甫〈古代郊祀之禮〉《大陸雜誌》第三十三卷第七期，（1965 年 7 月），頁 201。

〔註43〕張書豪於《漢武郊祀思想溯源・緒論》（台北：東吳大學中國文學碩士論文，2004 年，指導教授：劉文起），頁 1。

秦襄公既侯，居西垂，自以為主少皞之神，作西畤，祠白帝，其牲
用騮駒黃牛羝羊各一云。其後十六年，秦文公東獵汧渭之閒，卜居
之而吉。文公夢黃蛇自天下屬地，其口止于鄜衍。文公問史敦，敦
曰：「此上帝之徵，君其祠之。」于是作鄜畤，用三牲郊祭白帝焉。
自未作鄜畤也，而雍旁故有吳陽武畤，雍東有好畤，皆廢無祠。

二年，東擊項籍而還入關，問：「故秦時上帝祠何帝也？」對曰：「四
帝，有白、青、黃、赤帝之祠。」高祖曰：「吾聞天有五帝，而有四，
何也？」莫知其説。於是高祖曰：「吾知之矣，乃待我而具五也。」
乃立黑帝祠，命曰北畤。〔註44〕

《説文解字・田部》認為「畤」之本義為：「天地五帝所基止，祭地也。」〔註
45〕然而司馬貞《索引》則釋曰：「四畤，據秦舊而言也。正義括地志云：鄜
畤、吳陽上下畤是。言秦用四畤祠上帝，青、黃、赤、白最尊貴之也。」〔註
46〕《説文解字》含有東漢古文學家觀點，若以《索引》所釋，參照上引文
「此上帝之徵」，則「畤」應為秦國至秦祭天帝之處。根據張書豪對〈封禪
書〉的整理，秦襄公至漢高祖之間共立七畤：「西畤、鄜畤、密畤、吳陽上
下畤、畦畤、北畤等七畤，其中祀白帝的有三，祀青、黃、炎、黑帝各一。
所祀的五帝，乃依五色相配，秦獻公以得金瑞而祀白帝，凡此，皆與五行學
説有密切的關係。」〔註47〕而楊英〈漢初祀畤考〉，則從四色與四帝的配合
模式，認為秦代畤祀四帝，尚未縝密結合五行思想，至漢初高祖立「黑畤」，
才將五行、畤祀與國家德運完整結合：

對比秦漢雍畤，可以發現，到漢代才實現了德、符運跟雍畤祭祀的
結合。秦的符運是秦文公獲黑龍，跟其四色帝畤尚未結合起來，因
為他雖跟秦的水德一致，但跟秦四色帝畤不一致──秦四色帝畤主
祀是白帝，並且根本沒有黑帝，則黑龍之符跟雍祀畤無關，這反映
了秦的四色帝畤和始皇接受的五德終始説還沒有發生關聯。漢就不

〔註44〕見〔漢〕司馬遷著《史記・卷二十八・封禪書》，頁1358、1378。
〔註45〕見〔漢〕許慎著、〔清〕段玉裁注《説文解字・第十三篇（下）・田部》，（台
北：萬卷樓出版社，2000年出版），頁703。
〔註46〕見〔唐〕司馬貞索之論，可參見〔漢〕司馬遷著、〔劉宋〕裴駰集解、〔唐〕
司馬貞索隱、〔唐〕張守節正義《史記・卷二十八・封禪書》，頁1377。
〔註47〕見張書豪〈雍畤與五行〉《新世紀宗教研究》第三卷第三期（2005年3月），
頁138～149。

同了，漢的雍五時祭祀跟秦的四色帝時最不一樣的地方在於北時（黑帝）跟符運說的結合。〔註48〕

表示秦至漢初，在陰陽五行所構成的氣化宇宙論的思維下，主要是透過奉祀四帝或五帝，達成「祀天」的目的。

（二）《春秋繁露》「郊祀」之意義

從周代「郊祀」到秦代「時祀」，奉祀上帝的祭祀理論多有因革損益之處，《春秋繁露》上承周秦兩代的郊祀觀，以春秋公羊學爲主軸的儒學作爲核心基礎，建構出完整的郊祀理論。在《春秋繁露》中，有五篇直接討論郊祀的篇章：〈郊語第五十六〉、〈郊義第六十六〉、〈郊祭第六十七〉、〈祀祭第六十八〉與〈郊祀第六十九〉、〈郊事對第七十一〉，在這些篇章中，有相關於前文所引《禮記》與《荀子》的理論，以「郊祀」爲「祭祀上帝之禮」，「上帝」即筆者於第三章天道觀中所論之「具有絕對道德意志」之「天」，〈郊語第六十五〉曰：

> 今郊事天之義，此聖人故，故古之聖王，文章之最重者也，前世王莫不從重粟精奉之，以事上天，至於秦，而獨闕然廢之，一何不率由舊章之大甚也。」

〈郊義第六十六〉亦曰：

> 郊義，《春秋》之法，王者歲一祭天於郊，四祭於宗廟，宗廟因於四時之易，郊因於新歲之初，聖人有以起之，其以祭，不可不親也。
> 天者，百神之君也，王者之所最尊也，以最尊天之故。

若將二段引文與前文所引《史記‧封禪書》相互核對，可以發現，《春秋繁露》雖然重視五行思想，但在論述的「郊祀」的理論中，卻幾乎未加入五行因素，亦未提到「青、黃、赤、白、黑」等五帝，而直接將「郊祀」定義爲對「百神之大君」之「天」的祭祀。

事實上，《春秋繁露》的郊祀理論，多有對秦代的批判，如〈郊語第六十五〉：

> 故古之聖王，文章之最重者也，前世王莫不從重粟精奉之，以事上天。至於秦，而獨闕然廢之，一何不率由舊章之大甚也。今秦與周俱得爲天子，而所以事天者異於周，以郊爲百神始，始入歲首，必以正月上辛日先享天，乃敢於地，先貴之義也。夫歲先之，與歲弗行也，相去遠矣。

〔註48〕見楊英〈漢初祀時考〉《世界宗教研究》2003 年第二期（2003 年 2 月），頁 28。

這是有趣的論題，秦代以「時祀」敬祀四帝，表示秦代亦有與郊祀作用相同的儀典，然而引文卻認爲，秦代並未延續古聖王郊祀的儀式，導致國家禍敗亂亡。鍾肇鵬認爲：「祀天于郊，謂之郊祀。秦祀五時，廢郊天之禮，故董子詳言之。」〔註49〕在此思想下，「郊祀」應以周代制度爲準，〈郊語第六十五〉認爲周代郊祀時間爲「始入歲首，必以正月上辛日先享天」，此概念遍見於《春秋繁露》郊祀相關篇章中，如〈郊義第六十六〉曰：

> 故易始歲更紀，即以其初郊，郊必以正月上辛者，言以所最尊首一
> 歲之事，每更紀者，以郊郊祭首之，先貴之義，尊天之道也。

《春秋·成公十七年》經文曰：「九月辛丑，用郊。」《公羊傳》釋曰：「用者何？用者不宜用也。九月非所用郊也。然則郊曷用？郊用正月上辛，或曰用然後郊。」〔註50〕《繁露》繼承《春秋公羊傳》對郊祀日期的解釋，所謂「上辛」，蘇輿釋曰：「上辛猶始辛，皆取首先之義。」〔註51〕表示受命的君王應於每年正月之首辛日進行郊祀。

　　除了每年正月上辛皆須進行郊祀之外，國家有征伐大事，或出現災異，皆須舉行郊祀之禮以告天。〈郊祭第六十七〉提出，「征伐」須先以郊祀告天，經過天之允許，方爲符合天道意志的戰爭行爲：「每將興師，必先郊祭以告天，乃敢征伐，行子道也。」（〈郊祭第六十七〉），而〈郊祀第六十九〉則以周宣王史事爲典範，認爲災異爲君王失德的表現，必須舉行郊祀之禮以告罪於天：

> 周宣王時，天下旱，歲惡甚，王憂之，其詩曰：「倬彼雲漢，昭回於
> 天。王曰：『嗚呼！何辜今之人！天降喪亂，饑饉薦臻。靡神不舉，
> 靡愛斯牲。珪璧既卒，寧莫我聽！旱既大甚，蘊隆蟲蟲。不殄禋祀，
> 自郊徂宮。上下奠瘞，靡神不宗。后稷不克，上帝不臨，耗斁下土，
> 寧刀我躬』」宣王自以爲不能乎后稷，不中乎上帝，故有此災，有此
> 災，愈恐懼而謹事天，天若不予是家，是家者安得立爲天子，立爲
> 天子者，天予是家，天予是家者，天使是家，天使是家者，是家天
> 之所予也，天之所使也。

引文引述《詩經·大雅·雲漢》，以其爲周宣王時大旱的郊祭告罪於天之詩，從災異思想出發。「大旱」表示君王未實踐天道運行法則，天降乾旱以警戒，

〔註49〕見鍾肇鵬等編《春秋繁露校釋·下》，頁933。
〔註50〕見〔漢〕何休注、〔唐〕徐彥疏《春秋公羊傳注疏》，頁234。
〔註51〕見蘇輿校釋《春秋繁露義證·郊義第六十六》，頁403。

故引文論曰「王自以爲不能乎后稷，不中乎上帝，故有此災」，故以郊祭之禮敬謹告罪而事天、奉天，表達君王悔過之志。

經過以上討論可知，在董氏以天道觀爲基礎的哲學思想中，郊祀之禮爲「君王」事天、告天的方式，亦表明國家大事皆須經絕對道德意志的天之允許。董氏從以春秋公羊學爲核心的儒學思想出發，繼承、發揚而修改周代郊祀制度，淡化秦至漢初以來的五行理論痕跡，以建構完整的郊祀理論。

（三）「郊祀」作用

上文已論述君王受命後，應於每年正月首辛日進行郊祀，且亦應於國之大事與大災難發生時舉行「郊祀」，以告天或告罪，唯一能舉行郊祀之禮者即爲「君王」。《春秋繁露》在君王觀的理論架構下，郊祀之禮具有二種作用，其一爲「彰顯君王德行」，其二爲「君王事天設教」二作用，並分述如下。

1. 彰顯君王德行

首先，在彰顯君王德行的面向上，筆者已於第三章提及「君王」地位實爲「天」所賦予，故君王爲「天之子」。如此，「天——君」關係就被賦予倫理意義，而可類比爲「父——子」關係，在德行實踐的角度上，子事父應以孝，則君事天亦應實踐孝的德行，〈深察名號第三十五〉曰：「受命之君，天意之所予也。故號爲天子者，宣視天爲父，事天以孝道也。」〈郊祭第六十七〉亦曰：「天子號天之子也，奈何受爲天子之號，而無天子之禮，天子不可不祭天也，無異人之不可以不食父，爲人子而不事父者，天下莫能以爲可，今爲天之子而不事天，何以異是。是故天子每至歲首，必先郊祭以享天，乃敢爲地，行子禮也。」「郊祀」並非只是履行國家之「例行」儀式而已，而是由內發的「孝」之情感所引發的「孝」之行爲實踐。

除了直陳「孝」之德行與實踐之外，其並從周代史事設立典範，認爲文王成爲聖王之因，其中之一爲透過郊祀對「天」行「子」之禮：

> 是故天子每至歲首，必先郊祭以享天，乃敢爲地，行子禮也；每將興師，必先郊祭以告天，乃敢征伐，行子道也。文王受命而王天下，先郊乃敢行事，而興師伐崇，其詩曰：「芃芃棫樸，薪之槱之。濟濟辟王，左右趨之。濟濟辟王，左右奉璋。奉璋峨峨，髦士攸宜。」此郊辭也。其下曰：「淲彼涇舟，烝徒楫之。周王於邁，六師及之。」此伐辭也。其下曰：「文王受命，有此武功，既伐于崇，作邑於豐。」

> 以此辭者，見文王受命則郊，郊乃伐崇，伐崇之時，民何處央乎！
> （〈郊祭第六十七〉）

上文引用〈大雅·棫樸〉之詩，認為此係文王郊祭告天之詩，明白論述了文王征伐之前告天，以敬行子道的作為。這種「孝」之德行與實踐，使得文王行征伐時，崇國之民無受災殃。而在第三章中，筆者已論及，覆育萬物之「仁」為天之道德意志的主要內涵，「伐崇而使民無殃」則具體落實天道之仁，表示文王「受命則郊，郊乃伐崇」的征伐過程，是合乎天道意志的作為，因此，〈四祭第六十八〉曰：

> 文王受命則郊，郊乃伐崇，崇國之民方困於暴亂之君，未得被聖人
> 德澤，而文王已郊矣，安在德澤未洽者不可以郊乎！

文王樹立受命郊祭而後方征伐的典範，彰顯出君王本身德行以及征伐之事以天道為根據的合法性。此對天行孝的德行與君王「仁」、「義」、「禮」等其他德行意義相連，架構出君王整全道德人格。表示君王若能以「孝」之道德情感，透過郊祀之禮，落實為「孝」的行為實踐，發顯出本性中的向善趨向，此向善趨向能讓君王實踐出「仁」、「義」、「禮」等其他道德行為。因此，君王以「郊祀」之禮事天，應與第三章所言，君王治國應當效法天道生生化育的道德法則相互配合，若君王以郊祀事天，卻不施行仁義以治民，亦非《春秋》以微言褒獎之君王。林師素英論述周代郊祭之精神：

> 且以周祭郊天，其旨本在報本反始，故以始祖后稷配天，更可體悟
> 生生德大而美，是以天子既天尤應效法天道滋生、廣生之義，恭行
> 敬德、明德，遂使馨香之德上聞於天，更使得澤惠及萬民。〔註52〕

從此角度出發，表現君王上應事天而下德化民的責任，〈順命第七十〉論曰：「故有大罪不奉其天命者，皆棄其天倫。人於天也，以道受命；其於人，以言受命；不若於道者，天絕之；不若於言者，人絕之。」君王受天命是以「道」受命，若不依循天道法則事天治民，則「天絕之」。因此，在董氏理論體系中，「郊祀」並非僅為固定的國家禮制的執行與貫徹，而是君王呈現「孝」之內在德行，對天敬行子道、依循天道法則的實踐方式。

2. 事天設教

郊祀「事天設教」的作用，建立於「君王德行」的前提上，即君王透過

〔註52〕見林師素英著《古代祭禮中之政教觀——以「禮記」成書前為論·第二章》，
　　　　（台北：文津出版社，1997 年出版），頁 31。

郊祀呈現「孝」之德行，又與其他德行相配合，具體實踐以「仁」爲核心的道德行爲。而人民見君王敬行郊祀之禮，與其所實踐的美善德行，就能感發出個人本性本有的善之潛質，以實踐出自身的美善德行。若全國人民皆能受君王德行感發，實踐善行，則國家就能秩序井然和諧。在此具有高度理想性的理論中，只有君王才有「郊祭」的權利，人民則須透過祖先祭祀，以實踐「孝」之德行，〈四祭第六十八〉曰：

> 古者歲四祭，四祭者，因四時之生庸而祭其先祖父母也。故春曰祠，夏曰礿，秋曰嘗，冬曰蒸，此言不失其時以奉祭先祖也，過時不祭，則失爲人子之道也。祠者，以正月始食韭也，礿者，以四月食麥也，嘗者，以七月嘗黍稷也，蒸者，以十月進初稻也，此天之經也，地之義也，孝子孝婦緣天之時，因地之利，地之菜茹瓜果，藝之稻麥黍稷，菜生穀熟，永思吉日，供具祭物，齋戒沐浴，潔清致敬，祀其先祖父母，孝子孝婦不使時過已，處之以愛敬，行之以恭讓，亦殆免於罪矣。

所謂「四祭」，爲四時之祭，《春秋公羊傳・桓公八年》釋「烝」曰：「烝者何？冬祭也。春曰祠，夏曰礿，秋曰嘗，冬曰烝。常事不書，此何以書？譏。何譏爾？譏亟也。亟則黷，黷則不敬。君子之祭也，敬而不黷。疏則怠，怠則忘。」〔註53〕蘇輿引凌曙之論曰：「四者，四時之祭。……是故君子合諸天道，感四時物而思親也。」〔註54〕要特別注意的是，四祭在《春秋公羊傳》的解釋下，乃是「君子」之禮，《禮記・王制》與〈祭統〉咸認爲，「四祭」爲天子、諸侯宗廟之祭；〔註55〕然而上文卻將舉行「四祭」者推拓爲所有「孝子孝婦」，表示此儀式非僅統治者才能使用，而是所有人對先祖父母的追懷與敬

〔註53〕見〔漢〕何休注、〔唐〕徐彥疏《春秋公羊傳注疏》，頁 59。

〔註54〕見蘇輿校釋《春秋繁露義證・四祭第六十八》，頁 406。

〔註55〕《禮記・卷五・王制》論天子、諸侯宗廟之祭：「春曰礿，夏曰禘，秋曰嘗，冬曰烝。天子祭天地，諸侯祭社稷，大夫祭五祀。天子祭天下名山大川，五嶽視三公，四瀆視諸侯。諸侯祭名山大川之在其地者。天子諸侯祭因國之在其地而無主後者。天子犆礿，祫禘，祫嘗，祫烝。諸侯礿則不禘，禘則不嘗，嘗則不烝，烝則不礿。諸侯礿，犆；禘，一犆一祫；嘗，祫；烝，祫。」〈祭統〉：「凡祭有四時：春祭曰礿，夏祭曰禘，秋祭曰嘗，冬祭曰烝。礿、禘，陽義也；嘗、烝，陰義也。禘者陽之盛也，嘗者陰之盛也。故曰：莫重於禘、嘗。古者於禘也，發爵賜服，順陽義也；於嘗也，出田邑，發秋政，順陰義也。故記曰：「嘗之日，發公室，示賞也；草艾則墨；未發秋政，則民弗敢草也。故曰：禘、嘗之義大矣。」見〔漢〕鄭玄注、〔唐〕孔穎達正義《禮記正義》，頁 837～838。表示四祭在《禮記》的解釋體系中，爲天子諸侯之祭。

奉；在此理論架構下，引文中所列舉四祭的祭品相當素樸，「地之荣茹瓜果，藝之稻麥黍稷」，所重者在於四時當季的鮮潔之物；在天道觀的理論下，四時鮮潔之物代表天道四時的運作，用「韭、麥、黍稷、稻」等物祭祀，表示這種對先祖的敬奉是依循天道秩序而為。此外，人在祭典上「齋戒沐浴，潔清致敬」之誠、敬的態度，應推廣於生活中其他面向，使自身能「處之以愛敬，行之以恭讓」，而免於刑罰。

要之，一切人民的「四祭」與君王的郊祀相同，皆重內心之誠與敬，人民效法君王對天行孝的作為，對自己的先祖懷抱孝敬，君王的教化便能獲得實踐與彰顯。〈郊語第六十五〉論曰：

> 聖人正名，名不虛生，天子者，則天之子也，以身度天，獨何為不欲其子之有子禮也！今為其天子，而闠然無祭於天，天何必善之！今災害生，見天下未和平也，天下所未和平者，天子之教化不政也。詩曰：「有覺德行，四國順之。」覺者，著也，王者有明著之德行於世，則四方莫不響應風化，善於彼矣。故曰：悦于慶賞，嚴于刑罰，疾于法令。

上文將郊祀之禮與天子教化相連結，從天道觀角度論之，當君王透過「郊祀」對「天」敬行子道；人民亦能效法君王對天之孝，而對先祖與父母敬行孝道，則「天」就會以絕對的道德意志降福天下，國家就能秩序井然，倫理調暢。

可見，董氏所架構的「郊祀」之禮，係依循周代制度，為君王祭天之禮。受命之君於每歲正月上辛日進行郊祀，用於敬事上帝。郊祀之禮具有彰顯君王德行，與事天設教二種主要作用，董氏認為郊祀之禮並非僵硬的國家儀式，而是君王實際發用內在誠、敬之德，對天行子禮，表明自身受命，亦成為人民的榜樣，人民則透過四祭之禮，對祖先表達孝與敬，並將此德行推拓於一切行為上，使自身循規蹈矩，免於犯過，以此達到天降福祚，使國家長治久安之目的。

二、三綱與倫理秩序

除了郊祀制度的落實之外，君王在受命之後，亦須依循天道法則，建立以三綱為核心的社會秩序。三綱理論雖繼承先秦思想而來，然《春秋繁露》係首次將「君──臣／父──子／夫──婦」三種倫理關係並稱為「三綱」的典籍。其以陽尊陰卑的天道觀為基礎，縮合公羊學親親、尊尊以導名份的思想，架構出尊卑有序的社會秩序。

（一）先秦至前漢七十年「君臣／父子／夫婦」之倫理關係

「三綱」理論是從「君——臣／父——子／夫——婦」三組倫理觀系念架構起來的。先秦以來，此三者所形成的國家社會倫理秩序就相當受到重視，茲先從傳世典籍與出土文獻，上溯先秦至漢初之三綱倫理傳統。

先秦諸子與文獻即多有關於此三組倫理關係的名實定義與權利義務關係界定。以儒家典籍為例，《荀子‧大略》曰：「《易》之〈咸〉，見夫婦。夫婦之道，不可不正也，君臣，父子之本也。咸，感也，以高下下，以男下女，柔上而剛下。」、〈王制〉曰：「君臣、父子、兄弟、夫婦，始則終，終則始，與天地同理，與萬世同久，夫是之謂大本。」〔註56〕〈大略〉從〈咸卦〉強調「夫——婦」倫理為君臣、父子關係之本，〈王制〉則從天道觀點出發，認為君臣、父子、兄弟、夫婦等關係是恆常倫理。

在以黃老綰合法家思想的《管子》，中則更強調「君——臣／父——子」所架構的國家社會秩序。〈心術‧上〉曰：「君臣父子人間之事謂之義。」〔註57〕、〈形勢解〉曰：「為主而惠，為父母而慈，為臣下而忠，為子婦而孝，四者，人之高行也。」、「為人君而不明君臣之義以正其臣，則臣不知為臣之理以事其主矣。故曰君不君，則臣不臣。為人父而不明父子之義以教其子而整齊之，則子不知為人子之道以事其父矣。故曰父不父，子不子。」〔註58〕〈問〉亦曰：「君臣之禮，父子之親，覆育萬人」，〔註59〕其強調君臣、父子、夫婦等各種人倫關係之合理穩定，是安定人間倫理秩序的重要關鍵；引文特別凸顯出君臣相待的關係，君待臣以德、禮，臣事君以敬、忠，君王須使臣民各守其分，使父母有慈、子婦有孝，建立和諧條暢的國家秩序。

此外，偏屬法家的《商君書》亦有此論，〈畫策〉曰：「故黃帝作為君臣上下之義，父子兄弟之禮，夫婦妃匹之合；內行刀鋸，外用甲兵，故時變也。」〔註60〕亦從古史的角度強調君臣、父子、夫婦兄弟之間的倫理關係，為聖王應建立的秩序與規範。而《韓非子》除了重視君臣、父子的倫理關係之外，

〔註56〕見〔清〕王先謙校注《荀子集解‧卷十九‧大略》、〈卷五‧王制〉，頁326～327、104。

〔註57〕見〔清〕黎翔鳳著《管子校注（中）‧卷十三‧心術（中）》、〈卷十五‧任法〉，（收入《新編諸子集成》），（北京：中華書局，2006年出版），頁759。

〔註58〕見〔清〕黎翔鳳著《管子校注（下）‧卷二十‧形勢解》，頁1175、1180。

〔註59〕見〔清〕黎翔鳳著《管子校注（上）‧卷九‧問》，頁498。

〔註60〕見〔清〕嚴萬里校注《商君書‧畫策第十八》（收入《諸子集成》），（北京：中華書局，1954年出版，2006年重印），頁31。

更從君王應使用法、術、勢三者以制臣的角度，論述君王絕對的統御權威，〈姦劫弒臣〉曰：「夫君臣非有骨肉之親，正直之道可以得利，則臣盡力以事主；正直之道不可以得安，則臣行私以干上。明主知之，故設利害之道以示天下而已矣。」〔註61〕明主應使用「利害之道」使臣下盡力事主；〈難一〉則清楚論述治臣之法在於刑賞二柄：「明主之道……設民所欲以求其功，故爲爵祿以勸之；設民所惡以禁其姦，故爲刑罰以威之。慶賞信而刑罰必，故君舉功於臣，而姦不用於上，雖有豎刁，其奈君何？」〔註62〕君王善用慶賞刑罰，可使功歸於君，臣下不敢作惡，國家富強太平。

在戰國末期，會通百家思想的《呂氏春秋》，更將音樂思想與倫理關係相連結，認爲若使用淫樂，則會導致君臣、父子、夫婦等人倫關係失序，〈大樂〉曰：「君臣失位，父子失處，夫婦失宜，民人呻吟，其以爲樂也若之何哉？」，〈似順論〉則曰：「君臣、父子、夫婦，君臣、父子、夫婦六者當位，則下不踰節而上不苟爲矣，少不悍辟而長不簡慢矣。」〔註63〕表示當君臣人民各守其職，各當其位，則能使長幼尊卑之倫理關係井然有序。

除了傳世典籍有「君臣、父子、夫婦」等倫理關係的論述之外，郭店楚簡〈六德〉〔註64〕亦從儒家「聖──智、仁──義、忠──信」等德行出發，詳細討論這三種倫理關係相對待的權利與義務曰：

> 【□□□□□□□□□□諸】父兄，任諸子弟。大材藝者大官，小材藝者小官，因而施祿焉，使之足以生，足以死，謂之君，以義使人多。義者，君德也。

> 非我血氣之親，我如其子弟。故曰：苟濟夫人之善也，勞其臟腑之力弗敢憚也，危其死弗敢愛也，謂之【臣】，以忠事人多。忠者，臣德也。

> 知可爲者，知不可爲者，知行者，知不行者，謂之夫，以智率人多。智也者，夫德也。

〔註61〕 見〔清〕王先愼校注《韓非子集解・卷四・姦劫弒臣》（收入《諸子集成》），（北京：中華書局，1954年出版，2006年重印），頁70～71。

〔註62〕 見〔清〕王先愼校注《韓非子集解・卷十五・難一》，頁267。

〔註63〕 見〔先秦〕呂不韋編、王利器校注《呂氏春秋注疏（第一冊）・仲夏紀・大樂》、〈似順論・似順〉，（成都：巴蜀書社，2002年出版），頁504、2947。

〔註64〕 〈六德〉爲郭店儒簡之一，下引文出自丁原植析釋《郭店楚簡儒家佚籍四種釋析》（台北：台灣古籍出版有限公司，2000年出版），頁197～198。

能與之齊，終身弗改之矣。是故夫死有主，終身不變，謂之婦，以
信從人多也。信也者，婦德也。

既生畜之，或從而教誨之，謂之聖。聖也者，父德也。

子也者，會埴長材以事上，謂之義，上共下之義，以掬野野，謂之
孝。故人則爲【仁也，謂之】仁。仁者，子德也。

上文先討論君、臣、父、子、夫、婦六者所應具備的內在德行與行爲實踐，「君」
必須具備「義」的德行，其發用而出的行爲是「父兄任者子弟，大材藝者大
官，小材藝者小官，因而施祿焉，使之足以生，以死」君王必須有審慎鑒察
人臣才德的能力外，更必須視臣爲至親而長養之，使臣民感受到「非我血氣
之親，畜我如其子弟」〔註65〕的撫育恩情。

　　臣德則爲「忠」，其具體行爲是「勞其臟腑之力弗敢憚也，危其死弗敢愛
也」、「以忠事人多」臣下應恪守職分，敬慎執行君命，即使勞其筋骨，餓其
體膚、空乏其身也不畏懼退縮。值得注意的是，「君德」與「臣德」是相對待
的關係，並非絕對的「君尊臣卑」，而是透過如「君使臣以義，臣事君以忠」
之類的德行實踐，成全人倫理序。同樣的，夫必須發用「智」之德行，而能
「知行知不行」，「婦」則應懷「信」之德行，而實踐「夫死有主，終身不變」
的行爲；而父子倫常亦維繫於「聖」與「仁」之德行與實踐的相對待中。

　　這種以內在之德與行爲實踐爲主軸，重視「相對」關係的倫理觀，可與《禮
記》相互參照。《禮記》強調各安其位的倫理秩序，如〈哀公問〉載哀公問政，
孔子對曰：「夫婦別，父子親，君臣嚴。三者正，則庶物從之矣。」〔註66〕安頓
夫婦、父子與君臣的名位與責任乃是君王爲政的要務；而以眞誠的態度實踐各
種祭祀與婚喪儀典，亦可達道「安頓人倫秩序」之目的，如〈昏義〉論「昏禮」
的作用在於端正男女之別，彰顯夫婦倫理，進而安立父子與君臣關係：「敬慎重
正而后親之，禮之大體，而所以成男女之別，而立夫婦之義也。男女有別，而
后夫婦有義；夫婦有義，而后父子有親；父子有親，而后君臣有正。」〔註67〕
祭禮亦有相同作用，〈祭統〉論「祭之十倫」曰：

〔註65〕丁原植釋此句曰：「『非我血氣之親』，似指君主與我並非血緣的親屬，『畜我
　　　　如子弟』，似指君王對我如同子弟一般。」見氏作《郭店楚簡儒家佚籍四種釋
　　　　析，頁219～220。
〔註66〕見〔漢〕鄭玄注、孔穎達疏《禮記正義‧卷五十‧哀公問》，頁849。
〔註67〕見〔漢〕鄭玄注、孔穎達疏《禮記正義‧卷六十一‧昏義》，頁1000。

> 夫祭有十倫焉：見事鬼神之道焉，見君臣之義焉，見父子之倫焉，
> 見貴賤之等焉，見親疏之殺焉，見爵賞之施焉，見夫婦之別焉，見
> 政事之均焉，見長幼之序焉，見上下之際焉。此之謂十倫。

鄭玄注「十倫」爲「十義」，〔註68〕意指祭禮的十種意義，在祭祀儀典中，君臣、父子、夫婦各有其職責，而尊卑親疏的位份等差亦能透過儀式體現出來，而〈禮運〉則曰：「陳其犧牲，備其鼎俎，列其琴瑟管磬鐘鼓，修其祝嘏，以降上神與其先祖。以正君臣，以篤父子，以睦兄弟，以齊上下，夫婦有所。是謂承天之祜。」〔註69〕表示人可透過誠敬的祭祀儀式，讓父子、兄弟、夫婦各司其職，使倫理關係和諧篤厚。這代表先秦儒家思想強調倫理關係中之德行與禮之實踐。

從以上所論可知，傳世典籍與出土文獻多肯定君臣、父子、夫婦等倫理關係爲國家社會重要秩序，儒家論述偏向倫理關係中之德行與實踐，以《韓非子》爲主的法家思想則重視結合法、術、勢三者挺立君父之尊；在此理論中，君王應透過政教策略，使三種倫理關係得以「當位」、「安位」，乃是各學派之共同價值理念。

至於漢代，前漢七十年之重要典籍，亦多論及君臣、父子、夫婦等倫理關係之重要性。陸賈《新語・道基》從古史論建立「人倫秩序」爲王道之始，其曰：「於是先聖乃仰觀天文，俯察地理，圖畫乾坤，以定人道，民始開悟，知有父子之親，君臣之義，夫婦之別，長幼之序。于是百官立，王道乃生。」、〈愼微〉則曰：「是以君子居亂世，則合道德，采微善，絕纖惡，修父子之禮，以及君臣之序，乃天地之通道，聖人之所不失也。」〔註70〕直接強調建立「父子」與「君臣」倫理關係，乃是聖人所應實踐的天道法則。此外，以黃老思想爲主軸的《淮南子》則以天道爲根源，論述聖王建構三者人倫關係的政教法度，〈泰族〉曰：

> 五帝三王之蒞政施教，必用參五。何謂參五？仰取象於天，俯取度
> 於地，中取法於人，乃立明堂之朝，行明堂之令，以調陰陽之氣，
> 以和四時之節，以辟疾病之菑。俯視地理，以制度量，察陵陸水澤

〔註68〕鄭玄注「十倫」曰「倫猶義也」，意即「十倫」爲「十義」，見〔漢〕鄭玄注、孔穎達疏《禮記正義・卷四十九・祭統》，頁834。

〔註69〕見〔漢〕鄭玄注、孔穎達疏《禮記正義・卷二十一・禮運》，頁417。

〔註70〕見〔漢〕陸賈著、王利器校釋《新語校注・道基第一》、〈愼微第六〉（收入《新編諸子集成》），（北京：中華書局，1996年出版），頁9、97。

> 肥墝高下之宜，立事生財，以除飢寒之患。中考乎人德，以制禮樂，
> 行仁義之道，以治人倫而除暴亂之禍。乃澄列金木水火土之性，故
> 立父子之親而成家；別清濁五音六律相生之數，以立君臣之義而成
> 國；察四時季孟之序，以立長幼之禮而成官；此之謂參。制君臣之
> 義，父子之親，夫婦之辨，長幼之序，朋友之際，此之謂五。乃裂
> 地而州之，分職而治之，築城而居之，割宅而異之，分財而衣食之，
> 立大學而教誨之，夙興夜寐勞力之。此治之綱紀也。然得其人則舉，
> 失其人則廢。堯治天下，政教平，德潤洽。〔註71〕

〈泰族〉將天道觀之陰陽五行理論化用於倫理關係中，拓展過去對君臣、父子、夫婦等倫理闡述，「澄列金木水火土之性，故立父子之親而成家」，以及「別清濁五音六律相生之數，以立君臣之義而成國」之論述中，五行與五音、六律之運行與規律，以天道為根源；而父子與君臣關係既以五行、五音、六律等規則為基礎，表示這些人間倫理乃是以天道運行法則為其根源，呈顯出漢代氣化宇宙論下的思想理序，而這種天道與人倫關係相應合的思維，亦同見於《春秋繁露》中。但《繁露》卻使用「三綱」統合這三種倫理關係，以示其為不可移易之大倫，以下，筆者將著重於「君──臣」關係探討。

（二）《春秋繁露》中「三綱」所建構之倫理秩序

「三綱」一詞，在《春秋繁露》中出現二次，〈深察名號第三十五〉曰：

> 循三綱五紀，通八端之理，忠信而博愛，敦厚而好禮，乃可謂善，
> 此聖人之善也。是故孔子曰：「善人，吾不得而見之，得見有常者，
> 斯可矣。」

〈基義第五十三〉則完整呈現「三綱」之義理內涵與理論架構，曰：

> 物必有合；合必有上，必有下，必有左，必有右，必有前，必有後，
> 必有表，必有裏，有美必有惡，有順必有逆，有喜必有怒，有寒必有
> 暑，有晝必有夜，此皆其合也。陰者，陽之合，妻者，夫之合，子者，
> 父之合，臣者，君之合，物莫無合，而合各相陰陽。陽兼於陰，陰兼
> 於陽，夫兼於妻，妻兼於夫，父兼於子，子兼於父，君兼於臣，臣兼
> 於君，君臣、父子、夫婦之義，皆取諸陰陽之道。君為陽，臣為陰，
> 父為陽，子為陰，夫為陽，妻為陰，陰陽無所獨行，其始也不得專起，

〔註71〕見〔漢〕劉安編著、〔漢〕高誘注、劉文典集解《淮南鴻烈集解》，頁671。

> 其終也不得分功,有所兼之義。是故臣兼功於君,子兼功於父,妻兼
> 功於夫,陰兼功於陽,地兼功於天。……陰陽二物,終歲各壹出,壹
> 其出,遠近同度而不同意,陽之出也,常縣於前而任事,陰之出也,
> 常縣於後而守空處,此見天之親陽而疏陰,任德而不任刑也。是故仁
> 義制度之數,盡取之天,天為君而覆露之,地為臣而持載之,陽為夫
> 而生之,陰為婦而助之,春為父而生之,夏為子而養之,秋為死而棺
> 之,冬為痛而喪之,王道之三綱,可求於天。

〈基義第五十三〉的理論分成二部分,其一是以「陽尊陰卑」的天道理序為
根源的三綱架構,其次則為三綱倫理架構下之權利與義務關係。

在第一部分中,天道運行之規律為「陽尊陰卑」,人道法則亦應效法此規
律。在尊卑位份上,代表陽之「君」、「父」、「夫」的位份為尊,代表「陰」
的「臣」、「子」、「婦」之地位則相對為卑。然而,只有陽氣的作用無法完成
天道生生化育的仁之意志,必須陰氣的配合與輔佐,才能完成完整之生化長
養作用;因此,君、父、夫不可單獨存在,而是要與臣、子、夫相合相配,
才能架構出整全的人間倫

理秩序。因此,《春秋繁露》認為三綱秩序合於天道秩序,〈觀德第三十
三〉論曰:

> 天地者,萬物之本、先祖之所出也,廣大無極,其德昭明,歷年眾
> 多,永永無疆。天出至明,眾知類也,其伏無不炤也;地出至晦,
> 星日為明不敢闇,君臣、父子、夫婦之道取之此。

在董氏理論中,三綱之內涵,上與天道秩序相合,下可以引導人民實踐人性
本有的為善趨向,使國家秩序井然而和諧。〈天人三策〉亦曰:

> 人受命於天,固超然異於群生,入有父子兄弟之親,出有君臣上下
> 之誼,會聚相遇,則有耆老長幼之施;粲然有文以相接,驩然有恩
> 以相愛,此人之所以貴也。

其從人受命於天,本性有為善趨向的角度出發,強調君臣、兄弟、夫婦之間
的倫理與恩義乃是人最珍貴而獨特的價值;而君王如何在政教措施中建立自
家庭、社會至國家的倫理秩序,就成為三綱理論中之重要論題。

1. 縮合儒法之「君——臣」倫理

三綱理論應與董氏之名實理論合而觀之,亦即具有君、父、夫之名者,
應當實踐出此「名」之「實」,由於本論文主題為君王觀,故筆者以「君臣」

倫理為主論述之。在君臣倫理中，董仲舒結合儒、法思想，架構縝密的君臣倫理。

（1）三綱中「君道」之內涵

在儒家思想的面向上，三綱中之「君道」具有二重意涵，其一是從董氏人性論出發，認為君王必須發用內在的為善趨向，體現以天道之仁為根源之政教措施，如〈基義第五十三〉論曰：「是故仁義制度之數，盡取之天，天為君而覆露之，地為臣而持載之。」表示君王若不像天那樣覆育萬物，施行仁義制度，即不能當「君」之名；〈為人者天第四十一〉亦曰：「政有三端：父子不親，則致其愛慈；大臣不和，則敬順其禮；百姓不安，則力其孝弟。」「致愛慈」、「敬順禮」與「力孝悌」皆為君王見臣民德行匱乏，而主動教化導正，使父子有親、臣下有禮，百姓有孝。

第二重意涵則奠基於董氏公羊學，其從《春秋》史事與褒貶中，提煉出「君王獨尊」的概念。如〈玉杯第二〉以《春秋·宣公二年》「秋，九月乙丑，晉趙盾弒其君夷獔。」之例論曰：「臣之宜為君討賊也，猶子之宜為父嘗藥也；子不嘗藥，故加之弒父，臣不討賊，故加之弒君，其義一也。所以示天下廢臣子之節，其惡之大若此也。」根據《公羊傳》的解釋，弒君者為趙穿，趙盾僅為「不討賊」，〔註72〕然而在「君王獨尊」的概念下，不討賊者乃是「廢臣子之節」，與弒君者同罪，此為「大復讎」之理論。

同樣例證亦出現於〈楚莊王第一〉：「今諸侯之不得專討，固已明矣，而慶封之罪，未有所見也，故稱楚子，以伯討之，著其罪之宜死，以為天下大禁，曰：人臣之行，貶主之位，亂國之臣，雖不篡殺，其罪皆宜死。」慶封之事載於《春秋·昭公四年》：「秋，七月，楚子、蔡侯、陳侯、許男、頓子、胡子、沈子、淮夷伐吳，執齊慶封，殺之。」《公羊傳》解釋伐吳與執慶封之因，曰：「此伐吳也，其言執齊慶封何？為齊誅也。其為齊誅奈何？慶封走之吳，吳封之於防。然則曷為不言伐防？不與諸侯專封也。慶封之罪何？脅齊君而亂齊國也。」〔註73〕〈楚莊王第一〉所謂「諸侯不得專討」，乃是公羊義

〔註72〕見〔漢〕何休注、〔唐〕徐彥疏《春秋公羊傳注疏》：「趙盾弒君，此其復見何？親弒君者趙穿也。親弒君者趙穿，則曷為加之趙盾？不討賊也。何以謂之不討賊？晉史書賊曰：『晉趙盾弒其君夷獔。』……史曰：『爾為仁為義，人弒爾君，而復國不討賊，此非弒君如何？』」，頁191。表示趙穿為弒君者，然趙盾不討賊，與趙穿同罪。

〔註73〕見〔漢〕何休注、〔唐〕徐彥疏《春秋公羊傳注疏》，頁276。

法，《春秋公羊傳‧宣公十一年》釋曰：

> 文曷爲不與？諸侯之義，不得專討也。諸侯之義，不得專討，則其
> 曰實與之何？上無天子，下無方伯。天下諸侯，有爲無道者，臣弒
> 君、子弒父，力能討之，則討之可也。〔註74〕

陳立《公羊義疏》引《白虎通‧誅伐》而論曰：「諸侯之義，非天子之命，不得
動眾起兵，誅不義者，所以強幹弱枝，尊天子卑諸侯也。」〔註75〕在此義之下，
諸侯僅能依循天子之命征討，不可自行用兵；然而在《公羊傳》的解釋中，楚
子、蔡侯、陳侯等出兵執慶封，乃因其「脅齊君而亂齊國」之行爲，違反「尊
王」原則。因此，在董氏理論中，諸侯伐吳、執慶封，是爲了「著其罪之宜死，
以爲天下大禁」，慶封這種違反君尊臣卑倫理的行爲，即成爲《春秋》嚴詞貶責
批判的對象。故此可知，在儒家思想下的君臣倫理，一方面從公羊學建立君尊
臣卑的倫理秩序，一方面則強調君王德行實踐與教化導民之重要性。

　　而偏向法家思想的君臣倫理，特重君王對「刑——德」二柄的掌控，第
三章筆者已論述天道透過陰陽二氣，以「陽主陰輔」的方式生化長養萬物，
君王亦必須效法天道，使用「德主刑輔」的方式治國，以挺立自身絕對威權，
〈保位權第二十〉論曰：

> 國之所以爲國者德也，君之所以爲君者威也，故德不可共，威不可
> 分，德共則失恩，威分則失權，失權則君賤，失恩則民散，民散則
> 國亂，君賤則臣叛。是故爲人君者，固守其德，以附其民，固執其
> 權，以正其臣。

「德」、「威」二者，〈威德所生第七十九〉以天道四時運轉與君王情緒發用而
釋曰：「天之序，必先和然後發德，必先平然後發威，此可以見不和不可以發
慶賞之德，不平不可以發刑罰之威」「德」乃慶賞，而「威」則是「刑罰」，
引文強調「德」之發用能使萬民親服，刑罰之運用則可以挺立君王獨尊的權
位，二者俱應掌控於君王一人之手，否則會使臣民叛離、國家敗亂；這表示
在「君——臣」理序中，德威的運用具有獨佔性，君王具有本之於「天」之
主動性與絕對的掌控性。

　　君王之「刑——德」理論，與儒學之德行實踐，以及公羊學「尊王」概
念相結合，建構出完整的君王權力與義務體系，君王確實有掌控刑德二柄，

〔註74〕同前注，頁202。
〔註75〕〔清〕陳立著《公羊義疏（三）‧卷四十七‧宣公十一年》，頁1216。

與國家一切政事的權力，然而其亦有施行仁政、教化臣民的義務，因此，董仲舒理論中之理想君王，已非儒家思想重視內聖而外王的聖王，亦非法家與黃老思想中，靜因深藏、循名責實，以賞罰二柄統御臣下的君王樣貌，而是結合儒、法諸家，具備多重面向的理想君王，〈天地之行第七十八〉論曰：

> 為人君者，其法取象於天，故貴爵而臣國，〔註76〕所以為仁也；深居隱處，不見其體，所以為神也；任賢使能，觀聽四方，所以為明也；量能授官，賢愚有差，所以相承也；引賢自近，以備股肱，所以為剛也；考實事功，次序殿最，所以成世也；有功者進，無功者退，所以賞罰也。

引文提到七種理想君王之必要作為，其中有明顯偏向法家與黃老思想的面向，如「身居隱處」、「量能授官」、「考實事功」與依功賞罰，這些作為展現出君王妙用刑德二柄以主宰天下的獨尊地位；「貴爵而臣國」一句雖意義不明，但〈離合根第十八〉定義「仁」曰：「氾愛羣生，不以喜怒賞罰，所以為人也」，則從儒家思想的角度凸顯君王仁民愛物的德行；而引賢自進、任賢使能二者，則為理想君王加入海納百川的寬廣心量。這些融合學派的君王作為，代表君王雖然居於獨尊之位，卻應履行自身的義務，才是以天道為行為依據的理想君王。

（2）三綱中「臣道」內涵

除了君王之外，臣下亦有以天道為根源之義務性行為，臣應效法「地道」，承擔忠誠輔弼的責任。〈天地之行第七十八〉論「地道」曰：「地卑其位而上其氣，暴其形而著其情，受其死而獻其生，成其事而歸其功。卑其位，所以事天也。」「地」居於卑位，盡忠輔天，下文論臣道曰：

> 為人臣者，其法取象於地，故朝夕進退，奉職應對，所以事貴也；供設飲食，候視疾疾，所以致養也；委身致命，事無專制，所以為忠也；竭愚寫情，不飾其過，所以為信也；伏節死難，不惜其命，所以救窮也；推進光榮，褒揚其善，所以助明也；受命宣恩，輔成君子，所以助化也；功成事就，歸德於上，所以致義也。

與君道相同，董氏理論之「臣道」亦有結合儒、法思想的義務與行為。先秦諸子針對「忠」、「信」、「義」等概念，常出現多面向的解釋；以儒家與法家

〔註76〕 「貴爵而臣國」一句，盧文弨認為其中有脫文，且「貴爵」一詞在《春秋繁露》中為孤證，別無使用，似無可解。

對「忠」概念的詮釋爲例,《論語》之「忠」共出現十六次,除了〈八佾〉所載「定公問:君使臣,臣事君,如之何?孔子對曰:君使臣以禮,臣事君以忠。」明言「忠」爲臣德之外,如〈學而〉:「主忠信:無友不如己者」、〈述而〉:「子以四教:文、行、忠、信」、〈憲問〉:「子曰:愛之,能勿勞乎?忠焉,能勿誨乎?」〔註77〕「忠」皆爲君子盡己修身之道。而郭店儒簡〈忠信之道〉則認爲忠、信二者皆爲君王治民之理,其文首曰:

> 不訛不害,忠之至也。不欺弗知,信之至也。忠積則可親也,信積
>
> 則可信也。忠、信積而民弗親、信者,未之有也。

陳師麗桂於〈郭店儒簡「忠信之道」與先秦儒學的忠信之德〉一文中論曰:「全篇再三反覆叮囑的就是忠、信的高度發揮與大用,亦即外王、臨民之理,統治者如何徹底地以忠信自持,使民親之、信之之道。」〔註78〕在先秦儒學思想中,「忠」並未被固定爲「臣德」的內涵,而是君王與臣民皆應具備的德行。但在歸屬於法家的《韓非子》中,「忠」就被解釋爲「臣德」,〈功名〉曰:「人臣守所長,盡所能,故忠。以尊主主御忠臣,則長樂生而功名成。」〔註79〕此「忠」並非對君王全然順從迎合,而是直言不阿、知法守分者方爲忠臣,如〈初見秦〉論臣之敢言直諫曰:「知而不言不忠,爲人臣不忠當死,言而不當亦當死」;〈忠孝〉亦曰:「故人臣毋稱堯、舜之賢,毋譽湯、武之伐,毋言烈士之高,盡力守法,專心於事主者爲忠臣。」〔註80〕在韓非子對忠的解釋裡,除了具有盡心事主的義涵,亦包括對君王知無不言的直諫。董仲舒將「忠」定義爲「臣德」,與韓非理論相似,然其未有「諫上」的意義,而是以臣對君「委身致命」的盡己作爲,爲主要內涵。

　　同樣地,「信」在儒家思想中,亦非僅屬於臣德,而是君子修身之德行,如《論語・學而》載孔子之言曰:「道千乘之國,敬事而信,節用而愛人,使民以時。」何晏注「信」曰:「爲國者舉事必敬慎,與民必誠信」,將「信」

〔註77〕 見〔魏〕何晏集解、〔宋〕邢昺疏《論語注疏・八佾》、〈學而〉、〈述而〉、〈憲問〉(〔清〕阮元校,嘉慶二十年江西南昌府學開本),(台北:藝文印書館,1997年出版),頁30、7、63、124。

〔註78〕 見陳師麗桂著〈郭店儒簡「忠信之道」與先秦儒學的忠信之德〉(中央研究院文哲所2008年3～5月短期訪問研究成果報告),經業師同意後引用。

〔註79〕 見〔清〕王先慎校注《韓非子集解・卷八・功名》,(收入《新編諸子集成》),(台北:藝文印書館,1983年出版),頁333。

〔註80〕 見〔清〕王先慎校注《韓非子集解・卷一・初見秦》、〈卷二十・忠孝〉,頁29、726。

釋爲誠信。〈學而〉載子夏之言曰：「與朋友交言而有信」、〈爲政〉載孔子曰：
「人而無信，不知其可也。」〔註81〕「信」的意義皆指向人在相對待中所表
現出之眞誠可信的態度。董仲舒則將「信」解釋爲「竭愚寫情，不飾其過」
的臣德，此解釋亦包含「誠信」的意義，然而此「誠信」是臣下對君王完全
而不掩飾的暴顯，臣下必須將一切思維、情感、能力皆暴顯於君王面前，這
與「地道」相呼應，〈離合根第十八〉曰：「爲人臣者，法地之道，暴其形，
出其情，以示人。」因此，臣下之「信」乃是對君王完全的暴顯。

　　除了忠、信之外，〈天地之行第七十八〉所論述的臣德，多具「輔弼」的
意義，如「助明」（推進光榮，襃揚其善）、「助化」（受命宣恩，輔成君子）、
「致義」（功成事就，歸德於上）。此皆強調臣下必須盡心竭力，發用德行、
智慧與能力，輔助君王，建立國家政教制度，並審愼施行，將一切的功勳歸
予君王。這種暴顯其情、歸德於上的「臣德」，配合西漢初、中期國家大一統
體制之建立，以成就君王獨尊的地位。

2. 循名責實——「君尊臣卑」於國家政務之實踐方式

　　在《春秋繁露》的君臣關係中，董氏除了提出「君道」與「臣道」的權
利與義務之外，其亦從國家制度建構君臣倫理具體落實的方法，提出職官選
任方式，並訂立權責範圍，依循權責以核其績效。《春秋繁露》並未架構出國
家整體職官體系，而是將職官制度散論於各篇，如〈官職象天第二十四〉論
述以天道爲根源的官職架構、〈五行相生第五十八〉、〈五行相勝第五十九〉深
入論述與五行相配之五官職權；〈考功名第二十一〉則深論循名責實的具體方
法，這些篇章皆能彰顯出《春秋繁露》中「君——臣」落實倫理之制度。

　　從〈官職象天第二十四〉中可見，《春秋繁露》的官職體系乃以是天道度
數與秩序爲根源，其文曰：

> 天以四時之選，與十二節相和而成歲，王以四位之選，與十二臣相
> 砥礪而致極，道必極於其所至，然後能得天地之美也。

這些以天道爲根源的職官，主要責任在於「相砥礪而致極」，輔佐君王施行王
道，以參贊天地化育。〈五行相生第五十八〉與〈五行相勝第二十九〉則清楚
界定司農、司馬、司營、司徒、司寇等五官之職責，然而如何將此職責置入
名實相符的理論下，以循名責實的方式查核官員行爲，則是《春秋繁露》另

〔註81〕見〔魏〕何晏集解、〔宋〕邢昺疏《論語注疏・學而》、〈爲政〉，頁6、7、19。

一個論述重點，此理論能落實君臣倫理，使君臣各盡職分。

　　〈考功名第二十一〉所提出的君王考績之法，建立於「量事立權、因事制義」的理念上，其文曰：

> 考績之法，考其所積也。天道積聚眾精以為光；聖人積聚眾善以為功；故日月之明，非一精之光也；聖人致太平，非一善之功也。明所從生，不可為源，善所從出，不可為端，量勢立權，因事制義。

引文可見，循名責實的考績之法，是依據臣下實際完成的功績所進行的考核，此功績乃是臣下積累的表現，而非君王一時的喜怒情緒或臣下一時之功勞，而必須長期觀察，因應情勢與事務之差異殊別，給予不同的賞罰。因此，〈考功名第二十一〉下文論曰：

> 考績紃陟，計事除廢，有益者謂之公，無益者謂之煩，譬名責實，不得虛言，有功者賞，有罪者罰，功盛者賞顯，罪多者罰重，不能致功，雖有賢名，不予之賞，官職不廢，雖有愚名，不加之罰，賞罰用於實，不用於名，賢愚在於質，不在於文，故是非不能混，喜怒不能傾，姦軌不能弄，萬物各得其冥，則百官勸職，爭進其功。

引文將賞罰標準定於官員之功績，其將「功績」與「賢名」相對舉，認為臣子即使有賢名在外，卻無法完成職責，立下功績，則即使具有德行，亦非良臣；反之，若能完成職責，即使無賢名在外，亦應獎賞。這就表示，循名責實以考核功績，並不從「道德」的角度出發，而是以「事功」為主軸所訂立的標準。「三綱」主要作用在於安頓社會秩序，使君臣、父子與夫婦各盡本分；君王透過循名責實的方法，可以使百官各安其位，以盡其職。

　　因此，筆者認為，「三綱」不僅如學界所言，為鞏固君父之權所設立的理論，〔註82〕而是君臣皆應履行其義務；在「臣道」的面向上，臣下應效法地

〔註82〕過去學界多認為，三綱之主要作用在於建立並提升君父的絕對權威，如曾春海於《兩漢魏晉哲學史・漢代的經學與讖緯學》一文論曰：「他（筆者案：董仲舒）用至高無上的神權、天經地義、陰陽之道來論證君為臣綱、父為子綱和夫為妻綱的『三綱』說。他認為三綱和五常是『王道』，是絕對的不變法則。……三綱說定為了君尊臣卑、男尊女卑的位差倫理，提振了君權、父權和夫權，後世帝王一值都予以肯任和提倡。」（台北：五南出版社，2001年出版。），頁95。董仲舒所提出的三綱理論，在《白虎通》中被完整架構為「三綱六紀」的倫理觀，章權才於《兩漢經學史・第五章》評論此綱紀理論曰：「從理論本質上看，《白虎通》中的「三綱六紀」，浸透了尊卑貴賤的不平等原則。在這裡，君者、父者、夫者是處於尊的位置；而臣者、子者、婦者，則處於

道，以「忠」、「信」、「義」輔弼君王，成就君王獨尊的地位與聖名。而君王則應效法天道教化萬民，並善於掌握刑德二柄，透過循名責實的方式以考核功績，否則君王就會失威、失權，導致「君賤臣叛」的惡果。職是，三綱理論並非片面強調臣對君全然的卑服，而是在國家大一統體制中，透過君臣履行各自義務，成就君王獨尊的地位，使國家尊卑有序、倫理調暢。

3. 三綱理論下「諸侯」之名位內涵與實踐

從君尊臣卑的綱常體系與循名責實的落實方式，可確立大一統帝國下，君王獨尊地位，國家中所有官爵名位與官員行為，皆受到君王的管制與查核；而百官位份皆列於君王的名位之下，不可逾越權限。《春秋繁露》除明言臣子有佐國的義務之外，亦將「諸侯」列於三綱的「君──臣」關係之下；西漢武帝以前，國家採用「封建」或「郡縣」體制為重要問題之一，而《春秋繁露》將諸侯的職權與責任亦納入「君尊臣卑」的理論範圍中，從道德實踐與公羊學二角度，建立君王對諸侯超越的統治地位，因此〈玉英第四〉論曰：「以天之端，正王之政，以王之政，正諸侯之即位，以諸侯之即位，正竟內之治，五者俱正，而化大行。」將王繫於天之下，而諸侯繫於王之下，代表君王對諸侯的統管地位，〈深察名號第三十五〉曰：「號為諸侯者，宜謹視所候奉之天子也。」諸侯主要責任，乃是「謹視」、「候奉」天子。

從此角度出發，董仲舒認為，君王透過分封諸侯，能得知僻遠之民的風俗與需求，亦能使萬邦之民有衣食之養，〈諸侯第三十七〉曰：

> 生育養長，成而更生，終而復始其事，所以利活民者無已，天雖不言，其欲贍足之意可見也。古之聖人見天意之厚於人也，故南面而君天下，必以兼利之。為其遠者，目不能見，其隱者，耳不能聞，於是千里之外，割地分民，而建國立君，使為天子視所不見，聽所不聞，朝者召而聞之也，諸侯之為言猶諸候也。

卑的需要絕對服從的位置。……從目的意圖上看，《白虎通》宣揚三綱六紀，可以用書中所說的「網羅」二字來概括，這就是說，它企圖用「三綱六紀」，編織成天羅地網，用以綱維社會，使之服從於富家豪族的統治。」（台北：萬卷樓出版，1995 年），頁 252～253。而張錫勤、孫實明等編撰之《中國倫理思想通史‧秦漢時期之倫理思想》則論曰：「這就是說，封建的綱紀完全仿效、體現了上天的意志。……它又把封建社會的一切關係及其所應遵循法則，統統說成對天意、對陰陽五行運動規律的效法，是天的意志的體現。」（哈爾濱：黑龍江教育出版社，1992 年出版），頁 307。表示「三綱」理論多從「以德配天」與「鞏固君父之權」二面向論述。

上文首先提出君王應效法天道生生化育、贍足萬物的作爲，君王透過分封諸侯「利活民」，使僻遠之民得到王道的潤澤與照護。因此，在董仲舒以天道之生化長養爲根源的君王觀下，能輔佐君王治理遠民，使之衣食無虞者，才能稱爲「諸侯」。

　　此外，董氏亦從公羊學建立君王超越於對諸侯的統治地位，〈王道第六〉曰：

　　　　《春秋》立義，天子祭天地，諸侯祭社稷，諸山川不在封內不祭。

　　　　有天子在，諸侯不得專地，不得專封，不得專執天子之大夫，不得

　　　　舞天子之樂，不得致天子之賦，不得適天子之貴。

引文內容多可見於《春秋公羊傳》，「天子祭天地，諸侯祭社稷」見於《春秋公羊傳·僖公三十一年》評魯郊祀之禮：「天子祭天，諸侯祭土。天子有方望之事，無所不通。諸侯山川有不在其封內者，則不祭也。」〔註83〕此從祭祀的角度論述天子與諸侯以祀奉對象的差異，表現出尊卑等差；「諸侯不得專地」則見於〈桓公元年〉：「有天子存，則諸侯不得專地也。」〔註84〕封地屬君王所有，諸侯僅爲受託於君王之治理者。同樣觀點亦見於《漢書·匡衡傳》載司隸校尉駿、少府忠行廷尉事彈劾匡衡「盜土自益」曰：「衡監臨盜所主守直十金以上。春秋之義，諸侯不得專地，所以壹統尊法制也。」〔註85〕而諸侯不得僭越君王之禮樂、專執天子之大夫，亦從法理規範上，具體挺立諸侯受天子統治的概念，這種理論與董氏尊王、大一統的觀點相互胍合。李新霖認爲《公羊傳》「正統」理論包含「一統」、「居正」與「尊王」三者，《公羊傳》以撥亂反正的理論對治諸侯僭越、天子衰頹的亂世，其曰：

　　　　《公羊傳》除爲撥亂反正，以「尊王」爲先務之急；又由宗法封建

　　　　尊尊之制中，發展出「尊王」概念；皆在強調君臣上下自有分際，

　　　　諸侯身爲臣子，需謹守君臣之義，接受天子號令，不得擅越職權。

　　〔註86〕

因此，上所引〈王道第六〉之文所提及的祭祀之分、土地之屬、禮樂之別等法理制度，爲具體實踐三綱中君尊臣卑的方式。在此理論架構下，君王成爲

〔註83〕見〔漢〕何休注、〔唐〕徐彥疏《春秋公羊傳注疏》，頁37。

〔註84〕同前注，頁46。

〔註85〕見〔漢〕班固撰、〔唐〕顏師古注《漢書·卷八十一·匡衡傳》，頁3346。

〔註86〕見李新霖著《春秋公羊學要義·第一章·正統論》，（台北：文津出版社，1989年出版），頁65。

承受天命，超越諸侯、群臣與人民的唯一治理者。而臣民則依循君尊臣卑的等差秩序，接受君王的治理，以維持穩定的國家秩序。

三、小 結

就國家禮制的內涵上說，董氏的「郊祀」理論，強調郊祀事天設教的作用，在郊祀之禮中，君王對「天」行子之孝道，天則降福予君王與國家，「郊祀」的意義即超越「國家儀典」，而成為事天、奉天並推行王道的主要方式。其次，在倫理秩序的面向上，《春秋繁露》架構出三綱體系，以應合天道陽尊陰卑的秩序與「君尊臣卑」的理論，《繁露》同時從循名責實的角度，將君王德行與刑名相結合，又主張君王之賢能配合臣下之輔弼，才能使國家秩序井然，國泰民安。

因此，《春秋繁露》建立「郊祀」與「三綱」的理論，回應以君王觀為核心的基源問題，儒法結合的「君道」強調君王內在之德行與修為，並以刑賞二柄的巧妙運用與外王功業相輔相成，缺一即非董氏理論中之理想君王。

第三節 社會制度之王道實踐──以教育、經濟理論為核心

在《春秋繁露》理論架構中，關於社會制度的論述，相對於天道觀與公羊學，篇幅較少；然而社會制度乃是君王政教實踐中的重要面向。在各種社會制度中，《春秋繁露》載有專篇討論經濟問題的〈度制第二十七〉，以及散見於各篇的教育論述，架構出一個以「仁義」為核心概念的社會制度，以回應「君王觀」之基源問題。在王權體系下，這些社會制度皆為落實「王道」的一部分。在《春秋繁露》中，「王道」一詞共出現十二次，扣除〈王道第六〉與〈王道通三第四十四〉二標題之外，共有十次，並表列分析如下：

表五之 2

篇　名	文　本　內　容	「王道」意義
〈玉杯第二〉	《春秋》論十二世之事，人道浹而王道備，法布二百四十二年之中，相為左右，以成文采，其居參錯，非襲古也。	理想君王之治國策略
〈王道第六〉	《春秋》何貴乎元而言之？元者，始也，言本正也；道，王道也；王者，人之始也。	理想君王之治國之道

〈王道第六〉	孔子明得失,差貴賤,反王道之本,譏天王以致太平,刺惡譏微,不遺小大,善無細而不舉,惡無細而不去,進善誅惡,絕諸本而已矣。	孔子於《春秋》中所呈現的爲君之道
〈王道第六〉	介葛盧得名;內出言如,諸侯來曰朝,大夫來曰聘,王道之意也。	《春秋》所載之「尊君」理論
〈王道第六〉	春秋記纖芥之失,反之王道,追古貴信,結言而已。	孔子於《春秋》中所呈現的爲君之道
〈盟會要第十〉	天下者無患,然後性可善,性可善,然後清廉之化流,清廉之化流,然後王道舉,禮樂興,其心在此矣。	理想君王之治國策略
〈俞序第十七〉	孔子明得失,見成敗,疾時世之不仁,失王道之體,故緣人情,赦小過,傳又明之曰:君子辭也。	理想君王之治國策略
〈離合根第十八〉	爲人臣者,比地貴信,而悉見其情于主,主亦得而財之,故王道威而不失。	理想君王之治國策略
〈陽尊陰卑第四十三〉	是故天數右陽而不右陰,務德而不務刑;刑之不可任以成世也,猶陰之不可任以成歲也;爲政而任刑,謂之逆天,非王道也。	理想君王之治國策略
〈基義第五十三〉	春爲父而生之,夏爲子而養之,秋爲死而棺之,冬爲痛而喪之,王道之三綱,可求於天。	以天道理序爲核心的三綱秩序。

　　從表中可知,董氏所提出的「王道」一詞主要有二種意義,其一爲《春秋》所記載的爲君之道,其二則是理想君王所具體落實的治國策略。若將二義合而觀之,則可知董氏所論之「王道」乃是孔子記載於《春秋》之中,理想君王必須實踐的治國方法與政教措施。上表中兩段〈王道第六〉的論述,表示董氏所提出的「王道」理論,是以大一統的國家體制與獨尊的君王名位爲前提的,故強調「差貴賤」、「譏天王以致太平」、「諸侯來曰朝」、「大夫來曰聘」等尊卑等差概念。君王不僅透過建立親親、尊尊的等差秩序,使用自身的獨尊權威,達成政教一統的目的;更應配合自身內在德行的修爲與發用,完成大一統的外王功業。在此前提下,《春秋繁露》所論之「教育」與「經濟」等社會制度,是以君王德行之具體發用,結合尊卑等差的社會秩序,達成國家一統的目的之體現工具。

一、以德行陶冶與實踐爲目的之教育觀

前章已論述君王接受以公羊學爲核心的六藝教育，以陶冶自身德行，臻至道德完善的理想境界。但在《春秋繁露》的理論架構下，君王是採用推己及人的方式，使用六藝典籍與其中的道德內涵陶冶人民德行，使人民發用性中之善，以遵循社會制度與道德規範，進而使國家風氣醇美，達到如三代般社會和諧、人民富足的境界。

君王教化的前提，正如前章所論，是建立於人稟性之善的趨向上，〈深察名號第三十五〉曰：

> 天生民性有善質而未能善，於是爲之立王以善之，此天意也。民受
> 未能善之性於天，而退受成性之教於王，王承天意以成民之性爲任
> 者也；今案其眞質而謂民性已善者，是失天意而去王任也。萬民之
> 性苟已善，則王者受命尚何任也？

「王教之化」與「民退受成性之教於王」表示，教化乃是「成性」的德行教育。在《春秋繁露》中，董氏將王道教化分成二類對象實施，其一爲針對國家所有人民所進行的德行陶冶，其二則是以《春秋》爲核心的六藝典籍教育。學界過去對董氏教育學之研究，多半強調以「仁義」爲內涵的人性與道德教育，或論述以《春秋》定於一尊的學校教育，〔註87〕較少將此二內涵合而觀之，論述其中君王的作用與大一統之目的；因此，筆者循此二類教育途徑，探究君王在學校教育與百姓教化中之作用與意義。

（一）萬民之教化──「孝」之陶冶與實踐

董氏六藝教育的內涵，非僅針對知識份子的學校教育，更強調以百姓爲主要對象的德行陶冶。《春秋繁露》既肯定中民之性具有爲善之可能，則如何透過教化，使無法接受教育的人民，能自然發用實踐德行，建立穩定的社會秩序，就成爲董氏理論中君王治道實踐的重要項目之一；〈立元神第十九〉清楚論述君王若不教化百姓，則會導致國家覆亡的惡果，曰：

> 天地人，萬物之本也，天生之，地養之，人成之；天生之以孝悌，
> 地養之以衣食，人成之以禮樂，三者相爲手足，合以成體，不可一

〔註87〕關於董仲舒從人性論出發之道德教育理論，可參見陳名皎《董仲舒教育思想研究》，（國立台北市立教育大學・應用語言文學所碩士論文，指導教授：劉醇鑫。）其論文從德行教化的角度出發，呈現董仲舒以經典教育與穩定國家社會秩序爲目的之教育理論。

> 無也；無孝悌，則亡其所以生，無衣食，則亡其所以養，無禮樂，
> 則亡其所以成也；三者皆亡，則民如麋鹿，各從其欲，家自爲俗，
> 父不能使子，君不能使臣，雖有城郭，名曰虛邑，如此，其君河塊
> 而僵，莫之危而自危，莫之喪而自亡，是謂自然之罰，自然之罰至，
> 裹襲石室，分障險阻，猶不能逃之也。

引文深論董仲舒教化萬民的原因爲「建立國家秩序」；「孝悌」可以安定家庭秩
序，「禮樂」則能使人民服從尊卑等差，以穩定社會秩序；因此，董氏教化人民
的主軸，並非著重於經典所載的「知識」傳授，而是孝、悌等道德陶冶，以及
社會尊卑倫理的具體實踐，〈王道第六〉更直陳君王的職責曰：「君者，將使民
以孝於父母，順於長老，守丘墓，承宗廟，世世祀其先。」孝父母、順長老等
行爲與上引文之「孝悌」與「禮樂」作用相同，皆以安定國家秩序爲目的。

　　因此，董仲舒是以「教化」爲原則，結合「衣食之養」的安民措施，依
據人性之善質而予以培養陶冶，並非先使用外在之訓育或刑罰手段，「強制」
人民順從，而是循「富而後教」的儒學傳統，先足民衣食，再給予教化。〈仁
義法第二十九〉引孔子之言曰：

> 孔子謂冉子曰：「治民者，先富之而後加教」。語樊遲曰：「治身者，
> 先難後獲。」以此之謂治身之與治民所先後者不同焉矣。詩曰：「飲
> 之食之，教之誨之。」先飲食而後教誨，謂治人也。

「先飲食而後教誨」正爲董氏萬民教化的原則。在此原則下，董氏認爲人民
最重要的德行即爲「孝」；在本論文第三章第二節中，筆者已討論過董氏「木
→火→土→金→水」五行相生的生化理論，內中包含「父之所生，其子長之；
父之所長，其子成之」的「父——子」倫理關係。因此「孝」以天道之五行
秩序爲理論根據。〔註88〕既以天道爲根源，則君王在順應天道法則的政教理
論下，應透過富而後教的方式，使人民自然而然實踐孝行。

　　從此角度出發，〈爲人者天第四十一〉曰：

> 政有三端：父子不親，則致其愛慈；大臣不和，則敬順其禮；百姓
> 不安，則力其孝弟。孝弟者，以安百姓也，力者，勉行之，身以化
> 之。天地之數，不能獨以寒暑成歲，必有春夏秋冬；聖人之道，不
> 能獨以威勢成政，必有教化。故曰：先之以博愛，教以仁也；難得

〔註88〕關於五行運轉秩序爲人間秩序之形上根據的理論，可參見本論文第三章第二
　　　　節〈「五行」質性與陰陽二氣配合之運行規則〉，頁76～79。

者，君子不貴，教以義也；雖天子必有尊也，教以孝也；必有先也，
教以弟也。此威勢之不足獨恃，而教化之功不大乎！

在爲政的三大端緒中，「父子親」與「百姓安」皆與萬民教化相關聯，「愛慈」
與「孝悌」原爲潛藏於人性中之爲善趨向，君王需要使用「先之以博愛，教以
仁」的「教化」，使人民發用出人性善質，使社會秩序達到「安」的狀態。值得
注意的是，這種對人民的教化，是以君王首先實踐德行爲前提，而非君王使用
法律或規範強加於人民身上，引文所言「力者，勉行之，身以化之」的主要實
踐者爲君王，是君王必須躬身實踐，使人民依循；因此，蘇輿釋曰：「力字爲董
子言學之旨，故曰無王教則質樸不能善，又曰：事在勉強。」〔註89〕表示君王
先勉力施行教化，人民的德行自然能風行草偃。〈爲人者天第四十一〉曰：「故
君民者，貴孝弟而好禮義，重仁廉而輕財利，躬親職此於上而萬民聽，生善於
下矣。故曰：先王見教之可以化民也。」可見「孝」的作用，應兼顧國家大一
統政局與法理規範，透過君王德行的教化與實踐，使人民發用內在善性，自然
而然對父以孝，對子以慈，對君以忠，使家庭與國家秩序皆能井然有條。

（二）學校教育——六藝之培養與實踐

除了萬民的孝道教化之外，董仲舒亦強調學校教育，〈立元神第十九〉論
曰：

明主賢君，必於其信，是故肅慎三本，……立辟廱庠序，修孝悌敬
讓，明以教化，感以禮樂，所以奉人本也；三者皆奉，則民如子弟，
不敢自專，邦如父母，不待恩而愛，不須嚴而使，雖野居露宿，厚
於宮室，如是者，其君安河而臥，莫之助而自強，莫之綏而自安，
是謂自然之賞。

三本爲「天地人」三者，「人本」作用爲修明王道教化，而其具體內涵爲「立
辟廱庠序，修孝悌敬讓，明以教化，感以禮樂，所以奉人本也」，其中所重者
在於設立學校教育，施行禮樂教化，使人培養成具有「孝悌敬讓」之德行與
六藝知識的知識份子；其目的與萬民教化不盡相同，學校教育的主旨在於爲
國舉賢，輔佐君王，李威熊先生於《董仲舒與西漢學術・董仲舒的學術體系
思想》一文中論曰：「董氏極力主張『治國者，務盡謙卑以致賢能』並以史實
說明國均能否認用賢才，與國家的治亂興亡，有密不可分的關係。他認爲堯

〔註89〕見〔清〕蘇輿校釋《春秋繁露義證》，頁319。

舜文王等人君在位時，賢者皆相輔佐而至天下太平。反觀殷紂，大道不行，朝廷又無賢臣，終至喪亂，可見賢才不得，則國不可得而治。」〔註90〕而在董氏理論中，「學校教育」正是舉用賢才的重要方法。

關於董氏學校教育之內涵與實施方式，多載於《漢書》中，如〈董仲舒傳〉所錄〈天人三策〉論曰：

> 夫不素養士而欲求賢，譬猶不琢玉而求文采也。故養士之大者，莫大虖太學；太學者，賢士之所關也，教化之本原也。今以一郡一國之眾，對亡應書者，是王道往往而絕也。臣願陛下興太學，置明師，以養天下之士，數考問以盡其材，則英俊宜可得矣。

> 《春秋》大一統者，天地之常經，古今之通誼也。今師異道，人異論，百家殊方，指意不同，是以上亡以持一統；法制數變，下不知所守。

> 臣愚以為諸不在六藝之科孔子之術者，皆絕其道，勿使並進。〔註91〕

太學的作用是「養天下之士」，以解決西漢當代人才匱乏的問題；第二段引文，彰顯出以《春秋》為核心的六藝教育，成為武帝政治教化實踐的重心。在董氏理論中，《春秋》以及其他與孔子相關的經典，皆為天道法則之載錄與彰顯，除了君王必須效法與實踐外，輔弼君王的各級官吏，亦須通曉熟習與實踐。因此，在學校教育的理論中，董氏除了重視六藝經典知識的傳授外，更重視知識份子的德行陶冶。余英時於〈漢代循吏與文化傳播〉一文中，提到董仲舒以設立太學的方式，達到「以師為吏」之目的：

> 加強調政治秩序必須建立在文化秩序的基礎之上，因此重「師」更過於重「吏」。根據這一觀點，他們在討論地方官的功能時，也往往把推行教化看得比執行法令更為重要。董仲舒在他的著名的對策中，一方面攻擊秦代「師申商之法，行韓非之說」，及由此而來的「好用慘酷之吏」，另一方面則主張設立太學以培養教化之吏。……董仲舒從「教」的觀點出發，所以強調「郡守、縣令、民之師帥」即以師為地方官的第一功能，「吏」的功能反而居於次要的地位。他把「教訓于天下」列在「用主上之法」之前，表示在他的觀念中，文化秩

〔註90〕見李威熊著《董仲舒與西漢學術》，（台北：文史哲出版社，1987年出版），頁124。

〔註91〕見〔漢〕班固撰、〔唐〕顏師古注《漢書·卷五十六·董仲舒傳》，頁2512、2523。

序比政治秩序更爲重要。〔註92〕

余氏精準地點出董仲舒設立太學以培養賢才的目的，在於使用通透六藝經典，而才德兼備的知識份子擔任官吏，以輔佐君王、教化百姓。如此，國家就會透過君王與官吏的道德教化，使萬民能知禮義而實踐「孝」之德行。《漢書·禮樂志》亦曰：「今廢先王之德教，獨用執法之吏治民，而欲德化被四海，故難成也。是故古之王者莫不以教化爲大務，立大學以教於國，設庠序以化於邑。」〔註93〕六藝教育的重點除了爲國舉賢之外，在教化理論中，亦必須強調被舉用者德行完備。在武帝時代，學校教育制度爲君王與知識份子之共同關懷，以議立「太學」爲例，元朔五年太常與公孫弘策議立博士弟子員，《漢書·武帝紀》載：

> 夏六月，詔曰：「蓋聞導民以禮，風之以樂，今禮壞樂崩，朕甚閔焉。故詳延天下方聞之士，咸薦諸朝。其令禮官勸學，講議洽聞，舉遺興禮，以爲天下先。太常其議予博士弟子，崇鄉黨之化，以屬賢材焉。」丞相弘請爲博士置弟子員，學者益廣。〔註94〕

〈儒林傳〉亦載公孫弘與太常臧、博士平等議博士弟子員之實施方式：

> 古者政教未洽，不備其禮，請因舊官而興焉。爲博士官置弟子五十人，復其身。太常擇民年十八以上儀狀端正者，補博士弟子。郡國縣官有好文學，敬長上，肅政教，順鄉里，出入不悖，所聞，令相長丞上屬所二千石。二千石謹察可者，常與計偕，詣太常，得受業如弟子。一歲皆輒課，能通一藝以上，補文學掌故缺；其高第可以爲郎中，太常籍奏。即有秀才異等，輒以名聞。其不事學若下材，及不能通一藝，輒罷之，而請諸能稱者。〔註95〕

博士弟子員的條件爲「好文學，敬長上，肅政教，順鄉里，出入不悖」，《漢書》雖未特別記載弟子員的學習狀態，然此制度既是「爲博士官置弟子五十人」，表示這些儀態端方、德行良好的弟子員入學後，即從習當時已立之五經博士，〔註96〕而博士皆傳習「六藝之科，孔子之術」，表示太學課程以六藝爲

〔註92〕 見余英時著《中國知識階層史論》，（台北：聯津出版社，1980 年出版），頁175。
〔註93〕 見〔漢〕班固撰、〔唐〕顏師古注《漢書·卷二十二·禮樂志》，頁 1032。
〔註94〕 見〔漢〕班固撰、〔唐〕顏師古注《漢書·卷六·武帝紀》，頁 171～172。
〔註95〕 見〔漢〕班固撰、〔唐〕顏師古注《漢書·八十八·儒林列傳》，頁 3594。
〔註96〕 漢武帝於建元五年立五經博士，〔漢〕班固撰、〔唐〕顏師古注《漢書·卷十七·

主，與董仲舒〈天人三策〉之提議相符合。這些弟子員經過學業考核後，通一藝者能補「文學掌故」，若成績優良，即可出任「郎中」之職。此以太學拔擢人才的方式，與董仲舒設立太學之目的相符合，故《漢書・董仲舒傳》論〈天人三策〉之議曰：「及仲舒對冊，推明孔氏，抑黜百家。立學校之官，州郡舉茂材孝廉，皆自仲舒發之。」〔註97〕

由以上所論可知，在董氏理論中，「太學」是藉由博士對六藝典籍的傳習與教育，培養為官吏之人才的處所。其教育方式不僅重視六藝知識的傳授，從〈立元神第十九〉：「立辟廱庠序，修孝悌敬讓，明以教化，感以禮樂，所以奉人本也」更可看出德行培養的重要。這種重視德行培養與實踐的教育方式，與董氏對君王的六藝教育，以及君王對萬民的孝道教化是一體的；官員則應輔弼君王，教民孝悌、敬重長上，使國家呈現出如〈王道第六〉：「教以愛，使以忠，敬長老，親親而尊尊」的美好樣貌。因此，呂思勉說：「古代學校，本講教化，非重學業，漢人猶有此見解，故武帝興學之詔，以崇鄉里之化為言；而公孫弘等之議，亦云建首善自京師始也。」〔註98〕

以上所論可知，董仲舒六藝教育理論中以德化民的精神，被落實於漢代太學教育制度中；以《春秋》為主軸而罷黜百家的教育方式，則張顯出董氏以國家大一統為原則，重視官員德行修養與實踐的教育理論。

二、經濟制度——「仁義」與「尊卑秩序」精神之發用

若董氏教育理論是以德行陶冶為核心，以穩定國家秩序為目的：則其經濟政策則是透過「仁義」的德行實踐與「尊卑秩序」之落實，完成大一統之國家體制。董仲舒的經濟政策從春秋公羊學的角度出發而建立，其經濟理論以「調均」為主軸，而「調均」思想則具體實踐於「限民名田」與「鹽鐵之利還諸於民」等措施上，筆者先論述「調均」理論，再探討其理論之實踐。

（一）「調均」理論

公羊學重視親親尊尊的義法，在經濟制度的理論上，董仲舒使用「度制等差」的概念，具體落實「尊卑有等」的社會秩序。然而「尊卑等差」的秩

百官公卿表》載曰：「武帝建元五年初置五經博士，宣帝黃龍元年稍增員十二人」，頁726。而「為博士立弟子員」表示諸生從習當時已立之五經博士。

〔註97〕見〔漢〕班固撰、〔唐〕顏師古注《漢書・卷五十六・董仲舒傳》，頁2525。
〔註98〕見呂思勉著《秦漢史》，（上海：上海古籍出版社，2006年出版），頁694。

序以「均」爲前提，〈度制第二十七〉引孔子之言定義「均」之概念曰：

> 孔子曰：「不患貧而患不均。」故有所積重，則有所空虛矣。大富則
> 驕，大貧則憂，憂則爲盜，驕則爲暴，此眾人之情也。聖者則於眾
> 人之情，見亂之所從生，故其制人道而差上下也，使富者足以示貴
> 而不至於驕，貧者足以養生而不至於憂，以此爲度而調均之，是以
> 財不匱而上下相安，故易治也。

筆者已於前文論述董氏「萬民教化」的理論，與「先富後教」的概念相結合，
即人民無法處於衣食匱乏、飢寒交迫的生活狀況中，還能依循王道教化而實
踐德行。因此，「均」的概念即是「使萬民足衣足食」的作法。引文提出「大
富」與「大貧」皆爲國家致亂的憂患，解決的方式即爲「調均」，董氏承認社
會原本就有貧富差距，然而君王必須積極「制其人道而差上下」，使貧者得以
養生，富者不致驕暴，國家財政不虞匱乏，此即爲「均」。

由此理論出發，董仲舒架構出一「度制有等」之國家經濟政策，〈度制第
二十七〉曰：「聖人之道，眾隄防之類也，謂之度制，謂之禮節，故貴賤有等，
衣服有制，朝廷有位，鄉黨有序，則民有所讓而不敢爭，所以一之也。」在
百姓皆有衣食之養的情況下，「度制」具體表現出尊卑有等的社會秩序，「富
者足以示貴而不至於驕」富者不可以奢靡衣食驕人，逾越尊卑秩序，而應各
安其位，遵守與「位」相合的生活方式。

此以「調均」爲前提的度制等差並非董氏率先提出，漢初以來，知識份子
多有針對貧富差距問題，提出「調均」的建議。文景時代，國家貧富差距的問
題已相當嚴重，李劍農於《先秦兩漢經濟史稿·經濟思想與政策》一文中，將
此問題歸因爲因任無爲的黃老治道，並評論《史記·貨殖列傳》〔註99〕曰：

> 此皆表現道家「因循爲用」，放任自然之旨。以爲聖人皆有欲望；滿
> 足欲望爲一切經濟活動之起點。人人皆有欲望，即人人思求滿足，
> 毋需政府加以干涉，自然各人可以得到滿足的處所。……放任政策
> 的結果兩方面：好的方面爲生產增加，財富豐殖。……然尚有不好
> 的方面：即自由競爭之結果，漸至貧富相懸，失其均衡，富者驕奢

〔註99〕 李氏引文，可參見《史記·卷一百二十九·貨殖列傳》：「故待農而食之，
虞而出之，工而成之，商而通之。此寧有政教發徵期會哉？人各任其能，
竭其力，以得所欲。故物賤之徵貴，貴之徵賤，各勸其業，樂其事，若水
之趨下，日夜無休時，不召而自來，不求而民出之。豈非道之所符，而自
然之驗邪？」，頁3254。

無度，貧者悉爲魚肉。〔註100〕

這種貧富不均的社會問題，爲君王與知識份子的共同關懷，文帝時，賈誼於〈陳政事策〉批判豪商、庶民著絲履之事曰：

> 今民賣僮者，爲之繡衣絲履偏諸緣，內之閑中，是古天子后服，所以廟而不宴者也，而庶人得以衣婢妾。白縠之表，薄紈之裏，緁以偏諸，美者黼繡，是古天子之服，今富人大賈嘉會召客者以被牆。古者以奉一帝一后而節適，今庶人屋壁得爲帝服，倡優下賤得爲后飾，然而天下不屈者，殆未有也。且帝之身自衣皁綈，而富民牆屋被文繡；天子之后以緣其領，庶人孽妾緣其履，此臣所謂舛也。夫百人作之不能衣一人，欲天下亡寒，胡可得也？一人耕之，十人聚而食之，欲天下亡飢，不可得也。飢寒切於民之肌膚，欲其亡爲姦邪，不可得也。〔註101〕

賈誼認爲漢代富人使用的絲帛之衣，應爲君王之服，庶民百姓不可僭越，文帝時以黃老之寬緩治術治國，帝后皆服用「皁綈」以示簡樸；若放任富商庶民使用帝后之服，則會產生二惡果，其一爲使社會貧富差距更加劇烈，造成貧者無立錐之地，其二則爲國家失去尊卑秩序。

晁錯於〈論貴粟疏〉中提到：

> 今農夫五口之家，其服役者不下二人，其能耕者不過百畝，百畝之收不過百石。……勤苦如此，尚復被水旱之災，急政暴賦，賦斂不時，朝令而暮改。而商賈大者積貯倍息，小者坐列販賣，操其奇贏，日游都市，乘上之急，所賣必倍。……因其富厚，交通王侯，力過吏勢，以利相傾；千里游敖，冠蓋相望，乘堅策肥，履絲曳縞。此商人所以兼并農人，農人所以流亡者也。〔註102〕

從農商之勞力所得的差異，顯示「商人兼併農人」的惡果，提出重農抑商的思想，企圖改善社會商人暴富、農人赤貧的社會問題。

漢武帝時代，貧富差距問題亦相當嚴重，《史記・平準書》曰：

〔註100〕見李劍農著《先秦兩漢經濟史稿》，（台北：華世出版社，1981 年出版），頁280～281。

〔註101〕〈陳政事策〉可參見〔漢〕班固撰、〔唐〕顏師古注《漢書・卷四十八・賈誼列傳》，頁 2242～2243。

〔註102〕晁錯〈論貴粟疏〉一文載於〔漢〕班固撰、〔唐〕顏師古注《漢書・卷二十四上・食貨志上》，頁 1132。

> 至今上即位數歲，漢興七十餘年之間，國家無事，非遇水旱之災，
> 民則人給家足，都鄙廩庾皆滿，而府庫餘貨財。……當此之時，網
> 疏而民富，役財驕溢，或至兼并豪黨之徒，以武斷於鄉曲。宗室有
> 土公卿大夫以下，爭于奢侈，室廬輿服僭于上，無限度。物盛而衰，
> 固其變也。〔註103〕

引文所載公卿富豪驕奢橫溢，衣食住宅皆「偕於上」的作法，不僅使貧者的
利益被兼并，且違背公羊學尊卑有等的倫理觀；因此，《春秋繁露》認爲理
想的君王應使人民足衣足食，〈立元神第十九〉論曰：「明主賢君，必於其信，
是故肅愼三本……秉耒躬耕，採桑親蠶，墾草殖穀，開闢以足衣食，所以奉
地本也。」若君王無法使人民衣食豐足，在名實不相符的概念中，即非董氏
所稱許的理想君王，天會降下災異以懲戒之，〈五行變救第六十三〉曰：

> 木有變，春凋秋榮，秋木在，春多雨，此繇役眾，賦斂重，百姓貧
> 窮叛去，道多饑人；救之者，省繇役，薄賦斂，出倉穀，振困窮矣。

「木氣有變」表示國家賦稅繇役沉重，使百姓無以維生而叛亡離去，君王必
須寬減賦稅、開倉賑飢，以回應天道的懲戒。

除了使民足衣足食之外，董仲舒亦強調「尊卑等差」的秩序，〈服制第二
十六〉以服飾爲例論曰：

> 雖有賢才美體，無其爵，不敢服其服；雖有富家多貲，無其祿，不
> 敢用其財。天子服有文章，不得以燕公以朝，將軍大夫不得以燕，
> 將軍大夫以朝官吏，命士止於帶緣，散民不敢服雜采，百工商賈不
> 敢服狐貉，刑餘戮民不敢服絲玄纁乘馬，謂之服制。

在此理論中，天子的服飾最爲尊貴華美，而各級官吏各有法度，工商庶民之服
飾，並非依據財富，而是依據尊卑秩序爲規範，如此，在大一統的國家體制中，
就可以彰顯出君王獨尊的地位。值得注意的是，這一套經濟理論具有相當程度
的理想性，散民爲何「不敢」服雜采？百工商賈在自身富裕的情況下爲何「不
敢」服狐貉？此「知所不敢」的根源立定於何處呢？若從前文「萬民教化」的
觀點來看，人民之所以了解並實踐德行，遵守社會秩序，乃因君王以德行陶冶
萬民，使萬民發用性中之爲善趨向的緣故。亦即君王若不推行孝道的教化，則
人民就無法發用原初之性中的爲善趨向，亦不能遵守尊卑秩序。因此，在董仲
舒的經濟理論中，使人民皆得飽足的「調均」理論必須與前文所論君王對萬民

〔註103〕見〔漢〕司馬遷著《史記・卷三十・平準書》，頁1420。

的「孝道」教化相互結合，使富者知所節制，貧者有立身之處。

（二）「調均」理論之具體實踐

　　除了提出調均的理論之外，董仲舒針對當時「外事四夷，內興功利，役費並興，而民去本」〔註104〕的經濟危機，以及貧富差距、豪強兼併的社會問題，提出具體解決方法，《漢書・食貨志上》載其策論曰：

> 《春秋》它穀不書，至於麥禾不成則書之，以此見聖人於五穀最重麥與禾也。今關中俗不好種麥，是歲失《春秋》之所重，而損生民之具也。願陛下幸詔大司農，使關中民益種宿麥，令毋後時。又言：古者稅民不過什一，其求易共；使民不過三日，其力易足。民財內足以養老盡孝，外足以事上共稅，下足以畜妻子極愛，故民說從上。至秦則不然，用商鞅之法，改帝王之制，除井田，民得賣買，富者田連仟伯，貧者亡立錐之地。又顓川澤之利，管山林之饒，荒淫越制，踰侈以相高；邑有人君之尊，里有公侯之富，小民安得不困？又加月爲更卒，已復爲正，一歲屯戍，一歲力役，三十倍於古；田租口賦，鹽鐵之利，二十倍於古。或耕豪民之田，見稅什五。故貧民常衣牛馬之衣，而食犬彘之食。重以貪暴之吏，刑戮妄加，民愁亡聊，亡逃山林，轉爲盜賊，赭衣半道，斷獄歲以千萬數。漢興，循而未改。古井田法雖難卒行，宜少近古，限民名田，以澹不足，塞并兼之路。鹽鐵皆歸於民。去奴婢，除專殺之威。薄賦斂，省繇役，以寬民力。然後可善治也。〔註105〕

引文中所提出之重要經濟措施，皆與君王王道落實相關連，分別爲導民耕種、限民名田、鹽鐵之利歸民，與去奴婢、薄賦斂、省繇役等措施，這些經濟政策皆立足於儒家思想上，並分論如下。

1. 導民耕種

　　董仲舒從儒學觀點出發，以使民飽足爲前提，相當重視國家農業發展，在《春秋繁露》之五行理論中，「司農」之官與「木」相配，輔佐君王以仁道長養百姓，〈五行相生第五十八〉曰：

> 東方者木，農之本，司農尚仁，進經術之士，道之以帝王之路，將

〔註104〕當時社會經濟狀況，可參見〔漢〕班固撰、〔唐〕顏師古注《漢書・卷二十四・食貨志上》，頁1137。

〔註105〕同前注，頁1137。

順其美，匡捄其惡，執規而生，至溫潤下，知地形肥磽美惡，立事
生則，因地之宜，召公是也；親入南畝之中，觀民墾草發淄，耕種
五穀，積蓄有餘，家給人足，倉庫充實。

在〈第三章・五行與國家職官之對應〉中，已論述武帝時「大司農」負責穀
貨糧秣之均輸平準等事項，此處掌管國家農政的「司農」，並不等同於漢代實
際「大司農」的官職。〔註106〕引文中「司農」之官需要教導百姓「立事生則」，
勸民耕作；〈五行順逆第六十〉述「木」之質性曰：「木者春，生之性，農之
本也。勸農事，無奪民時。」這就為國家的重農政策，定立以天道運行法則
為根源之基礎。董氏於上述策論中提出「陛下幸詔大司農，使關中民益種宿
麥，令毋後時」的作法，不僅從《春秋》載錄的史事出發，認為稻麥為生民
之需，應當鼓勵人民種植，亦回應董氏一貫之重農策略。

2. 限民名田

董氏於策論中批判秦代土地買賣之弊曰：「至秦則不然，用商鞅之法，改
帝王之制，除井田，民得賣買，富者田連仟伯，貧者亡立錐之地。」〔註107〕
漢代初年，土地買賣、「豪強兼併」〔註108〕的情況相當嚴重，呂思勉於《秦漢
史》論漢初地權不均之問題曰：

蓋自地狹人稠，耕地不給以來，阡陌開，而井田之制稍以破壞，
於是私租起而田可買賣。有財勢者乘機兼併，乃生所謂田連阡陌
之家。至於山林川澤，則初由人君家以封禁，後遂或以賞賜，或
取共稅，畀之能事經營之人，於是田以外之土地，亦變公為私矣。
〔註109〕

面對土地兼併嚴重的問題，董仲舒提出「限民名田」的措施。先將井田制度
與地權不公的當代狀況相比較，所謂「井田」，《穀梁傳・宣公十五年》釋曰：

古者什一，藉而不稅。初稅畝，非正也。古者三百步為里，名曰
井田。井田者，九百畝，公田居一。私田稼不善，則非吏；公田
稼不善，則非民。初稅畝者，非公之去公田，而履畝十取一也，

〔註106〕關於董仲舒理論中之「司農」與漢代「大司農」執掌異同，可參見本論文第
三章第二節〈五行與國家職官之對應〉，頁85。

〔註107〕見〔漢〕班固撰、〔唐〕顏師古注《漢書・卷二十四上・食貨志上》，頁1137。

〔註108〕筆者所引「豪強兼併」一詞，出於〔漢〕司馬遷著《史記・卷三十・平準書》：
「至兼并豪黨之徒，以武斷於鄉曲」，頁1420。

〔註109〕見呂思勉著《秦漢史，第五章》，頁85。

以公之與民爲已悉矣！古者公田爲居，井灶蔥韭盡取焉。〔註110〕
此制度使人民各安其份以耕其地，在周天子封建體制下，可穩定國家稅收與
人民生計；「名田」一辭，顏師古釋曰：「名田，占田也。各爲立限，不使富
者過制，則貧弱之家可足也。」〔註111〕表示限民名田爲一以法律限制富者
兼併土地的方法，趙岡於《中國經濟制度史論》中論董氏此言曰：「這就是
在肯定土地私有制的基礎上平均地權的理想。」〔註112〕這種理想雖無法如
井田制度一般，使人民皆有相同的土地耕種權限，卻可以減緩富者大量兼併
土地的狀況，使貧農亦可有衣食之養，亦可有限度地實踐董仲舒以調均爲主
軸的經濟理論。根據《漢書·食貨志》所載，武帝曾詔令曰：「賈人有市籍，
及家屬，皆無得名田，以便農·敢犯令，沒入田貨。」〔註113〕表示董氏「限
民名田」的策略，或許曾被武帝短暫施行，其結果卻無明載於史書中。

3. 鹽鐵之利歸民

鹽鐵政策在漢代國家經濟發展中占有重要的地位。西漢武帝以前，鹽鐵
之生產、銷售與獲利，並不專歸於國家，而多掌握於商賈豪強或諸侯手中，
日本學者加藤繁論曰：

> 這兩種東西（筆者案：鹽、鐵），從漢代武帝以來，歸政府專賣；元
> 帝時，雖然從經一度廢止，但因爲用度不足，立刻又恢復過來。這
> 是無可掩飾的事實。而在武帝的改革以前，鹽鐵的採取與製造是做
> 爲民營事業舉辦的，官方只從它徵收一定的稅，而把這種稅收於少
> 府。〔註114〕

當時鹽鐵私營的狀況，可從史料記載觀之，舉例而言，惠帝時，吳王濞煉銅
煮鹽，使國用富饒，《史記·吳王濞列傳》載曰：「會孝惠、高后時，天下初
定，郡國諸侯各務自拊循其民。吳有豫章郡銅山，濞則招致天下亡命者盜鑄
錢，煮海水爲鹽，以故無賦，國用富饒。」〔註115〕〈平準書〉亦說明當時富

〔註110〕見（晉）范甯集解、〔唐〕楊士勛疏《春秋穀梁傳》（清）阮元校，嘉慶二
　　　　十年江西南昌府學開本），（台北：藝文印書館，1989年出版），頁122。
〔註111〕見〔漢〕班固撰、〔唐〕顏師古注《漢書·卷二十四上·食貨志上》，頁1138。
〔註112〕見趙岡、陳鍾毅著《中國經濟制度史論》（台北：聯經出版社，1992年出版），
　　　　頁50。
〔註113〕見〔漢〕班固撰、〔唐〕顏師古注《漢書·卷二十四下·食貨志下》，頁1167。
〔註114〕見加藤繁著《中國經濟史考證》，（台北：華世出版社，1976年出版），頁32
　　　　～33。
〔註115〕見〔漢〕司馬遷著《史記·卷一零六·吳王濞列傳》，頁2822。

商經營鹽鐵所得之暴利曰：「而富商大賈或蹛財役貧，轉轂百數，廢居居邑，四封君皆低首仰給。冶鑄煮鹽，財或累萬金，而不佐國家之急，黎民重困。」〔註116〕而桓寬《鹽鐵論・復古》亦載錄大夫之言，以論述西漢初期鹽鐵私營所產生之社會問題曰：「往者，豪強大家，得管山海之利，采鐵石鼓鑄，煮海爲鹽。一家聚眾，或至千餘人，大抵盡收放流人民也。遠去鄉里，棄墳墓，依倚大家，聚深山窮澤之中，成姦僞之業。」〔註117〕可見鹽鐵私營已造成貧富不均的嚴重社會問題。

武帝時，國家開始推行鹽鐵專賣制度，《史記・平準書》載孔僅、咸陽之議曰：

> 山海，天地之藏也，皆宜屬少府，陛下不私，以屬大農佐賦。願募民自給費，因官器作煮鹽，官與牢盆。浮食奇民，欲擅管山海之貨，以致富羨，役利細民。其沮事之議，不可勝聽。敢私鑄鐵器煮鹽者，釱左趾，沒入其器物。郡不出鐵者，置小鐵官，便屬在所縣。」使孔僅、東郭咸陽乘傳舉行天下鹽鐵，作官府，除故鹽鐵家富者爲吏。〔註118〕

自此以後，鹽鐵專賣制度確立。根據現存史料，無法斷定董仲舒上此策論的時間是否於確立專賣制度後，然而董仲舒與之立足於不同的角度，上所引孔僅與咸陽之論，是立足於國家財政問題的論述，認爲鹽鐵私有使國家失財稅之利。董仲舒則從當時「外事四夷，內典功利，役費並興，而民去本」的角度出發，認爲理想君王應當仁厚愛民，鹽鐵專賣乃是奪民之利。董氏並未分辨鹽鐵持有者與一般貧民的區別，而是將富商豪強與一般百姓皆視爲「民」，一體地認爲君王應將鹽鐵之利歸民，此理論雖有盲點，卻回應董仲舒以「足民」爲基礎的經濟理論，認爲使人民有衣食之養方爲國之大本。

4. 去奴婢、薄賦斂、省繇役

「去奴婢、薄賦斂、省繇役」三項理論皆爲董氏調均理論之具體實施。首先，董氏認爲，大量蓄奴違反其「富不過驕」的教化理論，並增長豪強兼併的勢力，加重貧富不均的社會問題，〈天人三策〉曰：

> 夫天亦有所分予，予之齒者去其角，傅其翼者兩其足，是所受大者

〔註116〕見〔漢〕司馬遷著《史記・卷三十・平準書》，頁1425。

〔註117〕見〔漢〕桓寬著、王利器校注《鹽鐵論校注・卷一》，（北京：中華書局，1996年出版），頁78。

〔註118〕見〔漢〕司馬遷著《史記・卷三十・平準書》，頁1429。

不得取小也。古之所予祿者，不食于力，不動于末，是亦受大者不
得取小，與天同意者也。夫已受大，又取小，天不能足，而況人乎！
此民之所以囂囂苦不足也。身寵而載高位，家溫而食厚祿，因乘富
貴之資力，以與民爭利于下，民安能如之哉！是故眾其奴婢，多其
牛羊，廣其田宅，博其產業，畜其積委，務此而亡已，以迫蹵民，
民日削月浸，浸以大窮。富者奢侈羨溢，貧者窮急愁苦；窮急愁苦
而不上救，則民不樂生；民不樂生，尚不避死，安能避罪！此刑罰
之所以蕃而奸邪不可勝者也。故受祿之家，食祿而已，不與民爭業，
然后利可均布，而民可家足。此上天之理，而亦太古之道，天子之
所宜法以為制，大夫之所當循以為行也。〔註119〕

董氏將「貧者」與「富者」的生活樣態區別出來，富者「眾奴婢、多牛羊、博
產產業」，貧者則「急愁苦」，這種貧富劇烈差距，需要靠國家制度與法律抑制。
董氏以天道化生萬物，各得其宜為例（予之齒者去其角，傅其翼者兩其足），認
為理想君王必須依循天道，對富者豪強兼併的情況加以制裁，因此反對蓄奴，
而薄賦斂、省繇役等政策皆是從救貧立場出發，以達成調均之目的。

在賦稅制度上，董仲舒一再強調「什一稅」，〈王道第六〉依託三皇五帝論
王道落實之政令曰：「五帝三王之治天下，不敢有君民之心，什一而稅」〈五行
順逆第六十〉則論春日政令曰：「勸農事，無奪民時，使民歲不過三日，行什一
之稅，進經術之士。」董氏策論提及「田賦」與「口賦」二種賦稅，認為漢興
之後，秦代所遺留「田租口賦，鹽鐵之利，二十倍於古」〔註120〕的苛虐之政，
「循而未改」。田賦與口賦皆為漢代重要賦稅項目。田賦為「三十稅一」，《漢書·
食貨志上》論曰：「上（文帝）復從其（晁錯）言，乃下詔賜民十二年租稅之半，
明年歲除田之租稅。後十三歲，孝景二年，令民半出年租，三十而稅一也。」
〔註121〕算賦與口賦為人口稅，日人加藤繁論其詞曰：「口賦一語恐怕最初是指
成年的人頭稅而言，是當作算賦得同樣與而使用的。等到武帝設制了少年人頭
稅，大曰才規定採用原來和算賦同樣意思的口賦一語專指少年的人頭稅。」〔註
122〕算賦金額，如淳注《漢書·高帝紀》曰：「《漢儀注》，民年十五以上至五十

〔註119〕見〔漢〕班固撰、〔唐〕顏師古注《漢書·卷五十六·董仲舒傳》，頁2520～
2521。
〔註120〕見〔漢〕班固撰、〔唐〕顏師古注《漢書·卷二十四·食貨志上》，頁1137。
〔註121〕同前注，頁1134。
〔註122〕見加藤繁著《中國經濟史考證》，頁51。

六出賦錢，人百二十爲一算，爲治庫兵車馬。」〔註123〕而口賦之內容，《漢書・貢禹傳》曰：「自禹在位，數言得失，書數十上。禹以爲古民亡賦算口錢，起武帝征伐四夷，重賦於民，民產子三歲則出口錢，故民重困，至於生子輒殺，甚可悲痛。宜令兒七歲去齒乃出口錢，……年二十乃算。天子下其議，令民產子七歲乃出口錢，自此始。」〔註124〕可見武帝時的口賦之重，讓人民陷入「重困」，發生「生子輒殺」的慘狀，董氏在策論中表示，應使用什一稅制，使人民衣食無虞，才能進行德行教化。

同樣的，減省繇役爲董氏一貫的經濟理論，期能減省人民負擔，在《春秋繁露》中，董氏認爲，繇役繁多爲君王失道的象徵，若君王多發繇役，必然導致人民叛離，故〈五行相勝第五十九〉曰：「……賦斂無度，以奪民財，多發繇役，以奪民時，作事無極，以奪民力，百姓愁苦，叛去其國。」

武帝時代，社會貧富差距劇烈，賦稅繁重，「窮民犯法」的問題相當嚴重，《漢書・卷二十三・刑法志》曰：

> 及至孝武即位，外事四夷之功，內盛耳目之好，徵發煩數，百姓貧耗，窮民犯法，酷吏擊斷，姦軌不勝。於是招進張湯、趙禹之屬，條定法令，作見知故縱、監臨部主之法，緩深故之罪，急縱出之誅。其後姦猾巧法，轉相比況，禁罔寖密。……是以郡國承用者駮，或罪同而論異。姦吏因緣爲市，所欲活則傅生議，所欲陷則予死比，議者咸冤傷之。〔註125〕

從董氏以公羊學的爲核心的視角出發，使用酷吏峻法羅織編造，以議定人民罪行的方法，違反天道以「仁愛」爲意志之生化長養法則，君王亦無法推行六藝教化，引導人民自然而然實踐道德。因此，董氏以調均爲主軸的經濟理論，是爲了回應並解決當時貧富差距與尊卑失序的社會問題，然而董氏之經濟理論並未被全面落實，《漢書・食貨志上》曰：「仲舒死後，功費愈甚，天下虛耗，人復相食。」〔註126〕在武帝用兵討伐匈奴的過程中，人民的賦斂與繇役更加沉重，普遍性的貧窮成爲嚴重的社會問題。

在董氏經濟理論中，「導民耕種」、「限民名田」、「減省繇役賦稅」與「鹽

〔註123〕如淳之注可參見〔漢〕班固撰、〔唐〕顏師古注《漢書・卷一下・高帝紀下》，頁46。
〔註124〕見〔漢〕班固撰、〔唐〕顏師古注《漢書・卷七十二・貢禹傳》，頁3075。
〔註125〕見〔漢〕班固撰、〔唐〕顏師古注《漢書・卷二十三・刑法志》，頁1101。
〔註126〕見〔漢〕班固撰、〔唐〕顏師古注《漢書・卷二十四・食貨志上》，頁1137。

鐵之利歸民」等措施，是從仁民愛物的角度出發，爲君王經濟政策提出具體方案。此實踐王道的經濟理論在先秦儒學中有其傳統，《孟子‧梁惠王上》曰：

> 不違農時，穀不可勝食也；數罟不入洿池，魚鱉不可勝食也；斧斤以時入山林，材木不可勝用也。穀與魚鱉不可勝食，材木不可勝用，是使民養生喪死無憾也。養生喪死無憾，王道之始也。……謹庠序之教，申之以孝悌之義，頒白者不負戴於道路矣。七十者衣帛食肉，黎民不飢不寒，然而不王者，未之有也。〔註127〕

爲政者應先教民農稼生產長養之方，使民不違農時而能足食，此爲「王道」落實的開端；民足食之後，方能興學，教民禮義孝悌，因此「王道」實踐包含使民足食與使民有德二者。《荀子‧富國》亦曰：

> 使民夏不宛暍，冬不凍寒，急不傷力，緩不後時，事成功立，上下俱富；而百姓皆愛其上，人歸之如流水，親之歡如父母，爲之出死斷亡而愉者，無它故焉，忠信調和均辨之至也。故國君長民者，欲趨時遂功，則和調累解，速乎急疾；忠信均辨，說乎賞慶矣；必先脩正其在我者，然後徐責其在人者，威乎刑罰。三德者誠乎上，則下應之如景嚮，雖欲無明達，得乎哉！〔註128〕

強調君王必須「先脩正其在我者」，發用自身德行以養民教民，使國家與人民一體富足。

　　總之，董仲舒的理論爲孟荀「民足→民德」理論的具體發用，「導民耕種」乃是爲國開源，增進國家糧食產量與田租賦稅；而「限民名田」、「減省賦稅」以及「不與民爭利」諸項，則是落實以天道爲根源之「仁愛」精神，達到人民衣食無虞、能在君王的引導、教化下，自然實踐德行之目的。此經濟理論雖未被當代朝廷全面落實，然而卻能呈現並回應董氏以君王德行實踐爲主軸之整全君王觀。

三、小　結

　　董仲舒之教育理論與經濟理論，是王道落實的重要表現。教育理論以《春秋》爲核心的六藝教育爲主軸，重視經典中所蘊含的道德內容；在萬民教化

〔註127〕見〔漢〕趙岐注、〔宋〕孫奭疏《孟子注疏‧卷一‧梁惠王上》，（清〕阮元校，嘉慶二十年江西南昌府學開本），（台北：藝文印書館，1989年出版），頁12。
〔註128〕見〔清〕王先謙著《荀子集解》，頁123。

上，推行「孝」之引導與實踐；在學校教育上，則強調六藝知識的習得以及
德行之陶冶與實踐，使國家官吏皆為學行具備的知識份子。而在經濟理論中，
董氏從公羊學角度出發，認為「調均」才能使社會建立尊卑理序，故其提出
限民名田、減省賦稅繇役與鹽鐵之利歸民等實際措施，以滿足人民的衣食需
求。這種以德行教化為主軸的教育理論，以及調均之經濟政策，是立足於君
王德行實踐的基礎上，亦即君王必須效法天道陰陽生生化育的精神，透過教
化與具體政策，使人民滿足衣食需求，而能自然而然發用本性之為善趨向，
實踐孝、義等德行，使社會呈現衣食豐足、尊卑有等的理想狀態。

第六章　結　論

　　從以上各章的論述中可知，《春秋繁露》之基源問題為「君王觀」，君王觀理論可歸納為「天道觀」、「修養論」與「政教觀」三部分。董仲舒係以「氣化宇宙論」與「人格神」相結合的天道觀理論，作為君王名實之依據，並特別重視君王之德行陶冶與實踐。

第一節　研究成果回顧

　　本論文如實呈現西漢初年學術融通的思想，並展現出「君王德行」在董仲舒理論中的重要性。董氏君王觀理論，建立於君王「以德受命」的天志揀選上，君王必須體察天志之「仁」與天道生生化育的運行秩序，透過「具體解悟」《春秋》與其他六藝經典，發用內在為善趨向，培養自身德行，並結合刑名權術的運育，具體落實於改正朔易服色、郊祀禮制、三綱體系、經濟與教育理論等政教措施，使國家井然有序，富足康樂。

一、天道觀──君王以德受命之形上依據

　　在相關於「天道」的理論中，《春秋繁露》相當完整的論述氣化宇宙論，除了強調陰陽五行的生化運作之外，亦強調「意志天」的重要性，其理論架構為以「意志天」運使陰陽五行之氣，以生化四時萬物；其中所透顯出的天道意志，是以「仁」為核心之道德意志，此縝密的氣化宇宙論之作用是要為君王與其政令設立完整的形上根源。陰陽五行之氣依循天之絕對道德意志生

化長養萬物，君王必須修養擴充內在德行，在國家治理與政令推展的各個面向上，進行道德實踐。在此觀點下，君王受命的根源在於「天」之絕對道德意志，意志天透過「血緣」與「德行」二者選任合宜的君王，但在《春秋繁露》中，「嫡長子」的血緣並非其所論焦點，君王德行才是理論架構的核心；董氏提出「有位者須有德」的概念，認為君王必須不斷進行道德修養與實踐，才能獲得意志天之降福，在「名實相符」的前提下，「君王」之「名」背後，應具備君王之「實」，君王應以天志之「仁」作為其實際內涵；故「大一統」不僅是君王統治的意志與政令之貫徹，亦為君王以德行效法天道、治理百姓，使萬邦歸服的道德實踐。

二、修養論──精神充旺、德行完備之理想君王

其次，在君王「修養觀」的面向上，董氏綰合儒家與黃老思想，架構君王「心──性」與「形──神」相配合的修養觀。在董仲舒心性論中，「性」為人原初的質樸之實，「情」乃是「性」的如實發用；可區分「道德情感」與「一般情感」兩種概念，道德情感即人在道德教化與陶冶的過程中，人性所呈現出的「善」之面向。在道德實踐中「自然而然」發出符合道德規範之真誠美善的情感，這種性情理論與合應於天道法則的身體結構相互配合，突顯人獨特於萬物的的尊貴價值；而「心」具有認知、感知與判斷外物的作用，人之性情與身體官能都在心的規範下，成為能實踐仁義，以合應「意志天」意義下之道德人。

在心性理論中，董仲舒建構以《春秋》為核心之六藝教育，並「具體解悟」《春秋》之微言大義，以發用性中善之趨向，培養出仁、義、智等美善德行；君王若能自然而然將德行發用於外在言行體貌、衣著上，並落實於國家政教制度之中，則君王與國家皆能合於天道法則。這種從「德行」修養出發的倫理學解釋方式，開拓過去學界多以「國家體制」與「倫理關係」為主軸之研究角度。筆者強調君王建立的政教制度，並非僅在「大一統」的國家體制下，彰顯君王絕對權力；而可說是君王完善內在德行之具體落實。

在「形──神」修養的面向上，董氏認為，透過節欲與情緒修養的方式，建構出合於天道的生活方式，使體內陰陽之氣靈妙充旺，精神清明穩定，外顯的形貌則能健康強壯；將形神與心性配合修養，可培育出一位精神健旺、德行完全之理想君王。

三、政教觀——以實踐王道爲目的

王道實踐具有三項重要內涵，其一爲以君王受命爲基礎之「改正朔、易服色」的「三統」理論；其二爲君王必須實踐的國家禮制與三綱規範；其三則是教育與經濟理論。

「三統說」以〈三代改制質文第二十三〉爲主要內容，董氏之「三統說」包含「三正朔」以及「質文四法」二主要面向，其確立孔子以《春秋》爲漢立法的聖典地位，並爲受命君王設立以天道爲根源之「改正朔、易服色」的理論系統，透過曆法、服色與各種制度之建立，達到國家「大一統」之目的；而「質文觀」則強調受命君王有所主之法，必須依循此法建立完整的國家制度，以回應天道運行的法則；從此角度出發，三統說並不僅是受命君王必須實踐的改制法則，亦應體察天道之仁，以「親親多仁樸」、「孝慈」、「尊尊多節義」等美善的德行教化人民，此爲董氏《春秋繁露》中之一貫思想。

在國家禮制與三綱規範的面向上，特別凸顯「郊祀」制度「事天設教」的功能，君王透過郊祀之禮對「天」行子之孝道，天則降福予君王與國家；人民以「四祭」的方式效法君王，對先祖行孝道之禮；如此，「郊祀」的意義即超越「國家儀典」，而成爲事天、奉天並推行王道的主要方式。

其次，在三綱倫理的面向上，三綱體系合應於天道陽尊陰卑的秩序，其目的並非盡如當代學界所論「意在提高君父之權」，[註1]亦所以依循天道秩序，建立一尊卑有等的社會秩序。在「君尊臣卑」的理論中，君臣理序的核心落實在君王德行與「刑——賞」二柄之掌控上。除了從道德的面向架構君王德行與政教的義務之外，董氏亦從循名責實的角度，建構以「事功」爲主的考核方式，君王之賢能與臣下之輔弼相結合，才能使國家秩序井然，國泰民安。因此，《春秋繁露》建立「郊祀」與「三綱」的理論，回應以「君王觀」爲核心的基源問題，其中最重要的概念爲「君王之德行與實踐」，若君王無德，則郊祀之禮無法事天、奉天，在董氏理論中，君王內在之德行修爲，與外王功業相輔相成，缺一即不能成爲理想君王。

而在教育與經濟的理論架構中，董氏之教育理論係以《春秋》爲核心的六藝教育爲主軸，重視經典中所蘊含的道德內容。在萬民教化上，推行「孝」之引導與實踐；在學校教育上，則強調六藝知識的習得，以及德行陶冶與實

〔註1〕 關於三綱「提高君父之權」的論述與反思，可見本論文第五章第二節，頁190～192。

踐，使國家官吏皆爲學行兼備的知識份子。

在經濟理論中，董氏爲解決當代貧富差距劇烈、窮民犯法等社會問題，提出「調均」的理論，並落實於限民名田、減省賦稅繇役與鹽鐵之利歸民等實際措施，以滿足人民的衣食需求。這種以「教化萬民」爲主軸的教育理論，以及「調均」之經濟政策，立足於君王之道德實踐，亦即君王必須效法天道生生化育之仁，使人民滿足衣食需求，而能自然而然發用本性爲善趨向，實踐孝、義等美好德行，而使社會達到衣食豐足、尊卑有等的理想狀態。

從以上所論中可知，本論文如實呈顯「君王德行」在董仲舒理論中之重要性。董氏君王觀之理論建立於君王「以德受命」的天志揀選上，君王必須體察天志之「仁」與天道生生化育的運行秩序，透過「具體解悟」《春秋》與其他六藝經典，發用內在爲善趨向，培養自身德行，而具體實踐於改正朔、易服色、郊祀制度、經濟與教育理論等政教措施中。因此，「大一統」王權不僅建立於君王權術威勢的運用上，亦落實於君王之德行實踐上。故，此理論並不同於學界（如勞思光先生）對董仲舒「不理解德性根源問題」〔註2〕的批判，而是具體展現出西漢初年學術融通背景下之儒學心性修養論樣貌。

第二節　研究之侷限與展望

本論文以創造性詮釋學從文本出發之研究方法爲基礎，循基源問題研究法之研究途徑，確立董仲舒《春秋繁露》之基源問題爲君王觀，詳論董仲舒君王觀義理內涵與理論架構，然在論述之中亦出現侷限性，由於筆者將董氏各項理論，包含春秋學、天道觀、災異理論、修養觀與政教制度等面向，皆統合於君王觀的主軸下；因此，在論述之中，僅凸顯其與君王觀相連結的理論內涵，對各項理論之細節猶有所不逮，如董氏春秋公羊學之義理內涵、「形——神」理論、三統說之細節、經濟與教育政策在當代之實踐，這些論題均爲董氏哲學體系中之重要面向，然而筆者僅從君王觀角度呈現其理論，對理論本身之論述自不免有所疏漏，造成本論文之侷限，將來或可以專文繼續探究這些論題。

除了侷限之外，本論題仍有可以拓展之研究方向。從「研究論題」觀之，台灣學界對於「君王觀」論題之探究較爲不足；尤其在兩漢思想的研究中，

〔註2〕　見勞思光著《新編中國哲學史·第一冊》（台北：三民書局，1984年出版），頁22。

雖然多有關於政教理論之探討，然而卻未有以「君王」爲核心視角切入的研究。但在大一統帝國體制中，「君王」本身即爲政教理論之實踐者，若將「君王」理論加入於政教理論或政治哲學之研究中，其義理脈絡與理論內涵之理解應可更爲完整細膩。因此，「君王觀」論題之研究與開拓，不僅可用於將同時代哲學家對君王觀理論架構相互比對，如實呈現之共時研究；亦可使用於考察跨時代之君王觀理論，觀察其中義理變化之歷時研究，此論題或可對中國政治思想與思想史發展有更爲透徹之理解。

在研究視角上，本論文重視德行理論之運用與解釋，筆者使用德行倫理學的概念，從君王德行之陶冶與實踐的角度出發，架構董氏君王觀理論，此爲學界較少運用於探究董氏思想乃至於兩漢哲學的方法。然而先秦以來，儒家思想本有以道德修養與實踐爲主軸之內聖外王理論，因此，若將董仲舒德行觀研究之方法，推拓至漢代哲學或中國哲學史的研究上，從史書與當代思想著作中，探討何種德行最受重視、爲何此德行能受重視？如何培養並實踐此德行？何種德行原本受到重視，經過歷時發展後卻逐漸沒落？何種因素會造成德行觀念的改變？這些隨著筆者對董仲舒君王德行觀研究而來的相關論，或許可以成爲延伸探究的角度之一。

董仲舒《春秋繁露》以「君王觀」爲基源問題，其所有理論之建構，皆爲解決並回應「理想君王如何可能」之問題。在董氏完整之君王觀理論中，以天之意志與天道秩序爲君王名位之根源，重視君王德行的培養與政教制度之具體實踐，期能建立一尊卑有序、富而好禮的大一統國家。董仲舒「重德」的君王觀理論，不僅凸顯先秦以來對君德的重視，在兩漢思想的發展中，亦成爲政教理論之重要內涵。二十一世紀爲倫理對話的世紀，董氏君王觀理論中雖有陰陽災異符瑞之說，然若能同情地理解，如實地呈現，其重視君王美善德行之修養與實踐之理論內涵，或可爲兩漢思想之研究開啓一新的研究可能，亦可爲現代政治倫理建立以德爲首、敬天愛民的新典範。

附　表

附表一　兩岸董仲舒天道理論期刊論文目錄（1912～2007）

包含形上學、陰陽、五行與天人關係理論〔註1〕

編號	作者	論文名稱	出版項
1	秋素	董仲舒對於天治主義的貢獻	《清華週刊》第40卷第1期，1933年6月。
2	佐川修	董仲舒之陰陽理論	《漢文會報》第9期，1939年。
3	成本俊	董仲舒天人合一說之人道理論	《中央日報》，1942年12月15日。
4	張春申	董仲舒的天人合一論	《新鐸聲》第7期，1956年9月。
5	曹國霖	董仲舒的「天人論」建設	《孔孟學報》第10卷第4期，1961年9月。
6	張茂新	董仲舒「天人感應」說的進步方面	《光明日報》1962年8月17日。

〔註1〕 此表格所收羅的期刊論文資料，包含陳師麗桂所編著《兩漢諸子研究論著目錄 1912～2003》（台北：漢學研究中心1996年、2003年出版）、國家圖書館之〈期刊論文網〉（http://readopac.ncl.edu.tw/html/frame1.htm），以及大陸〈中國期刊網〉三者之資料；由於本論文較少處理讖緯災異的論題，故僅以「天道觀」、「陰陽」、「五行」與「天人關係」等研究主題爲收羅範圍；在此範圍下，筆者所使用的關鍵字爲「董仲舒」、「春秋繁露」、「天人」、「陰陽」、「五行」、「天道」，以出版日期相次排列，其中收錄少部分日人著作，亦錄自《兩漢諸子研究論著目錄》。

7	李民	試論董仲舒的自然觀	《新建設》1962 年第 12 期，1962 年 12 月。
8	張豈之等	怎樣理解董仲舒的自然觀的實質	《新建設》1963 年第 3 期，1963 年 3 月。
9	李民	再論董仲舒的自然觀——兼答張豈之等	《新建設》1964 年第 7 期，1964 年 7 月
10	澤田多喜男	董仲舒天人相關說試探——特論陰陽說之構造	《日本文化研報》第 3 期，1967 年 3 月。
11	澤田多喜男	董仲舒天譴說之形成的性格	《日本文化研究所研究報告》第 31 卷第 3 期，1968 年 1 月。
12	佐川修	董仲舒王道說——陰陽說關連	《東北人學教養部紀要》第 19 號，1974 年 3 月。
13	郭金元等	評董仲舒的「天不變，道亦不變」	《文匯報》1974 年 4 月 22 日。
14	田中麻紗巳	漢代自然觀——以董仲舒學說為核心	《日本中國學會報》第 26 集，1974 年 10 月。
15	陳師麗桂	董仲舒的天論	《孔孟學報》第 27 期，1974 年 4 月。
16	王孺松	董仲舒的天道觀	《師大學報》第 22 期，1977 年 6 月。
17	吉田照子	董仲舒的天人感應說	《廣島哲學會》第 29 集，1977 年 10 月。
18	林麗雪	董仲舒以後漢代諸子天人思想概說	《孔孟月刊》第 17 卷第 3 期，1978 年 11 月。
19	陳美圓	董仲舒的天人哲學	《孔孟月刊》第 18 卷第 2 期，1979 年 10 月。
20	倪天蕙	董仲舒的天人感應思想	《孔孟月刊》第 19 卷第 2 期，1980 年 10 月。
21	黃明同	董仲舒的樸素辯證法思想及其形而上學宇宙觀	《哲學社會科學通訊》1981 年第 1 期，1981 年 1 月。
22	周群振	董仲舒天道觀之內涵與模態辨義——董仲舒天人思想之二	《中國文化月刊》第 17 期，1981 年 3 月。
23	周群振	陰陽五行說思想之淵源及在發展中之變形——董仲舒天人思想之三	《中國文化月刊》第 18 期，1981 年 4 月。
24	周群振	關於陰陽五行說義理之全盤檢定——董仲舒天人思想之四	《中國文化月刊》第 19 期，1981 年 5 月。

25	周群振	氣化宇宙觀下之心性論——董仲舒天人思想之五、六（上）	《中國文化月刊》第 23 期，1981 年 9 月。
26	周群振	氣化宇宙觀下之心性論——董仲舒天人思想之五、六（下）	《中國文化月刊》第 24 期，1981 年 10 月。
27	于首奎	董仲舒的「元」就是「元氣」嗎？	《中國社會科學通訊》1982 年第 1 期，1982 年 1 月。
28	于首奎	董仲舒的「天人感應」論強調人的主觀能動性嗎？——與金春峰同志商榷	《東岳論叢》1982 年第 2 期，1982 年 3 月。
29	燕國材	試論董仲舒天人感應論的心理思想	《上海師範學院學報》1982 年第 4 期，1982 年 12 月。
30	劉光易	先民天道觀念與董仲舒天人合一思想	《書和人》第 485 期，1983 年 1 月。
31	周群振	董仲舒之天道觀、陰陽五行說與人性論辨義	《唐君毅先生紀念論文集》，臺北：台灣學生書局，1983 年 2 月。
32	孫再生	董仲舒學說中的天與道	《漢唐文化思想與基督真理目標》，台北：弘智出版社，1983 年 12 月。
33	溫公頤	董仲舒的神學邏輯推演	《南開學報》1984 年第 4 期，1984 年 7 月。
34	王永祥	董仲舒天道觀重探	《中國哲學史研究》1986 年第 2 期，1986 年 3 月。
35	王永祥	董仲舒天論再探	《河北學刊》1986 年第 4 期，1986 年 3 月。
36	于首奎	試析董仲舒哲學思想的天	《東岳論叢》1986 年第 6 期，1986 年 11 月。
37	蔡伯銘	董仲舒的神學邏輯思想	《湖北師範學院學》1987 年第 3 期，1987 年 5 月。
38	賴炎元	儒家思想轉變的關鍵人物——董仲舒的天人感應說	《國文天地》1987 年第 3 卷第 4 期，1987 年 9 月。
39	李宗桂 格日樂	秦漢醫學與董仲舒的天人感應論	《哲學研究》1987 年第 9 期，1987 年 9 月。
40	梁孔	也談董仲舒的「天不變，道也不變」	《中國史研究》1987 年第 2 期，1987 年 5 月。

41	岳慶平	董仲舒的天道觀辨析——與王永祥同志商榷	《中國哲學史研究》1988 年第 1 期，1988 年 1 月。
42	周乾	董仲舒的天道觀辨析——與王永祥同志商榷	《中國哲學史研究》1988 年第 1 期，1988 年 1 月。
43	胡健財	孔孟「心性論」與董仲舒天人感應	《孔孟學報》第 55 期，1988 年 4 月。
44	徐麟	試論董仲舒的五行觀	《河北學刊》1998 年第 4 期，1998 年 7 月。
45	羅光	董仲舒的天論	《哲學與文化》第 15 卷第 6 期，1988 年 6 月。
46	袁坤	董仲舒天人感應神學目的論探源	《荷澤師專學報》（社會科學版）1988 年第 3 期，1988 年 9 月。
47	本見償	〈漢書〉五行志之災異說——董仲舒與劉向理論之資料分析	《日本中國學會報》第 40 集，1988 年 10 月。
48	湯其領	董仲舒首推陰陽解春秋與漢代經學學化	《華東師範大學學報》（哲社版）1990 年第 2 期，1990 年 4 月。
49	梁榮茂	董仲舒的「天人感應」與司馬遷的「天道觀」之比較研究	《漢代文學與思想學術研討會論文集》，台北：文史哲出版社，1991 年 10 月。
50	李錦全	董仲舒的獨尊儒術與其天人感應觀	《中學歷史教學》1982 年第 5 期，1982 年 5 月。
51	于首奎	試論董仲舒哲學的「氣」	《文史哲》1984 年第 4 期，1984 年 7 月。
52	于首奎	董仲舒的「元」就是「元氣」嗎？	《中國社會科學》1982 年第 1 期 1982 年 1 月。
53	王永祥	再論董仲舒天道觀的辨證性——兼答周乾同志	《河北學刊》1990 年第 4 期，1990 年 7 月。
54	李宗桂	論董仲舒的天人思想及其文化史意義	《天津社會科學》1990 年第 5 期，1990 年 10 月。
55	趙玉潔	董仲舒天人關係思想新論	《河北大學學報》（哲學社會科學版）第 10 期，1991 年 3 月。
56	祝中熹	董仲舒對儒家天命說的發展	《青海師範大學學報》（哲學社會科學版），1991 年第 3 期，1991 年 9 月。

57	項退結	從董仲舒、淮南子至王充的「天」與「命」	《漢代文學與思想學術研討會論文集》國立政治大學中文所系主辦，臺北：文史哲出版社，1991 年 10 月。
58	梁榮茂	董仲舒的「大人感應」與司馬遷的「天道觀」之比較研究	《漢代文學與思想學術研討會論文集》國立政治大學中文所系主辦，臺北：文史哲出版社，1991 年 10 月。
59	王生平	略論董仲舒的造神說	《社會科學輯刊》1991 年第 5 期，1991 年 9 月。
60	魏元珪	董仲舒天人思想評析	《東海哲學研究集刊》第 1 期，1991 年 10 月。
61	趙雅博	董仲舒對天與道和天道天教及神鬼的思想	《哲學與文化》第 19 卷第 3 期，1992 年 3 月。
62	末永高康	董仲舒陰陽刑德說	《中國思想史研究・第 15 號》，(1992 年度論文集)，1992 年 12 月。
63	沈焱	劉向和董仲舒「天人感應」說辨異	《上海大學學報》(社科版) 1993 年第 2 期，1993 年 2 月。
64	李宗桂	論董仲舒奉天法古的維新原則	《甘肅社會科學學報》，1993 年第 2 期，1993 年 3 月。
65	王德裕	論董仲舒形而上學思想的基本特徵	《重慶師院學報》(哲社版) 1993 年第 2 期，1993 年 6 月。
66	鄧紅	董仲舒「天人合一」說中政治的功能	《中國哲學論集》第 19 期，1993 年 10 月。
67	劉文星	春秋繁露思想之初探——淺析董仲舒的「天人合一」哲學	《道教學探索》1993 年第 7 期，1993 年 12 月。
68	董田春	從董仲舒看中國古代形而上學思想的特色和功用	《榆林高等專科學校學報》，1994 年 1 月。
69	東湖	董仲舒的天氣學思想	《中國歷史地理論叢》，1994 年 1 月。
70	丁東風	董仲舒天人相應說對現代社會生態學的啓示	《江西社會科學》，1994 年 12 月。
71	胡順萍	董仲舒之宇宙論——天與氣、陰陽五行彼此之關係	《輔大中研所學刊》第 4 期，1995 年 3 月。
72	王永祥	董仲舒的天論再探	《河北學刊》，1995 年 4 月。
73	林國雄	《春秋繁露》中的五行思想	《船山學刊》，1995 年 2 月。

74	林國雄	春秋繁露中的五行思想	《平原大學學報》，1995 年 3 月。
75	王保頂	論董仲舒五德終始說的影響及終結	《史學月刊》，1996 年 2 月。
76	曾怡菁	解讀董仲舒之天人感應思想	《史學會刊》（師大）第 41 期，1997 年 6 月。
77	宮哲兵	中國古代辯證法與形而上學爭史質疑——兼論董仲舒不是形而上學哲學家	《江漢論壇》，1997 年 11 月。
78	曾振宇	董仲舒氣哲學論綱——兼論中國古典氣哲學的一般性質	《孔子研究》1997 年第 2 期，1997 年 2 月。
79	曾振宇	董仲舒天人合一學說再認識	《煙臺大學學報》（哲社版），1997 年 4 月。
80	龍文懋	董仲舒法天思想探本——兼析天的性質	《齊魯學刊》，1997 年 6 月。
81	湯其領	董仲舒天論發微	《歷史教學問題》，1998 年 1 月。
82	徐麟	試論董仲舒的五行觀	《河北學刊》，1998 年 4 月。
83	王永祥	董仲舒取法于天的歷史哲學論綱	《河北大學學報》（哲社版），1999 年 2 月。
84	方爾加	論董仲舒神學的宗教學意義	《北京社會科學》，1999 年 2 月。
85	張德文	試論董仲舒的「天人關係」模式——兼論這一模式的思維方式	《孔孟月刊》第 38 卷第 4 期，1999 年 12 月。
86	熊開發	論董仲舒的天人觀	《海南師範學院學報》（人社版），2000 年 1 月。
87	杜保瑞	董仲舒宇宙論進路的儒學建構	《世界弘明哲學季刊》2000 年 3 月號，2000 年 3 月。
88	曾振宇	「法天而行」：董仲舒天論新識	《孔子研究》2000 年第 5 期，2000 年 9 月。
89	李增	董仲舒天人合一思想之「天」概念分析	《第三屆漢代文學與思想學術研討會論文集》國立政治大學中文所系主辦，2000 年 12 月。
90	劉明武	是陰陽合和還是陽為陰法？評董仲舒的陰陽觀	《中國文化研究》，2001 年 3 月。
91	周桂鈿	董仲舒天人感應論的真理性	《河北學刊》2001 年 3 月。
92	李耀南	董仲舒「天」的哲學與美學	〈第五次儒佛會通學術研討會論文〉，臺北：華梵大學哲學系，2001 年 4 月。

93	周桂鈿	董仲舒天人感應論的真理性	《河北學刊》第 21 卷第 3 期，2001 年 5 月。
94	李增	董仲舒天人合一思想型態之探討	《國立政治大學哲學學報》，2001 年第 7 期 2001 年 6 月。
95	李增	從董仲舒天人合一思想體系分析「天人」及「合一」之意義	《東海哲學研究集刊》8 期，2001 年 6 月。
96	劉力	董仲舒陰陽五行說的雙重性	《重慶師院學報》（哲社版）2001 年第 2 期，2001 年 6 月。
97	汪高鑫	董仲舒天人感應論述評	《安徽教育學院學報》第 19 卷第 4 期，2001 年 7 月。
98	張毅	陰陽五行與天地之美——董仲舒的天人合一思想及其審美觀念	《南開學報》2001 年第 4 期，2001 年 7 月。
99	劉明武	是「陰陽和合」還是「陽為陰綱」——評董仲舒的陰陽觀	《中國文化研究》2001 年第 3 期，2001 年 8 月。
100	劉力	董仲舒陰陽五行說的雙重性	《重慶師院學報》（哲社版），2001 年第 2 期，2001 年 6 月。
101	劉力	董仲舒陰陽五行說的天	《重慶師院學報》（哲社版），2002 年 3 月。
102	周雅清	董仲舒對陰陽概念的運用	《孔孟學報》80 期，2002 年 9 月。
103	劉國民	董仲舒之元的重新詮釋	《廣西社會科學》，2003 年 4 月。
104	杜保瑞	董仲舒政治哲學與宇宙論進路的儒學建構	《哲學與文化》30 卷 9 期，2003 年 9 月。
105	葉海煙	論兩漢「大一統」觀念的哲學性：以董仲舒的新儒學為例	《哲學與文化》30 卷 9 期，2003 年 9 月。
106	王春陽	略論董仲舒「天」的哲學層面及其構建動因	《史學月刊》，2003 年 10 月。
107	李潔	論董仲舒的社會控制思想及其影響	《伊犁師範學院學報》2004 年第 1 期，2004 年 2 月。
108	何乃川	董仲舒的元始陰陽觀	《中國哲學史》，2004 年 3 月。
109	劉國民	論董仲舒的五行思想	《中國青年政治學院學報》，2004 年 4 月。
110	王俊梅	董仲舒學說的多元化特徵——墨學與天人感應論	《衡水師專學報》2004 年第 2 期，2004 年 4 月。

111	丁海虎	天人之際與道命之異──董仲舒天人思想探析	《晉陽學刊》2004 年第 3 期，2004 年 3 月。
112	劉力	天地之道「中和」爲美──董仲舒陰陽五行的中和論	《重慶師範學學報》（哲社版）2004 年第 2 期，2004 年 4 月。
113	李耀南	尊君與屈君──董仲舒天的二重功能	《孔子研究》2004 年第 2 期，2004 年 4 月。
114	歐式雄	董仲舒天人感應神學目的論探源	《歷史教學問題》，2004 年 5 月。
115	陳豪珣	試論董仲舒天人合一思想	《齊齊哈爾大學學報》（哲社版），2004 年 6 月。
116	邊家珍	董仲舒與漢代天道信仰的重建	《河南教育學院學報》（哲社版），2004 年 6 月。
117	劉紅衛	董仲舒元概念新解	《管子學刊》2005 年第 3 期，2005 年 3 月。
118	周桂鈿	董仲舒論祭祀──兼論儒家論天的宗教性	《中國社會科學院研究生院學報》，2005 年 5 月。
119	嚴波	淺析董仲舒天人感應論	《湖北社會科學》，2005 年 6 月。
120	周桂鈿	董仲舒的天與《聖經》中的上帝	《河北學刊》2005 年第 4 期，2005 年 6 月。
121	王健	董仲舒政治倫理思想新探──以天人論與譴告論爲中心	《江蘇社會科學》2005 年第 4 期，2005 年 6 月。
122	牟成文	從天人合一的源處追尋其原初價值意義──兼評西漢大儒董仲舒的天人觀	《江漢論壇》2005 年第 5 期，2005 年 7 月。
123	余治平	天:王之爲王的可能與根據──董仲舒對王者之名的哲學詮解	《新疆大學學報》（哲社版）2006 年第 1 期，2006 年 1 月。
124	黃清順	試論「父子之道」在董仲舒天人哲學中的建構意義與價值所在	《中國學術年刊》28 期（春季刊），2006 年 3 月。
125	鄭明璋	論董仲舒與陰陽五行學說的政治化	《管子學刊》2006 年第 2 期，2006 年 4 月。
126	孫小泉	天人關系在董仲舒君主觀念中的體現	《聊城大學學報》（社會科學版）2006 年第 2 期，2006 年 4 月。
127	劉力	苦心孤詣天地象──論董仲舒陰陽五行的系統結構	《中國市場》，2006 年 5 月。

128	朱麗霞	董仲舒天人之學非宗教性之審視——以奧古斯丁爲背景的反觀	《西北民族大學學報》（哲社版），2006 年 6 月。
129	李金山	墨家天道觀對董仲舒儒學體系的理論貢獻	《蘭州學刊》2006 年第 6 期，2006 年 8 月。
130	孫長祥	董仲舒的氣化圖式論	《哲學與文化》33 卷 8 期，2006 年 8 月。
131	唐經欽	儒家思想之歧出與創新——試論董仲舒之天論思想	《鵝湖》32 卷 6 期，2006 年 12 月。
132	申艷婷	自然人情化——董仲舒陰陽五行的倫理化、政治化	《中國市場》，2007 年 1 月。
133	張文英	試論董仲舒的天人觀	《長春工業大學學報》（社科版）2007 年 2 月。
134	吳濤	天人相與之際——董仲舒思想體系淺析	《蘭州學刊》2007 年第 1 期，2007 年 2 月。
135	趙艷玲	試析董仲舒天人合一學說的論證方式	《衡水學院學報》2007 年第 3 期，2007 年 3 月。
136	馬建東	董仲舒的天與人	《甘肅社會科學》，2007 年 3 月。
137	鄭明璋	董仲舒對前代天人合一思想的超越	《阜陽師範學院學報》（社科版）2007 年第 1 期，2007 年 3 月。
138	張羽佳	董仲舒天人合一的政治理念及其當代困境	《中共南京市委黨校南京市行政學院學報》，2007 年 3 月。
139	劉又銘	合中有分——荀子、董仲舒天人關係論新詮	《臺北大學中文學報》2 期，2007 年 3 月。
140	孟維	淺談董仲舒天人感應論的積極作用	《東南傳播》2007 年 5 月。
141	余金剛	巫術化思維與天人合一的宇宙觀——兼論董仲舒的天人政治觀	《赤峰學院學報》（漢文哲學社會科學版），2007 年 6 月。
142	劉國民	董仲舒以陰陽之天道解釋人道	《西南民族大學學報》（人文社科版），2007 年 6 月。
143	陳福濱	論董仲舒的天道思想與天人關係	《哲學與文化》34 卷 10 期，2007 年 10 月。
144	馬睿	論《春秋繁露》中天對陰陽家思想的吸收利用	《時代文學》（雙月上半月），2008 年 1 月。
145	李榮亮	董仲舒天的重新詮釋——兼對元的解讀	《牡丹江大學學報》2008 年第 3 期，2008 年 5 月。

附表二 兩岸董仲舒政教理論期刊論文目錄（1912～2007）

包含政治制度、改制理論、教育、經濟、法律、社會倫理等面向〔註2〕

編號	作 者	篇 名	出 版 項
1	郭宣霖	董仲舒的政治思想	《廈大學報》（新）第 3 集，1944年 6 月。
2	佐中壯	董仲舒的人性論與教育論	《藝林》（藝林社）第 2 卷第 6 號，1951 年出版。
3	原富男	董仲舒的思想體系與易姓革命思想理論	《專修大學論集》第 1 號，1952年 1 月。
4	王明	董仲舒及其政治思想	《歷史研究》1958 年第 3 期，1958年 3 月。
5	梁茂益	董仲舒賢良策對主張「不在六藝之科孔子之術皆絕其道勿使並進」其得失若何論	《新亞生活》第 3 卷第 9 期，1960年。
6	楊樹藩	董仲舒的政治思想	《政治大學學報》第 2 期，1960年 12 月。
7	劉澤華	董仲舒的政治思想	《歷史教學》1965 年第 6 期，1965年 6 月。
8	胡耀輝	董仲舒的教育思想	《學記》第三期，1971 年 7 月。
9	賀凌虛	董仲舒的治道和政策	《思與言》第 10 卷第 4 期，1972年 11 月。
10	鍾肇鵬	董仲舒的儒法合流的政治思想	歷史研究 1977 年第 3 期 197706
11	林麗雪	董仲舒的倫理與正名思想	《孔孟月刊》第 16 卷第 3 期，1977 年 11 月。
12	佐川修	董仲舒之王道說──與陰陽說之關連	《東北大學教養部紀要》第 19 號，1974 年 3 月。

〔註2〕 此表格所收羅的期刊論文資料，包含陳師麗桂所編著《兩漢諸子研究論著目錄 1912～2003》（台北：漢學研究中心 1996 年、2003 年出版）、林慶彰主編《經學研究論著目錄》1912～1987、1988～1992、1993～1997，（臺北：漢學研究中心，1989、1995、2002 出版）、國家圖書館之〈期刊論文網〉（http://readopac.ncl.edu.tw/html/frame1.htm），以及大陸〈中國期刊網〉三者之資料；在此範圍下，筆者所使用的關鍵字為「董仲舒」、「春秋繁露」、「政治」、「法律」、「教育」、「改制」、「三統」，以出版日期相次排列。在《兩漢諸子研究論著目錄》與《經學研究論著目錄》中，董仲舒的研究論文，共有九百餘筆資料，而此表格中，2003 年以前共有 117 筆資料，代表董仲舒政教觀的論述，超過論文總數的十分之一。

13	宇佐美一博	董仲舒的政治思想——君主權力的強化與抑制	《日本中國學會報》第 31 期，1979 年 10 月。
14	有田穎右	董仲舒之國家哲學	《千里山文學論集》第 24 號，1981 年。
15	陳德安	董仲舒的哲學和教育思想	《山西師院學報》，1980 年第一期，1980 年 1 月。
16	王興業	試論董仲舒的刑德思想	《山東大學文科論文集刊》1981 年第 1 期，1981 年 1 月。
17	楊鶴皋	董仲舒政治法律思想簡論	《北京政法學院學報》1981 年第 1 期，1981 年 2 月。
18	劉智寶	試論董仲舒的法律思想	《內蒙古大學學報》1981 年增刊，1981 年 6 月。
19	李奎良	董仲舒「更化」思想初探	《河北師院學報》1981 年第 3 期，1981 年 9 月。
20	喬木青	董仲舒「德主刑輔」思想的初步研究	《法律史論集》（二），北京：中國社會科學院，1982 年 3 月。
21	李錦全	董仲舒的政治思想和哲學體系都是進步的嗎？	《中國哲學史研究集刊》1982 年第 2 期，1982 年 7 月
22	吳光	論董仲舒的政治學說及其進步歷史作用——兼論其王道理論與天道觀之關係	《浙江學刊》1982 年第 4 期，1982 年 7 月。
23	有田穎右	董仲舒的國家哲學	《千里山文學論集》第 29 號，1983 年出版。
24	華有根	董仲舒任賢考績思想淺析	《經濟學術資料》，1983 年第 10 期。
25	華有根	試論董仲舒的經濟思想	《經濟學術資料》，1983 年第 10 期。
26	王占通 栗勁	董仲舒「德主刑輔」的法律思想體系	《河北學刊》1983 年第 3 期，1983 年 9 月。
27	陳谷嘉	董仲舒倫理思想研究	《中國哲學·第四輯》，北京：北京人民出版社，1984 年 4 月。
28	朱義祿	論董仲舒的宗教道德觀	《寧波師院學報》（社會版），1984 年第 4 期。
29	盧瑞容	董仲舒思想中的「黃老」——兼論儒家政治思想的一個轉折發展	《大陸雜誌》第 74 卷第 2 期，1987 年 2 月。

30	曹松林	董仲舒政治思想的再評價	《湖南師範大學》社會科學學報，1987 年第 6 期，1987 年 12 月。
31	周漢光	影響深遠的董仲舒教育思想	《教育學報》第 15 卷第 2 期，1987 年 12 月。
32	有田穎右	董仲舒君主論	《千里山文學論集》第 35 號，1988 年出版。
33	于首奎	董仲舒的政治思想爭議	《孔子研究》1988 年第 1 期，1988 年 3 月。
34	劉凌	論董仲舒的政治思想	《天津師範大學學報》（社會科學版）1988 年第 3 期，1988 年 6 月。
35	智孝	論董仲舒的改革思想	《遼寧大學學報》（哲學社會科學版）1988 年第 6 期，1988 年 11 月。
36	江淳	漢代「春秋決獄」淺談	《廣西師範大學學報》（哲學社會版），1989 年第 1 期。
37	黃樸民	董仲舒社會政治思想新探	《學術月刊》1989 年第 2 期 198902
38	賴慶鴻	董仲舒之治術	《人事月刊》1989 年第 9 卷第 3 期，1989 年 9 月。
39	鍾清漢	董仲舒政治理念與教育思想之考察	《教育與文化——多賀秋五郎博士喜壽紀念論文集》，東京：勁草書房出版，1989 年 10 月。
40	廖其發	董仲舒的人性論與教育思想研究	《西南師範大學學報》（哲社版）1991 年第 2 期，1991 年 4 月。
41	陳嘉民	試論董仲舒「不與民爭利」的倫理經濟思想	《江淮論壇》第 1 期 1991 年 3 月。
42	曾春海	董仲舒的正義觀及其思想梗概	《漢代文學與思想學術研討會論文集》國立政治大學中文系主辦，台北：文史哲出版社，1991 年 10 月。
43	李宗桂	論董仲舒的政治哲學	《先秦秦漢史》，1992 年第 7 期，1992 年 7 月。
44	陳前進	論董仲舒的政治思想	《先秦秦漢史》，1993 年第 8 期，1993 年 8 月。
45	李宗桂	論董仲舒奉天法古的維新原則	《中國哲學史》，1993 年第 5 期。
46	周桂鈿	董仲舒哲學與西漢政治	《管子學刊》，1994 年 1 月。

47	汪高鑫	略論董仲舒民本思想	《學術界》，1994 年 4 月。
48	彭妮絲	論董仲舒之政治思想	《孔孟月刊》第 32 卷第 11 期，1994 年 7 月。
49	張守軍	陸賈與董仲舒的朝士不商思想	《商業研究・中國商業司想史（21）》，1994 年 10 月。
50	俞啓定	治國之本在於任德教——董仲舒德育思想的借鑒	《中小學管理》1994 年 10 月。
51	張顯傳	從歷史教育說董仲舒	《北京師範大學學報》（社科版），1995 年 3 月。
52	湯其領	論董仲舒更化思想對漢武帝改革之影響	《歷史教學問題》，1995 年 3 月。
53	王明	董仲舒及其政治思想	《道家與傳統文化研究》，北京：中國社會科學出版社，1995 年 4 月。
54	沈壯海	董仲舒德教方法論探析	《武漢大學學報》（哲社版），1995 年 4 月。
55	劉漢東	董仲舒三策與大一統政治文化	《南都學壇》，1995 年 4 月。
56	宋榮培	董仲舒的歷史哲學——董氏春秋學的歷史哲學意義及其局限	《哲學與文化》第 22 卷第 10 期，1995 年 10 月。
57	馬育良	董仲舒的政治歷史觀及質文觀	《孔子研究》1996 年第 1 期，1996 年 3 月。
58	孟祥才范學輝	董仲舒的政治歷史觀及質文觀	《孔子研究》1996 年第 1 期 1996 年 3 月
59	孫仁宏	簡論董仲舒「獨尊儒術」	《鹽城師範學院學報》（哲社版）1996 年第 2 期，1996 年 5 月。
60	陳俊華	論董仲舒的循環史觀	《歷史學報》（師大）第 24 期，1996 年 6 月。
61	許殿才	董仲舒三統循環說	《史學史研究》1996 年第 3 期，1996 年 9 月。
62	李森	董仲舒政治哲學蠡測	《鄭州大學學報》（哲社版）1996 年第 6 期，1996 年 11 月。
63	周乾	董仲舒的受天監護的君權論	天津師大學報（社會科學版）1997 年第 4 期，1997 年 4 月。
64	孫洪濤	董仲舒政治思想管窺	《河北大學學報》（哲社版），1997 年第 4 期，1997 年 4 月。

65	汪高鑫	論董仲舒對道家政治思想的吸取	《江淮論壇》，1997 年 5 月。
66	劉志敏	董仲舒「德治」思想與現代化建設	《社會科學論壇》1997 年第 5 期，1997 年 5 月。
67	張歷憑	董仲舒法律思想初探	《信陽師範學院學報》（哲社版）第 17 卷第 4 期，1997 年 10 月。
68	汪高鑫	試論董仲舒的社會更化思想	《安慶師院社會科學學報》第 1 卷第 4 期，1997 年 11 月。
69	張秋升	董仲舒歷史哲學初探	《南開學報》（哲社版）1997 年第 6 期，1997 年 11 月。
70	張洪濤	董仲舒政治思想管窺	《河北大學學報》（哲社版），第 22 卷第 4 期，1997 年 12 月。
71	汪高鑫	試論董仲舒的大一統政治觀	《遼寧教育學院學報》第 14 卷第 2 期，1997 年 7 月。
72	周乾榮	董仲舒的受天監護的君權論	《天津師大學報》（社科版）1997 年第 4 期，1997 年 8 月。
73	韓進軍	董仲舒社會控制思想初論	《河北學刊》，1998 年 5 月。
74	周桂鈿	獨尊儒術，奠定漢魂————董仲舒政治哲學研究	《船山學刊》1998 年第 2 期，1998 年 10 月。
75	蕭義玲	獨尊儒術、罷黜百家與漢武帝之文化政策——論董仲舒在儒學復興運動中的地位	《孔孟月刊》第 37 卷第 2 期，1998 年 10 月。
76	范學輝	《春秋繁露》與儒學君道觀的形成	《齊魯學刊》1998 年第 2 期，1998 年 3 月。
77	岩野忠昭	前漢郊祭考——以《春秋繁露》中心	《東洋文化》第七十八號，1998 年 3 月，頁 2～15。
78	桂思卓（Sarah A. Queen）	論董仲舒的人君無爲思想	《道家文化研究》第 14 輯，1998 年 7 月。
79	韓進軍	董仲舒社會控制思想初論	《河北學刊》1998 年第 5 期，1998 年 7 月。
80	王友才	董仲舒《春秋》決獄案例析評	河北學刊，1998 年第 5 期，頁 41～44。
81	范學輝	董仲舒《春秋繁露》臣道觀與傳統政治文化的演變	《管子學刊》，1999 年 2 月。

82	時運生	董仲舒度制思想初探	《河北學刊》，1999 年 2 月。
83	周乾榮	董仲舒受天監護的君權論述評	《河北學刊》，1999 年 4 月。
84	粟玉仕	董仲舒政治與倫理一體化模式的理論設計	《清華大學學報》（哲社版），1999 年第 4 期，1999 年 4 月。
85	任劍濤	倫理與政治的雙向涵攝——董仲舒思想的再詮釋	《哲學研究》，1999 年第 3 期，1999 年 5 月。
86	詹哲裕	董仲舒倫理思想析論	《復興崗學報》第 67 期，1999 年 9 月。
87	近藤則之	《春秋繁露》的「改制」說	《九州中國學會報》第 37 期，1999 年。
88	范學輝	《春秋繁露》與儒學臣道觀的形成——兼談儒士政治的演進	《西南師範大學學報》（哲學社會科學版），2000 年 1 月。
89	張喜平	董仲舒「正義觀」新證	《海南師範學院學報》（人社版），2000 年第 4 期，2000 年 4 月。
90	李世友	董仲舒政治思想的歷史進步性探析	《淮陰師範學院學報》（哲社版），2000 年第 5 期，2000 年 5 月。
91	李長遠	董仲舒思想中的宇宙、身體與「國家」——以《春秋繁露》為中心	《史繹》31 期，2000 年 5 月。
92	李森	董仲舒治國方略簡論	《殷都學刊》2000 年第 1 期，2000 年 1 月。
93	慶明	董仲舒的法哲學思想	《煙台大學學報》（哲社版）第 13 卷第 1 期，2000 年 1 月。
94	蔡德貴 侯拱辰	董仲舒的「罷黜百家，獨尊儒術」	《道統文化新論》，濟南：山東大學出版社，2000 年 10 月。
95	李森	董仲舒治國方略簡論	《殷都學刊》，2000 年 1 月。
96	賴美琴	論韓非、董仲舒政治思維方式的異同	《燕山大學學報》（哲社版），2000 年 2 月。
97	李世友	董仲舒政治思想的歷史進步性探析	《淮陰師範學院學報》（哲社版），2000 年第 5 期。
98	賴美琴	董仲舒政治哲學闡析	《復旦學報》（社會科學版），2000 年 6 月。
99	賴美琴	論董仲舒的二元政治觀	《江西社會科學》，2001 年 3 月。
100	田海艦	董仲舒教化思想探析	《河北大學成人教育學院學報》，2001 年 4 月。

101	鍾振翔	董仲舒社會哲學研究	《湛江師範學院學報》（哲社版），第 21 卷第 3 期，2001 年 9 月。
102	朱松美	國君與庶民同譴，制度與教化並行：董仲舒長治久安思想要義	《聊城師範學院學報》（哲社版），2000 年第 5 期，2000 年 5 月。
103	羅林	董仲舒對儒家教育傳統的承先啓後作用	《湖北師範學院學報》（哲社版），2000 年第 2 期，2000 年 2 月。
104	王怡	屈君伸天與皇權專制——董仲舒法律思想新論	《江蘇行政學院學報》，2001 年 4 月。
105	賴美琴	〈董仲舒社會穩定思想初探〉	《學術研究》2001 年第 5 期，2001 年 5 月。
106	鍾來全	〈董仲舒的原志定罪論〉	《湛江師範學院學報》第 22 卷第 4 期，2001 年 8 月。
107	張強	董仲舒的天人理論與君權神授	《江西社會科學》，2002 年 2 月。
108	汪高鑫	三統說與董仲舒的歷史變易思想	齊魯學刊 2002／03
109	李玉潔	董仲舒的德治思想	《孔子研究》，2002 年 3 月。
110	張俊峰	規則與德性的統一——社群主義背景下對董仲舒倫理政治思想的重新審視	《中山大學學報》（社會科學版），2002 年 6 月。
111	曾加	董仲舒的法律思想簡論	《西北大學學報》（哲社版），2003 年 2 月。
112	杜巍	董仲舒天人觀中教育思想探微	《無錫教育學院學報》，2003 年 3 月。
113	張榮明	論董仲舒的政治神學	《天津社會科學》，2003 年 4 月。
114	趙定東	董仲舒的社會控制理論——循環論探討	《吉林工程技術師範學院學報》，2003 年 4 月。
115	馬金香	董仲舒天人感應和皇帝制度	《歷史學習》，2003 年 5 月。
116	劉姿君	從「經權」論董仲舒的德刑思想	《文與哲》2 期，2003 年 6 月。
117	葉海煙	論兩漢「大一統」觀念的哲學性：以董仲舒的新儒學爲例	《哲學與文化》30 卷 9 期，2003 年 9 月。
118	錢海亞	董仲舒的倫理思想及其特點	《南通師範學院學報》（哲社版），2004 年 1 月。
119	余治平	董仲舒的養身理念及性教育思想	《江蘇教育學院學報》（社會科學版），2004 年 2 月。

120	關健英	略論董仲舒的以德爲國思想	《中國哲學史》，2004 年 3 月。
121	尹益洙	董仲舒的政治倫理思想分析	《南京社會科學》，2004 年 4 月。
122	何曉蓉	董仲舒賦稅思想及其啓示	《湖南財經高等專科學校學報》，2004 年 2 月。
123	黃釧	董仲舒以獨尊儒術爲特徵的道德教化思想探析	《河南大學學報》（社會科學版），2004 年 4 月。
124	林中堅	論董仲舒的禮治思想	《學術研究》，2004 年 5 月。
125	黃新憲	董仲舒的大一統思想探略	《福建論壇》（人文社會科學版），2004 年 5 月。
126	萬義廣	董仲舒的民本思想新探	《江西師範大學學報》（哲社版），2004 年 5 月。
127	張德文	董仲舒的美育思想	《哲學與文化》31 卷 5 期，2004年 5 月。
128	張端穗	董仲舒思想中三統說的內涵、緣起及意義	《東海中文學報》第 16 期，2004年 7 月。
129	邵金凱	董仲舒的春秋決獄與漢制	《理論學刊》，2004 年 8 月。
130	劉怡君	論董仲舒經律思想的淵源、內涵與實踐	《東方人文學誌》3 卷 3 期，2004年 9 月。
131	喬家駿	論董仲舒三統說——以《春秋繁露》〈三代改制文〉爲探討中	《問學》第 7 期，2004 年 12 月。
132	史廣全	董仲舒法哲學體系新探	《社會科學家》，2005 年 1 月。
133	呂艷	董仲舒新儒學意識下的德教體系建構	《蘭州學刊》，2005 年 2 月。
134	周建英	董仲舒法律思想簡論	《衡水學院學報》，2005 年 4 月。
135	李潤杰	德治中國的重要歷史資源——董仲舒德治政治的對策發微	《滄桑》，2005 年 4 月。
136	黃源盛	兩漢春秋折獄「原心定罪」的刑法理論	《政大法學評論》85 期，2005年 6 月。
137	劉怡君	董仲舒「《春秋》決獄」探析	《孔孟月刊》44 卷 3 期，2005年 12 月。'
138	劉力	董仲舒大一統帝國的社會控制思想	《重慶師範大學學報》（哲社版），2005 年 3 月。
139	袁明鄉	董仲舒與春秋決獄	《中共鄭州市委黨校學報》，2005 年 6 月。
140	黃源盛	兩漢春秋折獄「原心定罪」的刑法理論	《政大法學評論》85 期，2005年 6 月。

141	翁曉霞	論董仲舒的德治思想	《遼寧師專學報》（社會科學版），2005 年 6 月。
142	高春菊	董仲舒政治思想中的社會和諧觀念	《衡水學院學報》2006 年 4 月。
143	于欣	董仲舒德范疇的倫理與政治意蘊探析	《理論學刊》，2005 年 11 月。
144	韓進軍	論董仲舒社會控制思想體系的理論基礎	《河北大學學報》（哲社版），2006 年 5 月。
145	鄒新	董仲舒的德主刑輔思想初探	《求實》，2006 年 1 月。
146	周紹華	董仲舒君主觀念探源	《泰山學院學報》，2006 年 1 月。
147	劉國民	論董仲舒的德治思想	《中國青年政治學院學報》2006 年 2 月。
148	劉晗	董仲舒天人感應說的人學特質與歷史定位	《南都學壇》，2006 年 5 月。
149	姜碧純	董仲舒的德育思想及其現代意義	《十堰職業技術學院學報》2006 年 6 月。
150	丁銀高	〈論董仲舒的王權思想〉	《中國行政思想》，2001 年第 2 期，2001 年 4 月。
151	崔一心	董仲舒君權天授說的積極意義	《管子學刊》2002 年 1 月。
152	賴美琴	董仲舒的思維方式及其政治歸趨	《學術研究》，2003 年 7 月。
153	陳宗權	試論董仲舒政治哲學對陰陽五行學說的吸收	《曲靖師範學院學報》，2005 年 1 月。
154	游慶國	試析董仲舒的德育方法	《湖南第一師範學報》，2005 年 2 月。
155	張海軍	董仲舒政治思想淺析	《湖南農機》，2007 年 1 月。
156	孫麗娜	從荀子到董仲舒:試論大一統思想的形成	《三峽大學學報》（人文社科版），2007 年 2 月。
157	沈子杰	《春秋繁露》限制君權構想失敗原因	《鵝湖》32 卷第 8 期，2007 年 2 月。
158	高春菊	獨以寒暑不能成歲，獨以威勢不能成政——董仲舒社會教化思想研究	《衡水學院學報》，2007 年 3 月。
159	曹迎春	論董仲舒的教師觀	《衡水學院學報》，2007 年 3 月。
160	蔣多梅	論春秋決獄對中國法律傳統的影響	《華東理工大學學報》（社科版），2007 年 4 月。

161	王文濤	董仲舒社會救助思想探微	《衡水學院學報》，2007 年 4 月。
162	周桂鈿	董仲舒政治哲學的核心——大一統論	《中國哲學史》，2007 年 4 月。
163	張文英	董仲舒對德治思想的發展與改造	《華南農業大學學報》（社科版），2007 年 4 月。
164	朱人求	董仲舒教化哲學研究	《福建師範大學學報》（哲社版），2007 年 5 月。
165	衛立浩	董仲舒政治哲學研究	《西藏民族學院學報》（哲社版），2007 年 6 月。
166	張思敏	淺析董仲舒眼中的王道	《美與時代》，2007 年 6 月。
167	劉艷	董仲舒社會控制規范體系探析	《求索》，2007 年 9 月。
168	吳文璋	論董仲舒對儒教的建構——以治水之術爲例	《當代中國哲學學報》第九期，2007 年 9 月。
169	江濤	論董仲舒對現實專制力量的制衡	《貴陽學院學報》（社會科學版），2008 年 2 月。
170	張江洪	董仲舒的社會和諧思想	《船山學刊》，2008 年 2 月。
171	畢明良	王承天意以成民之性爲任——試析董仲舒的政治思想	《衡水學院學報》，2008 年 2 月。
172	張俊峰	董仲舒社會理想的內涵與特點——兼論董仲舒與《禮記·禮運》社會理想的異同	《西南民族大學學報》（人文社科版），2008 年 3 月。
173	唐國軍	董仲舒與儒家思想政治教育理論的實踐化——儒家傳統思想政治教育理論模式研究之五	《廣西社會科學》，2008 年 3 月。

參考書目

壹、古　籍（按四部分類，類中以時代相次，並含近人校注）

一、經　部

（一）成書於先秦至漢初

1. 〔魏〕王弼、韓康伯注，〔唐〕孔穎達正義《周易正義》，（清〕阮元校，嘉慶二十年江西南昌府學開本），台北：藝文印書館，1989年出版。

2. 〔漢〕孔安國傳、〔唐〕孔穎達等正義《尚書正義》，（清〕阮元校，嘉慶二十年江西南昌府學開本），台北市：藝文印書館，1989年出版。

3. 〔漢〕鄭玄箋、〔唐〕孔穎達正義《毛詩正義》（清〕阮元校，嘉慶二十年江西南昌府學開本），台北：藝文印書館，1989年出版。

4. 〔漢〕鄭玄注、〔唐〕孔穎達正義《禮記正義》，（清〕阮元校，嘉慶二十年江西　南昌府學開本），台北：藝文印書館，1989年出版。

5. 〔漢〕何休注、〔唐〕徐彥疏《春秋公羊傳注疏》，（清〕阮元校，嘉慶二十年江西南昌府學開本），台北：藝文印書館，1989年出版。

6. 〔晉〕范甯集解、〔唐〕楊士勛疏《春秋穀梁傳》，（清〕阮元校，嘉慶二十年江西南昌府學開本，台北：藝文印書館，1989年出版。

7. 〔魏〕何晏集解、〔宋〕邢昺疏《論語注疏》，（清〕阮元校，嘉慶二十年江西南昌府學開本），台北：藝文印書館，1989年出版。

8. 〔漢〕趙岐注、〔宋〕孫奭疏《孟子注疏》（清〕阮元校，嘉慶二十年江西南昌府學開本），台北：藝文印書館，1989年出版。

9. 〔晉〕郭璞注、〔宋〕邢昺疏《爾雅注疏》（清〕阮元校，嘉慶二十年江西南昌府學開本），台北：藝文印書館，1989年出版。

（二）兩漢至清代

1. 〔漢〕班固著、〔清〕陳立疏《白虎通疏證》,（收入《新編諸子集成》）,北京：中華書局,1997 年出版。

2. 〔漢〕許慎著,〔清〕段玉裁注《圈點段注說文解字》,台北：萬卷樓出版社,1997 年出版。

3. 〔清〕陳立著《公羊義疏》,台北：台灣商務印書館,1982 年出版。

4. 〔清〕蘇輿校注《春秋繁露義證》,（收入《新編諸子集成》）,北京：中華書局,2002 年出版。

（三）近人新注典籍（按姓氏筆畫排列）

1. 李宗侗著《春秋公羊傳今注今譯》,台北：臺灣商務印書館,1973 年出版。

2. 楊伯峻編《春秋左傳注》,台北：復文圖書出版社,1991 年出版。

3. 鍾肇鵬編《春秋繁露校釋》,河北：河北人民出版社,2005 年出版。

二、史　部

1. 〔漢〕司馬遷著、〔劉宋〕裴駰集解、〔唐〕司馬貞索隱、〔唐〕張守節正義《史記》,（收入楊家駱主編之《新校本二十五史》）,台北：鼎文出版社,1977 年出版。

2. 〔漢〕班固著、〔唐〕顏師古注《漢書》,（收入楊家駱主編之《新校本二十五史》）,台北：鼎文出版社,1977 年出版。

3. 〔劉宋〕范曄著、〔唐〕李賢等注《後漢書》,（收入楊家駱主編之《新校本二十五史》）,台北：鼎文出版社,1977 年出版。

4. 〔唐〕魏徵等著《隋書》,（收入楊家駱編《新校本二十五史》）,台北：鼎文出版社,1977 年出版。

5. 〔後晉〕劉昫著《舊唐書》,（收入楊家駱編《新校本二十五史》）,台北：鼎文出版社,1977 年出版。

6. 〔元〕托克托等著《宋史》,（收入楊家駱主編之《新校本二十五史》）,台北：鼎文出版社,1977 年出版。

7. 〔元〕馬端臨編《文獻通考》,台北：台灣商務印書館,1987 年出版。

8. 〔民國〕趙爾巽等著《清史稿》,（收入楊家駱主編之《新校本二十五史》）,台北：鼎文出版社,1977 年出版。

9. 〔清〕紀昀等編《四庫全書總目》,台北：藝文印書館,1989 年出版。

10. 〔清〕紀昀等編《四庫全書‧史部目錄類》（第六百七十九冊）,台北：台灣商務印書館,1983 年出版。

11. 〔清〕紀昀等著《四庫全書總目提要》,台北：藝文印書館,1966 年出版。

三、子　部

（一）先秦諸子

1. 〔清〕孫詒讓校注《墨子閒詁》，（收入《新編諸子集成》），北京：中華書局，2000 年出版。

2. 〔清〕王先謙著《荀子集解》，（收入《新編諸子集成》），北京：中華書局，2006 年出版。

3. 〔清〕王先謙著《莊子集解》，（收入《新編諸子集成》），北京：中華書局，1987 年，頁 1066。

4. 【注】有始則有終。【疏】此假設疑問，以明至道無始無終，此遣於始終也。〔清〕郭慶藩著《莊子集釋》，（收入《新編諸子集成》），北京：中華書局，1995 年出版。

5. 〔清〕黎翔鳳著《管子校注》（中），（收入《新編諸子集成》），北京：中華書局，2006 年出版。

6. 〔清〕王先慎校注《韓非子集解》，（收入《新編諸子集成》），台北：藝文印書館，1983 年出版。

7. 〔清〕嚴萬里校注《商君書》（收入《諸子集成》第五冊），北京：中華書局，2006 年出版。

8. 朱謙之校注《老子校釋》，（收入《新編諸子集成》），北京：中華書局，1984 年出版。

9. 〔清〕吳則虞《晏子春秋集釋》（收入《新編諸子集成》），北京：中華書局，1962 年出版。

（二）兩漢至清代

1. 〔漢〕陸賈著、王利器校釋《新語校注》，（收入《新編諸子集成》），北京：中華書局，1996 年出版。

2. 〔漢〕賈誼著《新書》（收入《四部備要》），台北：台灣中華書局，1981 年出版。

3. 〔漢〕劉安編、劉文典校注《淮南鴻烈集解》（收入《新編諸子集成》），北京：中華書局，2006 年出版。

4. 〔漢〕王充著·〔清〕惠棟批校《論衡》，台北：中國子學名著集成編印基金會印行，1978 年出版。

5. 〔漢〕桓寬著、王利器校注《鹽鐵論校注》，北京：中華書局，1996 年出版。

6. 〔宋〕黎靖德編、王星賢點校《朱子語類》，北京：中華書局，1986 年出版。

（三）近人新注（按姓氏筆畫排列）

1. 丁原植析釋《郭店楚簡儒家佚籍四種釋析》，台北：台灣古籍出版有限公司，2000 年出版。

2. 王利器校注《呂氏春秋注疏》，成都：巴蜀書社，2002 年出版。

3. 陳鼓應著《黃帝四經今註今譯：馬王堆漢墓出土帛書》，台北：台灣商務印書館，1995 年出版。

4. 顏昌嶢校注《管子校釋》，長沙：岳麓書社出版，1996 年 2 月。

四、集　部

1. 〔宋〕歐陽修著《歐陽修全集》，台北：華正書局，1975 年出版。

2. 〔清〕嚴可均輯《全上古三代秦漢三國六朝文・全漢文・卷十四》），北京：中華書局，1991 年出版。

3. 〔清〕魏源著《魏源集》，（收入《四部刊要・集部》），台北：漢京文化事業有限公司，1984 年出版。

4. 〔清〕康有為著《春秋董氏學》，台北：臺灣商務印書館，1969 年出版。

貳、近人著作（按作者姓氏筆畫排序，筆畫相同者以出版年月相次）

1. 丁原明著《黃老學論綱》，濟南：山東大學出版社，1997 年出版。

2. 丁原植著《文子新論》），台北：萬卷樓圖書公司，1999 年出版。

3. 丁原植析釋《郭店楚簡儒家佚籍四種釋析》（台北：台灣古籍出版有限公司，2000 年出版。

4. 王夢鷗著《鄒衍遺說考》，台北：台灣商務印書館，1966 年出版。

5. 王國維著《王國維先生全集・初編・第四冊》，台北：大通書局，1976 年出版。

6. 王永祥著《董仲舒評傳》，南京：南京大學出版社，1995 年出版。

7. 王健文著《奉天承運——古代中國的「國家」概念其正當性基礎》，台北：東大圖書公司，1995 年出版。

8. 牟宗三著《歷史哲學》，台北市：台灣學生書局，1976 年出版。

9. 牟宗三著《圓善論》，台北：台灣學生書局，1985 年出版。

10. 余英時著《中國知識階層史論》，台北：聯津出版社，1980 年出版。

11. 李劍農著《先秦兩漢經濟史稿》，台北：華世出版社，1981 年出版。

12. 李威熊著《董仲舒與西漢學術》，台北：文史哲出版社，1987 年出版。

13. 李新霖著《春秋公羊傳要義》，台北：文津出版社，1989 年出版。

14. 呂思勉著《秦漢史》，上海：上海古籍出版社，2006 年出版。

15. 何衛平著《高達瑪》，台北：生智出版社，2002 年。

16. 林聰舜著《西漢前期思想與法家的關係》，台北：大安出版社，1991 年出版。

17. 林義正著《春秋公羊傳的倫理思維與特質》，台北：台灣大學出版中心，2003 年出版。

18. 林火旺著《倫理學》，台北：五南出版社，2006 年出版。

19. 林師素英著《古代祭禮中之政教觀——以「禮記」成書前爲論》，台北：文津出版社，1997 年出版。

20. 洪漢鼎等編《詮釋學經典文選》，台北：桂冠出版社，2002 年出版。

21. 沈清松著《物理之後——形上學的發展》，台北：牛頓出版社，1987 出版。

22. 金春峰著《兩漢思想史》（增補第三版），北京：中國社會科學院出版社，2006 年出版。

23. 周桂鈿著《董學探微》，北京：北京師範大學出版社，1989 年出版。

24. 周桂鈿著《秦漢哲學》，湖北：武漢出版社，2006 年出版。

25. 吳有能著《百家出入心無礙——勞思光教授》，台北：文史哲出版社，1999 年出版。

26. 韋政通著《董仲舒》，台北：東大圖書公司，1986 年出版。

27. 唐君毅著《中國哲學原論·導論篇》，台北：台灣學生書局，1986 年出版。

28. 唐君毅著《中國哲學原論·原性》，台灣：台灣學生書局，1978 年出版。

29. 徐復觀著《增訂兩漢思想史》，台北：學生書局，1976 年出版。

30. 徐復觀著《中國人性論史》，上海：上海三聯書店，2001 年出版。

31. 胡厚宣著《甲骨學商史論叢，台北：大通書局，1972 年出版。

32. 孫振青《形而上學》，台北：洪葉文化出版社，2001 出版。

33. 孫啓治、陳建華等編之《古佚書輯本目錄》，北京：北京中華書局，1997 年。

34. 葛兆光《中國思想史·導論·思想史的寫法》，上海：復旦大學出版社，2000 年出版。

35. 曾仰如編著《形上學》，台北：台灣商務印書館，1981 年出版。

36. 曾振宇、范學輝等著《天人衡中》，河南：河南大學出版社，1998 年出版。

37. 曾春海著《兩漢魏晉哲學史》，台北：五南出版社，2001 年出版。

38. 陳夢家著《殷墟卜辭綜述》，台北：大通書局，1971 年出版。

39. 陳來著《古代宗教與倫理：儒家思想的根源》，北京：生活、讀書、新知三聯書局，1996 年出版。

40. 陳鼓應著《黃帝四經今注今譯——馬王堆漢墓出土帛書》，台北：台灣商務印書館，1995 年出版。

41. 陳師麗桂《秦漢時期的黃老思想》，台北：文津出版社，1997 年出版。

42. 陳遵嬀於《中國天文學史》，台北：明文出版社，1998 年出版。

43. 陳廣宗著《道家與中國哲學·漢代卷》，北京：人民出版社，2004 年出版。

44. 章權才著《兩漢經學史》，台北：萬卷樓出版，1995 年出版

45. 梁啟超著《飲冰室專集》（九），台北：台灣中華書局，1978 年出版。

46. 張立文主編《氣》（北京：中國人民大學出版社，1990 年出版。

47. 張錫勤、孫實明編《中國倫理思想通史》，哈爾濱：黑龍江教育出版社，1992 年出版。

48. 勞思光著《中國哲學史·第一卷》，香港：香港中文大學崇基學院，1968 年出版、1980 年三版。

49. 勞思光著《新編中國哲學史》，台北：三民書局，1984 年出版。

50. 勞思光著《哲學問題源流論》，香港：中文大學出版社，2001 年出版。

51. 黃俊傑、楊儒賓等編《中國古代思維方式探索》，臺北：正中書局，1996 年出版。

52. 傅偉勳著《從創造的詮釋學到大乘佛學》，台北：東大出版社，1990 年出版。

53. 曾春海於《兩漢魏晉哲學史》台北：五南出版社，2001 年出版。

54. 馮友蘭著《中國哲學史》，台北市：臺灣商務印書館，1993 年出版。

55. 鄔昆如著《形上學》，台北：五南圖書公司，2004 年出版。

56. 蔡仁厚《孔孟荀哲學》，台北：台灣學生書局，1990 年出版。

57. 劉師培著《劉申叔遺書》，江蘇：江蘇古籍出版社，1997 年出版。

58. 劉國民著《董仲舒的經學詮釋與天與的哲學》，北京：中國社會科學出版社，2007 年出版。

59. 趙岡、陳鍾毅著《中國經濟制度史論》，台北：聯經出版社，1992 年出版。

60. 趙中偉著《道者萬物之宗——兩漢道家形上思維研究》，台北：洪葉出版社，2004 年出版。

61. 賴慶鴻著《董仲舒政治思想之研究》，台北：文史哲出版社，1980 年出版。

62. 錢穆著《兩漢經學今古文評議》，台北：東大圖書公司，1989 出版。

63. 錢穆著《秦漢史》，北京：生活・讀書・新知三聯書店，2004 年出版。

64. 戴君仁著《梅園論學集》，台北：台灣開明書店，1970 年出版。

65. 魏文華等編《儒學大師董仲舒》，北京：新華出版社，2000 年出版。

66. 顧頡剛《中國上古史研究講義》，北京：中華書局，2002 年出版。

參、翻譯著作（按翻譯之作者姓名首字筆畫排列）

1. 〔日〕小野澤精一等編《氣的思想——中國自然觀和人的觀念的發展》，上海：上海人民出版社，1990 年出版。

2. 〔日〕加藤繁著《中國經濟史考證》，台北：華世出版社，1976 年出版。

3. 〔日〕安井衡《管子纂詁》，台北：河洛出版社，1976 年 3 月。

4. 〔羅馬尼亞〕伊利亞德（Mircea Eliade）著、楊素娥譯《聖與俗——宗教的本質》，台北：桂冠出版社，2000 年出版。

5. 〔德〕伽達默爾（H-G Gadamer）著、洪漢鼎譯《真理與方法》，上海：上海譯文出版社，2007 年。

肆、學位論文（按作者姓氏筆畫排序，筆畫相同者以出版年月相次）

1. 王璟著《漢代養生思想研究——以黃老思想為主題》，台北：台灣師大國文研究所博士論文，2006 年，指導教授：陳師麗桂。

2. 吳清輝著《董仲舒的春秋大一統思想研究》台北：國立台灣師大國文所碩士論文，1998 年，指導教授：陳師麗桂。

3. 楊濟襄著《董仲舒春秋學義法思想研究》，台北：國立台灣師大國文所博士論文，2000 年，指導教授：周何先生。

4. 張廣慶著《何休春秋公羊解詁研究》，國立台灣師範大學國文研究所碩士論文，1989 年，指導教授：沈秋雄先生。

5. 張書豪著《漢武郊祀思想溯源》，台北：東吳大學中國文學碩士論文，2004 年，指導教授：劉文起先生。

6. 陳名皎著《董仲舒教育思想研究》，台北：國立台北市立教育大學應用語言文學所碩士論文，指導教授：劉醇鑫。

7. 盧瑞容著《西漢儒家政治思想與現實政治的互動》，台北：台灣大學中文研究所碩士論文，1985 年，指導教授：梁榮茂。

伍、單篇期刊論文（按作者姓氏筆畫排序，筆畫相同者以出版年月相次）

1. 方立天著〈董仲舒的三統、三正說〉收入《中國古代哲學問題發展史・

下》，（北京：中華書局，1990 年 3 月出版）。

2. 余明光著〈董仲舒與黃老之學──黃帝四經對董仲舒的影響〉，收入《道家文化研究‧第二輯》，（上海：上海古籍出版社，1992 年 8 月），頁 216。

3. 呂凱著〈淮南子形神論〉，（收入國立政治大學中文系〈第三屆漢代文學與思想學術研討會〉論文集），（2000 年 5 月），頁 1～23。

4. 沈清松著〈德行倫理學與儒家倫理思想的現代意義〉，收入《哲學與文化》第二十二卷 11 期（1995 年 11 月），頁 981。

5. 何儒育著〈春秋公羊學之「貴志說」、「知志說」到聖王 之「養志說」────論「春秋繁露‧玉杯」中「志」之意涵，《思辨集》第十集，（2007 年 4 月），頁 115～130。

6. 林麗真著〈勞思光「中國哲學史」的檢討〉收入《中國文哲研究通訊》第一卷‧第二期（1991 年 6 月），頁 106。

7. 周雅清著〈董仲舒對陰陽概念的運用〉，收入《孔孟學報》八十期（2002 年 9 月），頁 125。

8. 高漢聲著〈論淮南子關於形神知行的心理思想〉，（收入《南京大學學報》1983 年第 4 期），頁 103～112。

9. 高中祖著〈儒與醫之緣者──董仲舒和他的「春秋繁露」〉，（收入《中國民族民間醫藥雜誌》2007 年）（總 75 期），頁 203。

10. 馬育良著〈董仲舒的政治歷史觀及質文觀〉，《孔子研究》1996 年第一期，頁 40。

11. 陳師麗桂著〈董仲舒與黃老思想〉，收入《紀念程旨雲先生百年誕辰學術研討會論文集》（1994 年 5 月），頁 437。

12. 馬育良著〈董仲舒的政治歷史觀及質文觀〉，《孔子研究》1996 年第一期，頁 40。

13. 陳師麗桂著〈「春秋繁露‧循天之道」所顯現的養生之理〉，（中國學術年刊第十九期，1998 年 3 月），頁 8。

14. 陳其泰著〈董仲舒與今文學說體系的形成〉，《孔子研究》1998 年第一期，頁 58。

15. 楊英著〈漢初祀時考〉《世界宗教研究》2003 年第二期，（2003 年 2 月），頁 28。

16. 張端穗〈董仲舒思想中三統說的內涵、緣起及意義〉《東海中文學報》第 16 期，（2004 年 7 月），頁 90。

17. 張書豪〈雍時與五行〉《新世紀宗教研究》第三卷第三期（2005 年 3 月），頁 138～149。黎正甫〈古代郊祀之禮〉《大陸雜誌》第三十三卷第七期，（1965 年 7 月），頁 201。

18. 潘小慧著〈上博簡與郭店簡「性自命出」篇中「情」的意義與價值〉收

入《輔仁學誌：人文藝術之部》29 期（2002 年 7 月），頁 54。

19. 潘小慧著〈導言：德行倫理學專題〉，《哲學與文化》30 卷 8 期，（2003 年 8 月），頁 2。

20. 陳師麗桂著〈郭店儒簡「忠信之道」與先秦儒學的忠信之德〉，中央研究院文哲所 2008 年 3～5 月短期訪問研究成果報告。

陸、電子資料庫

1. 〈中央研究院瀚典資料庫〉：http://www.sinica.edu.tw/ftms-bin/ftmsw3）

2. 〈國家圖書館‧碩博士論文網〉：http://etds.ncl.edu.tw/theabs/index.jsp

3. 〈中國碩博士論文網〉：
   http://0-cnki50.csis.com.tw.opac.lib.ntnu.edu.tw/kns50/）

4. 〈中文古籍書目資料庫〉：
   http://rarebook.ncl.edu.tw/rbook.cgi/frameset4.htm）

5. 〈台灣地區善本古籍聯合目錄〉：
   http://nclcc.ncl.edu.tw/ttscgi/ttsweb?@0:0:1:/opc/catalog/rarecat@@@0.0941
   4726047048022）